本报告的出版得到

国家重点文物保护专项补助经费资助

唐长安醴泉坊
三彩窑址

陕西省考古研究院 编著

文物出版社

封面设计　张希广
责任编辑　谷艳雪
责任印制　陆　联

图书在版编目（CIP）数据

唐长安醴泉坊三彩窑址/陕西省考古研究院编著. – 北京：文物
出版社，2008.10
　　ISBN 978-7-5010-1793-5

　　Ⅰ. 唐…　Ⅱ. 陕…　Ⅲ. 唐三彩 – 瓷窑遗址 – 发掘报告 – 西安
市　Ⅳ. K878.5
　　中国版本图书馆 CIP 数据核字（2008）第 152352 号

唐 长 安 醴 泉 坊 三 彩 窑 址

陕西省考古研究院　编著

＊

文 物 出 版 社 出 版 发 行
（北京东直门内北小街 2 号楼）
http://www.wenwu.com
E-mail:web@wenwu.com
北京达利天成印刷有限责任公司印刷
新 华 书 店 经 销
889 ×1194　1/16　印张：19
2008 年 10 月第 1 版　2008 年 10 月第 1 次印刷
ISBN 978-7-5010-1793-5　定价：280.00 元

The Kiln Site of Tricolor-Glazed Pottery at Liquanfang

in Chang'an Capital City of Tang Dynasty

(With Abstracts in English and Japanese)

by

Shaanxi Provincial Institute of Archaeology

Cultural Relics Press

Beijing · 2008

目　录

插图目录

彩版目录

第一章 序 言

西安，古名长安，地处中国内陆腹地的关中平原中部，南临秦岭，北依北山，河流众多，物产丰富。

长安作为一座历史悠久的都城，曾先后有十余个王朝在此建都，是中国历史上累计建都时间最长、唯一超过千年的古都[1]，特别是以强盛著称的周、秦、汉、隋、唐等王朝都曾立都于此，使这里逐渐成为东亚地区古代文化的中心，并成为中古时期世界上规模宏大[2]的著名国际性大都会。

长期都市文化的汇聚，积淀了大量的古代文化遗存[3]。20世纪末期在西安市区西部原机场地区发现的唐三彩窑址即为其一。

第一节 窑址发现发掘及资料的整理

1999年5月初，《收藏》杂志的编审人员在审稿过程中，看到一篇题为《唐京城长安三彩窑址初显端倪》的报道性稿件，感到这是一个重要的信息。为慎重起见，他们将稿件提请陕西省文物管理部门的有关专家进行审阅，"据专家们称：从现有资料看，这个发现很重要，应该是一个三彩作坊区的出土文物，很值得进一步发掘、研究"[4]。

实际上，该窑址首次发现于1998年6月，张国柱先生曾在创刊不久、发行量不大的《东方收藏家报》上发表过一则消息："某单位在西安原西郊机场施工，在原飞机跑道混凝土下面开挖地基时，出土了许多陶俑、陶马和唐三彩残片，一位藏友闻讯从土堆中寻回了一堆碎片。当笔者得知前去察看时，此地的楼房已经快盖到两层了。从藏友拣回的这些残片推测，此地很可能是考古学家寻找很久、迄今为止尚未发现的唐长安城内烧制唐三彩的作坊。"[5]遗憾的是，这一信息未能引起有关部门注意。

到1999年3月，隶属西北民航管理局的四栋住宅建筑（施工图编号为9615~9618）已经封顶，开始在楼群间挖掘纵横交错的给排水、供暖管道沟和电缆沟。张国柱和李力从这些管道沟两侧开挖出的土堆中拣回了上百块陶器、三彩器残片及模具残块等，并以《唐京城长安三彩窑址初显端倪》为题，在《收藏》杂志1999年第6期发表了报道性文章。

这一信息引起了主管部门的重视，并由陕西省考古研究所迅速组队，从1999年5月上旬至

1）史念海·《中国古都概说·古都年代综论》，载氏著《中国古都和文化》，中华书局，1998年，第136页。

2）齐东方：《魏晋隋唐城市里坊制度——考古学的印证》，载《唐研究》第九卷，2003年，第53页。

3）国家文物局主编《中国文物地图集·陕西分册》，西安地图出版社，1998年，上册第136~141页，下册第1~48页。

4）见张国柱、李力《唐京城长安三彩窑址初显端倪》一文编者按，《收藏》1999年第6期。

5）同注4）。

7月初，对残存的遗址进行了抢救性清理发掘。我们进入工地时，各种管道已大部分铺设完毕，只能在9615号和9616号楼之间的管道沟空隙间沿南北方向布4个5×5米的探方进行发掘。参加发掘工作的有姜捷、刘峰、高盼以及空军驻西安基地通讯连的部分官兵。

本次发掘共清理出唐代残窑址4座、灰坑10个，近代墓葬1座，发掘面积140平方米，出土包括三彩残片在内的各类陶瓷残片万余片以及部分玻璃残块和骨器边角料等。

发掘资料的整理工作由姜捷同志主持进行。

本报告的编写工作从2000年开始，后因种种原因搁置。2003~2004年，姜捷主持"唐长安醴泉坊三彩窑址"研究课题，先后得到日本大阪市立东洋陶瓷美术馆和奈良橿原考古学研究所的资助，该项目得以顺利完成。整个发掘工作得到当时陕西省考古研究所所长韩伟先生的支持，发掘期间禚振西先生和杜葆仁先生也曾数次亲临现场指导。

第二节　窑址附近隋唐遗迹遗物的发现概况

窑址位于今西安市西门外西关正街—丰镐路以南、草阳村及劳动南路以西、原西安民航机场跑道北端偏东处，现为西北民航局家属楼区。地理坐标为北纬30°15′10″、东经108°53′30″，地势平坦，海拔405米，距市区中心钟楼直线距离约3.5公里（图一）。

据史念海先生的研究，原西安民航机场中部和北部所在范围就是当年唐长安城的醴泉坊[1]。现在的西安城整体叠压在隋唐长安城遗址之上，西安市现存明城墙的西垣及南垣的大部分与唐长安皇城的西垣及南垣重合。据考证，现在的西安西门略偏北处相当于唐长安皇城西垣的顺义门，西门外的西关正街—丰镐路至土门一线便横亘叠压在往日宽阔的顺义门外大街之上，即与唐长安城醴泉坊北侧的横街一致；而环城南路及其以西的延伸线就是当年唐长安城中人流如织的金光门大街[2]。由于原醴泉坊域内大部分地方长期为民用航空机场所占，且不断翻修，因此当年宿白先生就曾作出坊域内遗址大概已被破坏殆尽的推测[3]。解放后，一直未能对这一带进行有效的考古调查工作，但随着基建的进行，不断有古代遗迹和遗物发现。

据当地老居民讲，早在20世纪50年代后期，在现窑址以北约80米处建设洒水车场的过程中，就曾发现过成排的陶窑，当时未引起人们的重视，以致被破坏殆尽。1960年在窑址以西近300米处还发现过鎏金佛造像；20世纪70年代初，又在同一地点附近发现一批窖藏鎏金铜造像[4]。1982年空军某部在此进行新的基建工程时，于一窖藏坑中发现百余件善业泥造像[5]；1986年，西北民航局又在同一地点附近进行基建时发现了醴泉遗址。该遗址经西安市文物保护考古所抢救发掘，可以看出平面呈"甲"字形，为南北方向，北边为主体部分，方形坑体，深2米左右，四壁用砖垒砌而成，青（砂）石铺底，底面共发现7个泉眼。在该遗址范围内还出土有大量窖藏石刻造像。据考证，该遗址即为隋大兴、唐长安醴泉坊内的醴泉

1）史念海：《西安历史地图集》，西安地图出版社，1996年，第81页。

2）史念海：《唐代长安外郭城街道及里坊的变迁》，载氏著《唐代历史地理研究》，中国社会科学出版社，1998年，第272~312页。

3）转引自小野胜年《中国隋唐长安寺院史料集成》解说篇124，《醴泉坊的醴泉寺》，京都法藏馆出版，1989年，第175页。

4）王长启：《唐长安醴泉寺遗址出土佛教造像》，《考古与文物》2000年第3期。

5）王长启：《醴泉寺遗址出土佛教造像》，《考古与文物》2000年第2期。

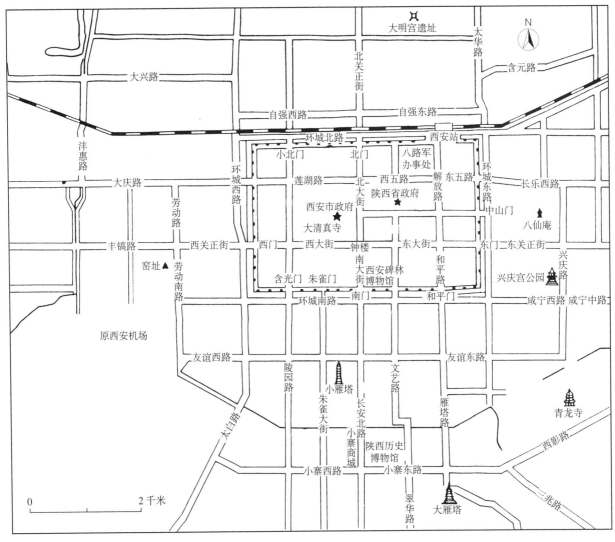

图一　唐长安醴泉坊三彩窑址位置图

寺遗址[1]。2001 年，西北民航管理局在 1999 年发现的窑址以北约 30 米处进行新一轮住宅建设，在开挖建筑基槽的过程中，又发现有遗迹现象，陕西省考古研究所对其进行了清理发掘，发现大量窖坑和水井、渗井以及两座遗迹，其中两口井中出土有 450 余件唐代骨质刻花装饰贴片残片，颇为罕见[2]。这次发掘中，在清理范围的东侧还发现了一条水渠。据笔者现场观察剖面，该水渠宽约 5 米左右，渠底淤沙厚约 0.5 米左右，淤沙层中夹杂有唐代砖、瓦和陶器残片，初步判断属唐代水渠。该渠呈南北走向，推算其方位应该在 1999 年发现的窑址以东直线距离约 50 米左右，或许是引漕渠或永安渠水入坊的引水遗迹。

　　如今，唐醴泉坊域内即原民航西安机场范围及其周边地区，已经高楼林立，以锦园住宅小区、省直西郊住宅小区和民航系统各住宅小区为主体，形成了一个人口密集的现代化住宅区域，原坊域内残剩遗存已是"逝如春梦了无痕"。

1）程林泉、王自力：《近年来西安市配合基建考古发掘的重大收获》，《中国文物通讯》（交流寄赠刊物）2000 年第 1 期。
2）孟西安：《西安出土大批唐代骨刻画》，《人民日报》2002 年 1 月 29 日第 6 版；王望生：《唐长安醴泉坊镶嵌刻纹骨饰片的发现与研究》，《考古与文物》2005 年第 5 期。

第三节 醴泉坊的历史沿革

西汉时期，这里属汉长安城南郊偏东部的地域，地处汉长安城覆盎门外南北大道的南端，距覆盎门约5千米。汉武帝曾在附近的昆明池故渠之北为太子建有博望苑[1]；汉宣帝刘询在此附近修建"思后园"[2]，改葬其曾祖母孝卫皇后；窑址的西部还有汉代圜丘遗址[3]。

在隋大兴、唐长安城中，窑址所在地属郭城街西的醴泉坊。开皇三年（583）三月丙辰，隋文帝着常服冒雨迁入在汉长安城西南新建成的大兴城，标志着这一规模巨大的城市正式投入使用。规划严整的大兴城在北中部宫城、皇城的两侧及南侧修筑了一百零九（一说一百零八）个坊[4]以及东、西两市。按照《两京新记》、《长安志》、《唐两京城坊考》记载坊名位置的传统排列顺序，以都城南北中轴线上的朱雀大街为计算起点（含朱雀大街），街西第四街街西，自北向南之第四坊即为醴泉坊。该坊南隔金光门大街与西市相望；东西两侧则分别隔景曜门街和光化门街与（东）布政坊和（西）居德坊相邻；北面隔顺义门街与金城坊相对（图二）。

据调查推测，醴泉坊坊域为南北838、东西1032米，四面以夯土坊墙围绕，每侧坊墙中部各开一门。坊内有十字街通向四面的坊门，街道宽约15米左右[5]。据韦述的《两京新记》残卷本和宋敏求的《长安志》等书的记载，长安城内宫城和皇城东、西两侧的三排坊内均设置有十字街，分别称之为东、西、南、北四街。十字街将坊域分为东北、东南、西南、西北四个区域，每个区域之内由小十字街再行划分出四个小区块，其内部间或还有由长短不一、曲折回转的"曲"、"巷"等小路划分出的更小的单位。以坊内东北区域为例，区内小十字街将该区又细分为（一）东北隅、（二）东门之北、（三）北门之东、（四）十字街东之北等方位式区块名。这样，坊内以大十字街划分的四个区域各自再以小十字街划分出四个小区块，合计一坊之内就有十六个基准性的区块[6]（图三）。醴泉坊内的区划格局大体也是照此安排的。

隋唐时期的醴泉坊一直保持着原有的规划，成为长安城内为数不多的几个面积最大的坊里之一。它不仅靠近人流如织的西市，离军机重地、皇室宫掖的皇城、宫城也不远。"即便在政治中心移往东内大明宫之后，这里仍然是城内屈指可数的便利繁华的场所。"[7]特别是在醴泉坊与西市之间穿过的金光门—春明门大街，在长安城的人流、物流活动中实际发挥着主干大道的

1）《三辅黄图》卷四引《汉书》："武帝年二十九得太子，甚喜。太子冠，为立博望苑，使之通宾客，从其所好。"建始二年（公元前31年）秋，汉成帝命罢博望苑，以赐宗室朝请者。《三辅黄图》卷四："博望苑在长安城南，杜门外五里有遗址"。《水经注·渭水》："昆明池故渠之北，有白亭、博望苑。"具体位置详见史念海《西安历史地图集》，西安地图出版社，1996年版，第55页和75页。

2）遗址约在今西安市玉祥门以西的大庆路附近。见史念海《西安历史地图集》，西安地图出版社，1996年，第55页。

3）汉代圜丘是西汉祭天之坛，所设地点搬徙不定，武帝至成帝的八十年间，曾于甘泉（今淳化西北甘泉山）设祭，汉成帝时移至都城长安南郊建圜丘。《三辅黄图》卷五："圜丘，在昆明故渠南"。又《长安志》引《括地志》："汉圜丘在长安治内四里，居德坊东南隅。"成帝至王莽的几十年间，长安南郊圜丘屡废屡复，最终在王莽时期得以确立。

4）辛德勇：《隋唐两京丛考》，三秦出版社，1991年，第17~25页。

5）有关遗迹的具体情况，见：陕西省文物管理委员会：《唐长安城地基初步探测》，《考古学报》1958年第3期；中国科学院考古研究所：《中国社会科学院考古研究所1960年田野工作的主要收获》，《考古》1961年第4期；中国科学院考古研究所西安唐城发掘队：《唐代长安城考古纪略》，《考古》1963年第11期。

6）关于坊内十字街的研究，可参见宿白《隋唐长安城和洛阳城》，《考古》1998年第6期，第409~410页。

7）小野胜年：《大道长安に通ず—醴泉坊と醴泉寺をめぐって》，《东洋史苑》二八，1987年，第1~45页。

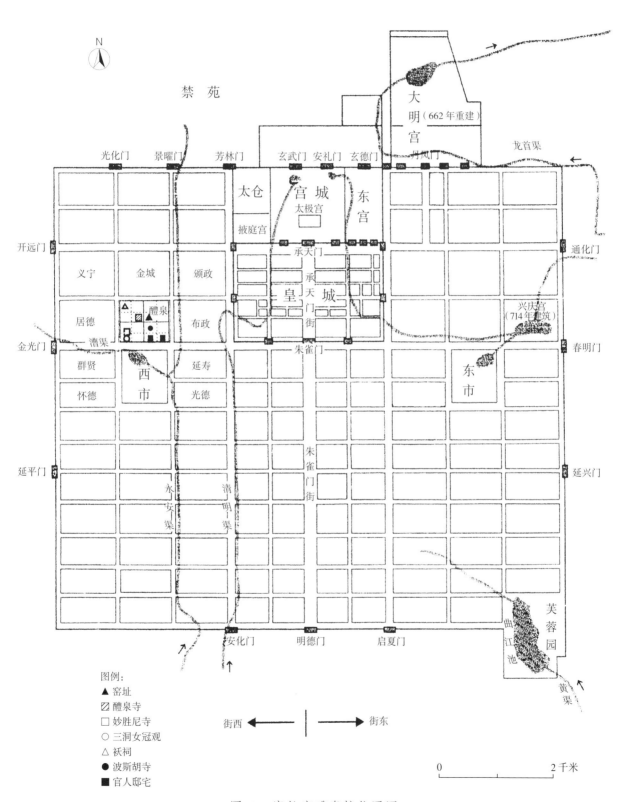

图例:
▲ 窑址
▨ 醴泉寺
□ 妙胜尼寺
○ 三洞女冠观
△ 祆祠
● 波斯胡寺
■ 官人邸宅

街西 ◄——|——► 街东

0 _____ 2千米

图二 唐长安醴泉坊位置图

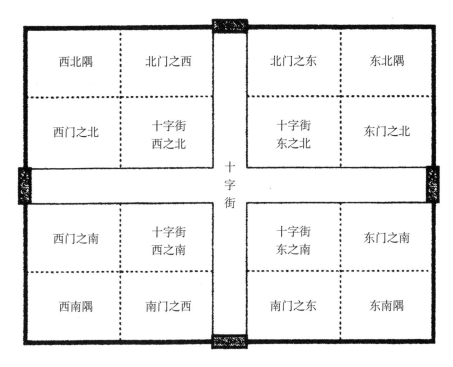

图三　唐长安宫城、皇城两侧坊里内部区划示意图

作用，"是长安城中的经济动脉"[1]。

另外，据《唐两京城坊考》卷四记载，长安城中有五渠，其中永安、清明及漕渠流经街西地域。尤其是永安渠，开皇三年（583），导引交水自大安坊西街北流入城，流经西市东侧，并且在醴泉坊与布政坊之间通过，最终流入禁苑。醴泉坊外南侧还有漕渠，天宝元年（842），京兆尹韩朝宗分渭水从金光门东流入城，在西市西街置潭，以贮林木[2]。可见醴泉坊附近无论陆路还是水运条件均十分便利，况且还有上面第二节中提到的穿坊而过的未名水渠的存在，其空间优势颇为显著。

醴泉坊的得名，《长安志》醴泉坊名下《注》有云："本名承明坊，开皇二年缮筑此坊，忽闻金石之声，因掘得甘泉浪井七所，饮者疾愈，因以名坊。"[3] 据《两京新记》卷三记载：隋初，隋文帝在此置醴泉监，"以甘泉水供御"（《长安志》在"御"字之后增一"厨"字），开皇十三年（593）（《长安志》记为十二年），废监立寺。这表明醴泉寺创寺已有相当的设施基础，并且受到隋皇室的重视。醴泉寺在坊内的位置是明确的，即位于"十字街北之西"[4]，该遗址（隋醴泉监）的七口井已经被发现（见上一节）。

坊内还曾设有光宝、救度二寺，在坊内具体位置不详，皆为隋初创建，据《续高僧传》卷

1）徐苹芳：《唐代西京的政治、经济和文化生活》，《考古》1982 年第 6 期，第 649 页。

2）相关史实或稍有歧义，详细研究参见辛德勇《汉唐长安交通地理研究之三》，载氏著《古代交通与地理文献研究》，中华书局，1996 年，第 172~176 页。

3）开元十年韦述撰《两京新记》中未见"承明坊"一说。对于筑坊时间，也仅提"开皇初，筑此坊"，北宋文献《长安志》中始有"开皇二年筑此坊"以及"承明坊"说。《唐两京城坊考》全录《长安志》注。《通志》卷一八《隋文帝纪》中，也提及"京师承明醴泉出"一事。另外，北宋《太平御览》卷一八九《井》所引《两京记》，亦载承明坊改醴泉坊事，盖《两京记》与《两京新记》非一也。

4）转引自福山敏男《校注〈两京新记〉（卷第三）及び解说》，载氏著《中国建筑和金石文研究》，中央公论美术出版，1983 年，第 127 页。

三五，僧人洪满（548~639）曾在救度寺中居住过。[1]隋炀帝大业至唐高祖武德年间（605~626），二寺先后被废。开皇三年（583），在坊内西南隅偏北部设妙胜尼寺[2]。

　　隋祚短暂，大兴城醴泉坊中的人物资料颇为罕见，从墓志资料得知，任轨曾住醴泉坊。隋炀帝营建东都洛阳，任轨为将作少监，职位仅次于宇文恺。[3]

　　入唐之后，大兴城改名长安，或称上都、西京，醴泉坊名延用。下面拟从坊内四个方位分别探讨建制和布局的沿革。

（一）西北区域

　　唐长安城中，位于坊内十字街北之西的醴泉寺得以幸存，但初、盛唐时期的醴泉寺名声并不显赫。到中晚唐时期特别是德宗贞元年间（785~805）和宪宗元和年间（806~820），醴泉坊中的醴泉寺曾经有过一段辉煌的时光——作为京城六大密教寺院之一，奉敕设灌顶坛。来自西域的利言大德、般若三藏、牟尼室利三藏，以及唐僧超悟、思维、慧澄、从贺、文苑、惠果、宗颖等高僧曾先后住醴泉寺译经和讲学。其间，日本入唐僧空海、灵仙、圆仁等人曾先后前往醴泉寺向高僧大德请教密宗或与天台教学相关的诸疑问以及学习梵文和婆罗门教等。[4]

　　此外，唐代在醴泉坊西北隅还设有袄祠[5]（对于袄祠的位置，《两京新记》记作"西北隅"，《长安志》和《唐两京城坊考》均记作"西门之南"。鉴于《两京新记》成书较早，本文从其说）。

（二）西南区域

　　醴泉坊西南区域的史料不多。太宗贞观二十二年（648），三洞女冠观自街东偏南的永崇坊徙址于醴泉坊西南隅[6]，在经营有年的妙胜尼寺之南立寺。

（三）东南区域

　　醴泉坊四个区域之中，最为热闹且引人注目的要数东南区域了。首先是颇具流亡政府色彩的波斯胡寺的建立和迁徙。高宗仪凤二年（677），"波斯王毕路斯奏请，于此置波斯胡寺"，位置在坊内"十字街南之东"[7]。据《旧唐书》卷五、一九八和《唐会要》卷七三、一〇〇记载，卑路斯为波斯萨珊末代王叶兹底格德三世（伊嗣俟）之子。永徽二年（651），萨珊为大食所灭，卑路斯入吐火罗。龙朔元年（661），王卑路斯使奏频被大食侵扰，请兵救援。高宗诏遣王名远

1）《长安志》、《唐两京城坊考》："隋有光宝、救度二寺，大业、武德中废。"救度寺又见于《续高僧传》卷三五。《两京新记》中未见此二寺的记载。
2）《两京新记》在"妙胜尼寺"条下注曰："开皇三年，周平原公主所立"。而《长安志》及《唐两京城坊考》均误为"周静帝皇后平原公主所立"。平原公主为宇文泰之女，为周静帝的姑奶奶。周之公主与周之皇后完全是两回事。实际上周静帝皇后是荥阳公司马消难之女，可参见《周书》卷三十《于翼传》。有关详细考证见李健超《长安志纠谬》，《历史地理》第十九辑，上海人民出版社，2003年6月。
3）关于任轨的资料，详见李健超《增订唐两京城坊考》，三秦出版社，1996年，第207页。
4）转引自小野胜年《中国隋唐长安寺院史料集成》解说篇124，《醴县坊の醴泉寺》，京都法藏馆出版，1989年，第177~181页。
5）见《两京新记》卷三。
6）《两京新记》"三洞女冠观"，仅注有"隋开皇七年所立也"，未提徙址事。《长安志》注："本灵应道士观，隋开皇七年立。贞观二十二年，自永崇坊换所居于此"。《唐会要》卷五十记三洞观徙址时间为贞观二十三年。
7）见《两京新记》卷三。

使西域，以疾陵城为波斯都督府，授卑路斯为都督。后地亦为大食所并，遂于上元元年（674）十二月入唐，任右武卫将军（三年后奏请于醴泉坊置波斯胡寺），后客死于唐。调露元年（679），吏部侍郎裴行俭奉命将兵册送卑路斯之子泥捏师率数千部属归国还位，行检至安西碎叶而还，泥捏师率众独返，不得入。客于吐火罗国二十余年，部落离散。景龙二年（708），复入唐，拜为左威卫将军。再次入唐的泥捏师，其居所是否就在其父于醴泉坊所置的波斯胡寺之中呢？《旧唐书·中宗纪》中记载了泥捏师复入唐当年出现的一次颇有意味的活动：景龙二年十二月"乙酉，令诸司长官向醴泉坊，看泼胡王乞寒戏"。众多朝廷高级官员奉敕前往醴泉坊并非仅仅是观戏，而是带有会见和慰问的政治外交目的，或即与泥捏师再次入唐客居醴泉坊有关。然而这位不走运的王子不久亦客死于唐。耐人寻味的是泥捏师复入唐的第二年，即中宗景龙三年（709），当时权倾一时的幸臣宗楚客"乐此寺地入其宅"，迫使波斯胡寺"移寺于布政坊之西南隅祆祠之西"。

其次，再看看宗楚客的宅地及其易主情况。实际上，宗楚客豪宅位于醴泉坊南门之东，其宅地向北扩展，从而占据十字街南之东波斯胡寺的地盘。据《朝野金载》："宗楚客造一宅新成，皆是文柏为梁，沉香和红粉以泥壁，开门则香气蓬勃。磨文石为阶砌及地。……太平公主（与宗楚客比邻而居，详见下文）就其宅看，叹曰：看他行坐处，我等虚生浪死。"但时间不长，景云元年（710），宗楚客被诛死，不久该处宅地又被登基伊始的玄宗赐给申王撝（《唐两京城坊考》载：街东永嘉坊西南隅还有一处申王撝宅，按申王宅已见安兴坊，盖永嘉之西南即安兴之东南，宅毗连二坊也）。

可见，在中宗景龙末年经睿宗时期再到玄宗即位的短短四年时间内，醴泉坊旧波斯胡寺这块地产似乎与李唐王位的更迭相同步而三易其主。申王李撝，是睿宗李旦次子。早在武周大足元年（701），与兄弟五人从幸上都，赐第于隆庆坊，俗号"五王宅"。李隆基即位，诸王献宅为宫，营为兴庆宫，李撝遂在街东和街西分别被赐二处宅地，其中在街西的居所就是醴泉坊原宗楚客宅地[1]，从而使其如愿以偿地成为长安城中跨两街、跨坊里区块立豪宅的少数人物之一（申王当年在洛阳城中亦有两处豪宅）。开元十二年（724）李撝薨，册赠惠庄太子陪葬桥陵[2]。此后，醴泉坊南门之东和十字街南之东这片豪宅之地的新主人便不得而知了。

上述情况表明，高宗及武则天时代，醴泉坊内的宗教氛围是相当宽松和活跃的，佛寺、道观、波斯胡寺、祆祠等同处一坊，这在整个长安城中也是不多见的。随着中宗复祚，李唐家族重掌政权，政治中心回归长安等一系列重大变故，醴泉坊内公主、太子等皇族成员以及权臣等相继登场，使原先宗教氛围浓厚的坊域凭添了一抹政治空间的色彩，但这种色彩维持的时间似乎并不长久。

东南区域中出现的第三个宅地易主事件与赫赫有名的太平公主和后来的唐肃宗有关。据《长安志》记载，坊内东南隅曾是太平公主（?~713）的宅地。《新唐书·五行志》："长安初（701~702）醴泉坊太平公主第，井水溢流。"是否为持续性涌泉现象，难以稽考。太平公主在长安城中尚有其他宅地[3]。玄宗先天二年（713）七月公主死后，其在醴泉坊中宅地没官，成为

1）［清］徐松：《唐两京城坊考》"醴泉坊"条和"永嘉坊"条。

2）陕西省考古研究所：《唐惠庄太子墓发掘简报》，《考古与文物》1999年第2期。

3）据《长安志》，太平公主宅在长安城中有三处，除醴泉坊东南隅外，街东平康坊和兴道坊亦有宅地。

陕王府。查史籍可知，玄宗第三子李亨（即后来的唐肃宗）2岁时被封为陕王，陕王李亨于开元二十六年（738）被立为皇太子[1]，很可能在此前后便移居于他处。作为皇太子旧宅的陕王府或许从此成为一所空宅。

太平公主当年曾于其宅地北侧为异僧万回造宅[2]。史载万回以怪异和预言多灵验著称并进而获宠，《宋高僧传》卷十八误记"太平公主为造宅于怀远坊中"，而《佛祖历代通载》卷十二云："丁未，改景龙（707年），（神僧万回）示寂于长安醴泉里，寿七十四。"又《景德传灯录》卷二十七《万回法云公》云："景云二年（711）辛亥十二月八日，师卒于长安醴泉里，寿八十。"二书均载万回卒于醴泉里，卒年为707年或711年，先于太平公主而亡，其宅亦当没官。

（四）东北区域

上述醴泉坊人事活动的空间位置的记载涉及到坊内西北、西南、东南三个区域，唯东北区域未见名人活动记载。耐人寻味的是，三彩窑址恰恰就位于这个区域。鉴于三彩窑址处在1986年发现的醴泉遗址以东约300米的地点，如果醴泉寺位于"十字街西之北"的记载不误，我们认为窑址所属的坊内具体区块位置就应在十字街东之北（图三），也就是说，窑址隔北街与醴泉寺相接。种种迹象表明，截止到开元中后期，坊内东南区域具有重要地位的几个大宅主人的先后离去，必然使坊内原先固有的一些禁锢和限制变得松弛起来，给里坊构造带来机能性的变化契机，因此，这里出现的窑或即与醴泉寺有所关联。

据史籍和墓志资料，唐代长安西市周围各坊是居人稠密的所在。曾寓居醴泉坊中的各类中外僧俗人士数量颇多，除编户杂居、第宅栉比者外，正所谓"浮寄流寓，不可胜计"。有研究者认为，醴泉坊的住户密度约在1700余户，人口在万余人左右[3]。绝大多数未留下姓名和活动记载，少数知名人物除上述活动时间和空间位置均较明确者外，参照李健超《增订唐两京城坊考》、杨鸿年《隋唐两京坊里谱》等材料，还可举出下列人员：

1. 安金藏，世传其居处号称"烈士台"，足见其地位之隆。宅在坊内位置不详。安金藏《新唐书》卷一九一有传。此人在"在太常工籍"，属专业人员。唐太常寺凡辖郊社、太庙、诸陵、太祝、清商鼓吹、太医、太卜、廪牺等署。睿宗为皇嗣时，曾于危难之际得其拼死相救，李唐复祚后，受几代皇帝表彰，约卒于开元天宝年间。此人（及其同类）的族属、职业以及活动时间大可令人玩味。

2. 段志玄（598~642），《旧唐书》卷六十八有传。贞观年间著名武将，先后封樊国公、褒国公，卒陪葬昭陵，名列凌烟阁，子孙袭爵。《全唐文》载《段志玄碑》记其薨于京师之醴泉里第，宅在坊内位置不详。

3. 张希古，官为游击将军。《张府君墓志》云："公字希古，终醴泉里之私第。"《金石萃编》

1）《旧唐书》卷十《肃宗本纪》，中华书局标点本，第239页。

2）"万回"，《长安志》和《唐两京城坊考》，均误作"方回"，有关万回的记载，散见于《旧唐书》卷五九、《唐会要》卷四、《太平御览》卷六五五所引唐《高僧传》、《宋高僧传》卷十八、《集古录跋尾》卷六、《集古录目》卷三、《金石录》卷五卷六、《宝刻类编》卷七等。

3）王社教：《论唐长安的人口数量》，载史念海主编《汉唐长安与关中平原——中日历史地理合作研究论文集第二辑》，《中国历史地理论丛》1999年12月增刊，第88~116页。

卷九一云，希古卒于天宝十四载（755）十月十七日。

4. 李仁裕（德），开元时为冠军大将军，封金成郡公。《李公墓志铭》云："仁裕以开元二十一年（733）正月二十日薨于醴泉里之私第。"

5. 安令节，《陶斋·安令节墓志》云："安令节，武威姑臧人。出自安息国王子，入侍于汉，因而家焉。历后魏周隋，仕于京洛，今为幽州宜禄人。长安四年（704）十一月二十三日，终于醴泉里之私第。"

6. 独孤思敬，其墓志云："景龙三年（709）八月十五日，终于京师之醴泉里第。"

7. 康景云宅，《咸宁长安两县续志》载康夫人男翊府右郎同正员上柱国康景云书写墓志云："康夫人乾元三年（760）二月终于醴泉坊私第。"

8. 薛莫，为右饶骁卫大将军、左万骑史。其墓志云："景云十五年（721，即开元九年），薨于醴泉里之私第，其夫人史氏，于景云十二年（718）先亡。"

9. 俾失十囊，突厥人，封特进、右卫大将军，雁门郡开国公。其墓志云："开元二十六（739）十二月十三日，薨于醴泉里之私第。"

10. 米继芬，官至左神策军散副将游击将军守武卫大将军。其墓志云："永贞元年（805）九月二十一日终于醴泉里之私第。"

11. 徐承嗣，为左龙武军中郎将、明威将军，其墓志云："天宝三载（744）六月二十五日，终于西京醴泉里之私第。"

12. 王玼，天宝十四载（755）终于醴泉里之私第。

13. 郭思训，孝子。其墓志云："景云二年（711）九月十三日"终于长安醴泉里之私第。"

14. 王安仁，其父为文林郎王君，夫人柏氏，为上邽（今甘肃天水）县令柏义通第三女。据《文林郎王君夫人墓志》云："上元元年（674）终于醴泉里第。"志文撰者安仁系其子。

15. 汤某人，荆州松滋令。其妻伤氏墓志云："永徽二年（651）正月四日卒于醴泉里第。"

上述人物，多数生活在安史之乱（755~762）以前的时代。历时七年的安史之乱对唐长安城里坊内的居民构成产生了一些微妙的影响，醴泉坊藉品级人物墓志的年代结构本身在某种程度上就反映了坊域内仕宦人口的动迁转移造成的结构性消长变化。由此带来的坊内生活形态和社会需求也发生了若干重大变化。颇有意味的是，这时坊内故实仅有与醴泉寺往来的一些佛教人物事迹借佛教典籍得以保存，而这恰恰是醴泉寺实力充足、地位上升的一种间接反映。这场动乱，似乎对宗教机构本身并未造成巨大的影响。中晚唐时期坊内的其他人物，有康景云宅和米继芬宅可资参考。值得注意的是，康、米与武则天时代的安令节和开元前期的安金藏等人皆西域昭武九姓后裔，对于安史之乱前后的醴泉坊居民基本构成而言，应具有一定程度的象征性和代表性。

作为醴泉坊重要构成的宗教机构，如醴泉寺、妙胜尼寺、三洞女冠观、祆祠等，在经过了长达200余年承平之世的香火传承之后，在武宗会昌年间（841~846）与长安城内绝大多数宗教设施一样，均遭到了毁灭性的破坏。如果说安史之乱对坊内原有皇亲贵族阶层是一次沉重打击的话，那么，会昌毁佛则是对宗教机能的清除，香火顿熄，好景难再。醴泉坊的机能和构成不可避免地向着破败、无序和俗民化方向演变。

唐末天祐元年（904），武将朱温劫唐昭宗迁都洛阳，百官及百姓亦在迁徙之列，大规模拆毁长安的宫室、百司及民间居舍，拆下的材木都由渭河和黄河顺水而下，运到洛阳，长安自此遂成废都，成为佑国军节度使韩建的驻地。韩建在破败的长安城中仅修整了原皇城部分，已成一片焦土瓦砾废墟的原郭城部分（包括醴泉坊），则成为郊外满目荒草之地。

唐以后至明清时期，原醴泉坊一直是城郊之地。五代时期，原长安皇城部分习惯上称为"新城"，原醴泉坊所在地位于新城西郊与大安县交界地带。至宋元时期，"新城"先后改称"京兆府城"、"奉元路城"，西郊的"大安县"则改称"长安县"，辖域大体未变。明清时期，长安县成为西安府的附郭县，原醴泉坊旧址所在仍处于西安府城郊辖域之内。清初，这里逐渐开始成为操练和检阅军队的演武场。由于明清时期在西安府城的四门之外分别修筑了瓮城、月城和关城，使位于西郊原醴泉坊的位置距离西关城或西郭城相对靠近了许多，因此，到清末时期，原醴泉坊旧址一带遂被正式开辟成了宽阔的"陕西新编陆军混成协营房及操练场"，俗称"西关大教场"[1]或"大营盘"。民国以降，在大营盘建立西安机场。后屡经增建，占地四五千亩。1991年9月新建成的西安·咸阳机场启用后，西安机场废弃。除保留原有工作、生活区及少量住宅地外，其余土地上交地方政府，从此开始大规模、高密度的住宅区的兴建高潮。

值得注意的是，除机场建设外，1982年至1985年，在原机场东侧修建劳动南路，路宽50米，大体沿原醴泉坊东北区域和东南区域的小十字南北街一线东侧纵贯穿过，从而使原醴泉坊东侧的东北隅、东门之北、东门之南、东南隅等几个小区被劳动南路隔开，四个区块的大部分位于劳动路东侧草阳村范围之内，其中应当包括当年太平公主—陕王宅、万回宅的基址。2000年至2001年，又在原机场西侧修建桃园南路，路宽18米，大体沿原醴泉坊西北区域和西南区域的小十字南北街一线西侧纵贯穿过，从而使原醴泉坊西侧的四个区块，即西北隅、西门之北、西门之南、西南隅的大部分被隔在了桃园南路的西侧，其中应当包括当年的祆教、妙胜尼寺和三洞女冠观等基址。

1）西安市地方志编撰委员会编：《西安市志》第二卷《城市基础设施》，西安出版社，2000年，第565~567页。

第二章　地层堆积与遗迹

第一节　探方的布置

本次发掘属抢救性清理。在我们进入现场之前，坐落在窑址中心区的四座住宅楼（施工图编号为9615~9618）已经封顶，楼群间空地的大部分给排水管道沟、供暖管道沟和电缆沟等已挖掘完毕，个别管道沟已经用砖砌护两壁，并开始铺设管道。四座楼房的周边地带也被在建项目和临时建筑及设施占满。这样，发掘位置别无选择地设在了纵横交错的管道沟之间的一小块空地上（图四；彩版一）。

我们将9615号楼和9616号楼之间的三条南北向的管道沟按由东向西的顺序，分别编为纵①~③管道沟，楼群间东西向管道沟，则按由北至南的顺序分别编为横①~⑤管道沟。

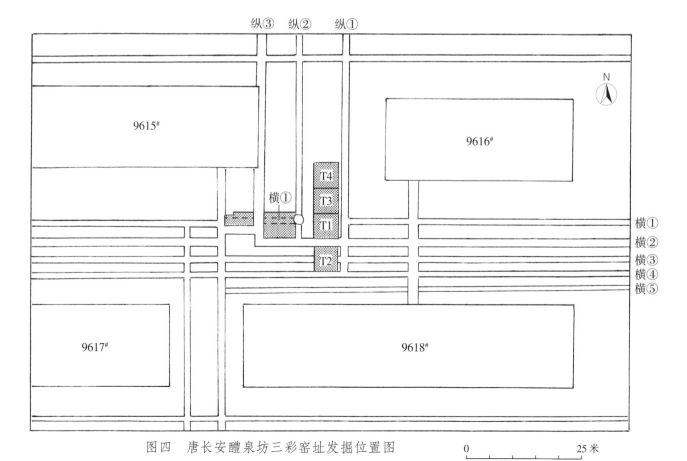

图四　唐长安醴泉坊三彩窑址发掘位置图

在管道沟壁上发现有灰坑迹象,同时在管道沟外两侧的堆土中散布有大量陶器残片和三叉形支具,我们遂在管道沟间布 5 × 5 米探方 4 个（编号 T1~T4）,发现一批灰坑和大量窑场废品残片。在发掘过程中,我们在 T1 西侧的横①号管道沟底发现有红烧土迹象,扩挖（整理补编为 T1 扩）清理后发现四座残窑底部遗迹。

第二节　地层堆积

四个探方及窑址的位置相对集中,地层堆积相同,分为 4 层。以 T1–T3–T4 西壁和 T1 扩北壁地层为例（图五）。

第 1 层　近期住宅楼建设形成的堆积,主要为建筑垃圾覆盖层。厚 0.35~0.43 米。

第 2 层　解放后铺设的机场水泥场地被爆破清除后的水泥渣土层。厚 0.25~0.8 米。

第 3 层　含少量碎石的结土层,系民国时期修建和平整机场时挖垫而形成,土层密实,土质较硬。厚 0.32~0.53 米。该层下叠压一不规则形扰土坑,扰土坑打破第 4 层。

第 4 层　灰褐色土,土质较松软,含有较多唐代陶瓷残片等,为唐代文化层。厚 0.1~0.68米。T1H2 开口在此层下。

第 4 层以下为生土层。

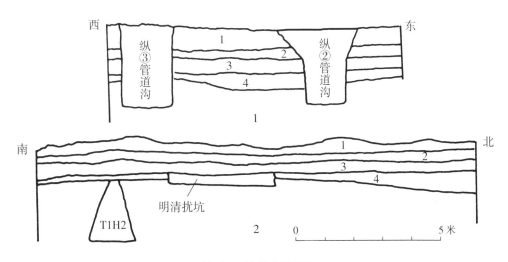

图五　地层剖面图
1. T1 扩北壁　2. T1–T3–T4 北壁

第三节　遗迹的分布

在四个探方共发掘出灰坑 10 个,均开口在第 4 层下,编号为 T1H1（包括 T2H1）*、T1H2、T1H3、T2H2、T3H1、T3H2、T3H3、T4H1、T4H2、T4H3。

---

* T1H1 和 T2H1 为同一灰坑,跨两个探方,且被横②管道沟打破。发掘时是分别编号的,整理时统一编号为 T1H1。为避免遗物编号大的改动引起混乱,原 T1H1 出土物记为 T1H1A,原 T2H1 出土器物记为 T1H1B。

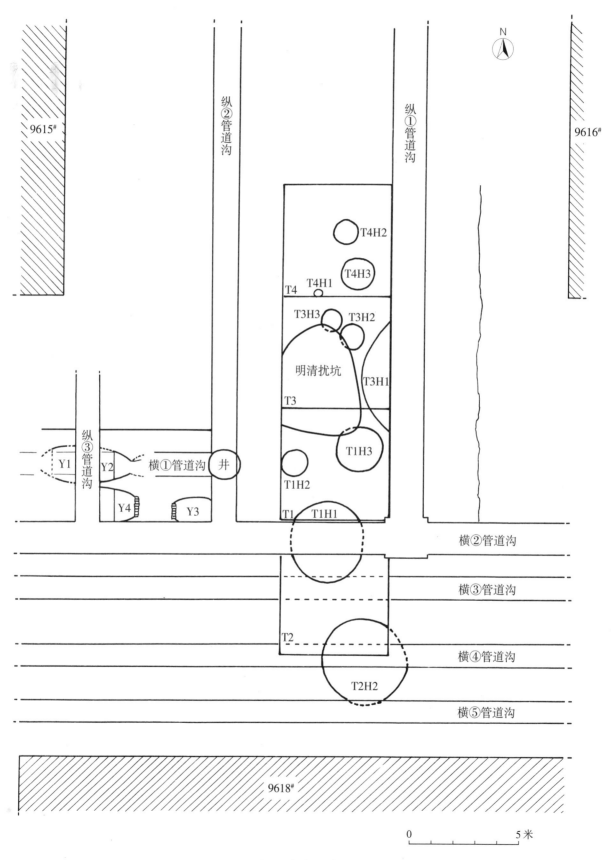

图六　遗迹分布图

在 T1 西侧 2 米处，为纵②管道沟，在其西侧的横①、横②管道沟及其间隙处，发现有 4 座陶窑残迹，分别编号为 Y1、Y2、Y3、Y4。其中 Y1 和 Y2 分别位于纵③管道沟两侧的横①管道沟中，Y3 和 Y4 则位于横①、横②管道沟的间隙处（图六）。

第四节　窑炉遗迹

发现 4 座。编号 Y1~Y4。属平地起建的半倒焰式馒头窑，均残。从分布上看，似乎是以对子窑或组窑的形式，两两并列、两两相对，分布集中而紧凑（图七；彩版二，1）。

（一）Y1

位于纵③管道沟西侧的横①管道沟中，隔纵③管道沟与 Y2 相对，二者同处于横①管道沟中，北距 9615 号楼 7 米，距现地表 1.25~1.38 米。

窑的平面为马蹄形，呈东西向，方向 272°。仅剩火膛和窑床的部分残迹，火门、烟囱等部分已残毁（图八，1）。

窑床的中心部位已被管道沟破坏，管道沟底部与火膛底部处于同一平面，扩挖管道沟两壁后，发现残存的窑床两侧的弧形底边，两底边之间最宽处为 1.56 米，与火膛交界处宽约 1.12 米。窑床两壁为青砖顺砌，仅在残存窑床与窑室壁折角处发现一块顺砌的底砖，旁边尚留有砖砌的印痕，上部已毁，其上直接叠压着碎石渣土层，显系早年修机场时将窑床上部破坏所致。两侧残留的窑床面平整，表层为坩土渣，厚约 5 厘米，质坚硬，色暗红，间或有青色块斑，其下为厚约 20 厘米的红烧土。烟道应位于窑床东头，因管道沟破坏形制不详。

火膛位于窑床以西，两侧壁向内收分，火门被破坏，进深残长 0.34 米，底部平面低于窑床面约 18 厘米。火膛底部残留有 8 厘米厚的灰渣，其内夹杂有少量陶俑残片和三叉形支具（以"Y1 火"为单位编号）。

（二）Y2

位于纵③管道沟东侧的横①管道沟中，西与 Y1 相对，南与 Y4 并列，距现地表 1.30~1.40 米。

窑平面呈马蹄形，东西向，方向 89°。残存火门、火膛、窑床等，烟道及窑的上部已毁（图八，2；彩版二，2）。

窑床平面略呈倒梯形，前窄后宽，两侧壁弧，残留高度仅 0.02 米，砖砌结构已毁坏。窑床宽度大于残存进深长度，最宽处为 1.58 米，由于窑床西部以及烟道部分被纵③管道沟打破，窑床进深仅为 0.8 米。窑床表面平整，局部含白色砂石灰面，烧结坚硬，整体呈红褐色。窑床与火膛交界的沿壁立面上贴砌有侧立的护砖，仅残留一块，被烧成豆绿色。

火膛在窑床以东，下凹，平面呈扇形，最宽 1.24、最窄 0.43、进深长度 0.78 米，底部低于窑床 0.34 米。火膛两壁用青砖错缝顺砌，然后再涂沫一层 9 厘米厚的含砂石灰层，残存高度 0.29 米。火膛底部残留有厚约 10 厘米左右的灰渣，内中夹杂有俑类、窑具等残片（以"Y2 火"为单位编号）。火膛口部的火门未封堵，火门外向上有斜坡，长约 0.64 米，壁两侧呈喇叭口状向外张

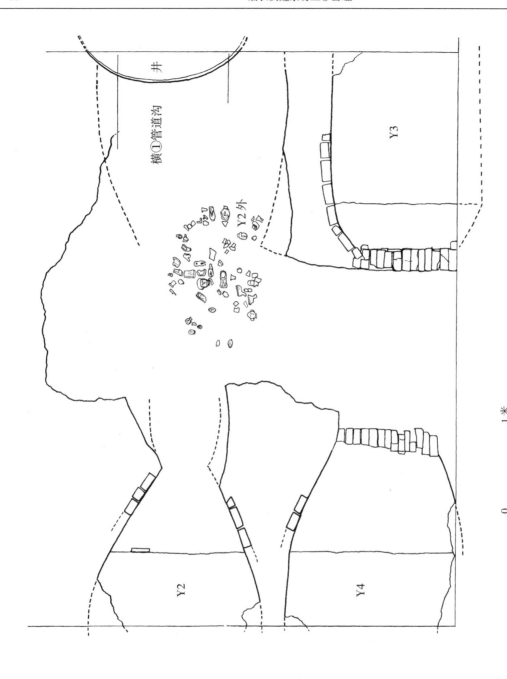

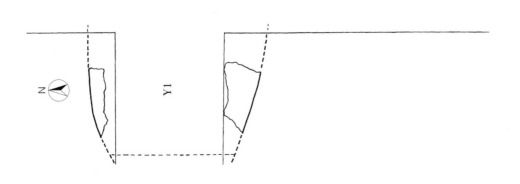

图七　Y1~Y4 位置关系图

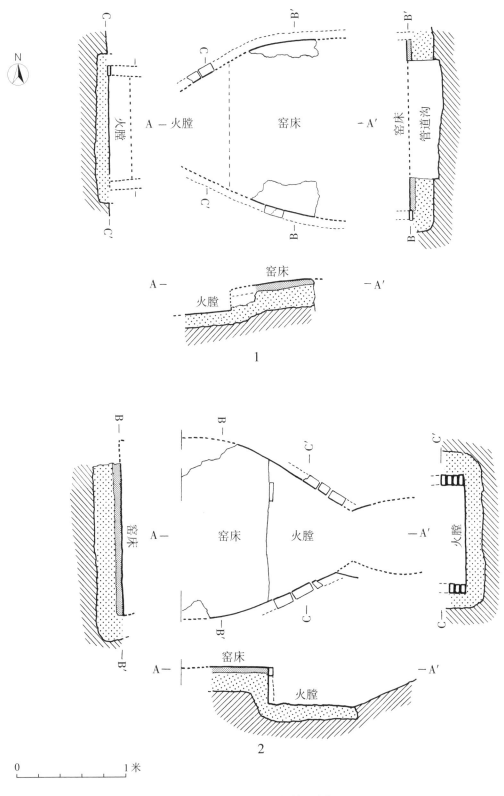

图八　Y1、Y2平剖面图
1. Y1　2. Y2

开，残存高度 0.21 米。

　　斜坡外及其北侧有成堆的陶俑残片、三彩残片和少量窑具等，该残次品弃置堆出土遗物以
"Y2 外"为单位进行编号。

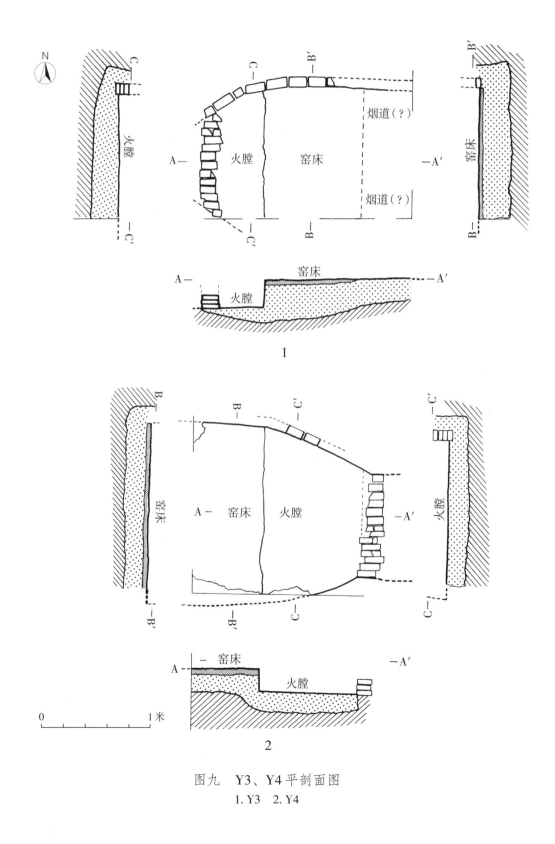

图九　Y3、Y4平剖面图
1. Y3　2. Y4

（三）Y3

位于纵②管道沟与横②管道沟交汇处西北角，西与Y4相对。距今地表1.29~1.40米。

平面呈马蹄形，东西向，方向272°。残存有火门、火膛、窑床、烟道等几部分，窑室上部已毁（图九，1；彩版三，1）。

窑床略呈长方形，宽度大于进深，其南壁及附近部分窑床被横②管道沟打破，北壁尚存一层顺砌的底砖。窑床进深0.88、残宽1.16米。表面平整，含砂土烧结坚硬，红褐色。窑床口部边缘局部有含砂石灰斑块。窑床与火膛交界的沿壁立面上有护砖印痕。

烟道在窑床东端，残长0.46米，仅剩底部平面，挡墙、出烟口及上部砖砌烟道结构已被破坏，形制不明。

火膛在窑床以西，下凹，平面呈扇形，最宽处残宽1.13米，口部最窄，残宽0.86米。底部低于窑床0.25米。火膛北壁发现有三层顺砌的砖壁，残高0.13米。南壁被破坏。火膛底部残留有7厘米厚的灰渣，内中夹杂有陶俑残片、筒形支具和三彩残片等（以"Y3火"为单位编号）。火膛口部以并列垒砌的条砖封堵，条砖或裂成两半或破碎，完整者不多，残高0.14米。

火膛口外及略偏北处出土有窑具和釉陶等残片，该处出土遗物以"Y3外"为单位进行编号。

（四）Y4

处于Y2南侧、Y3西侧，与Y2南北并列，与Y3相对。距现发掘地表1.35~1.44米。

平面呈马蹄形，东西向，方向91°。现存火门、火膛、窑床等几部分，上部被毁；烟道及窑床的一部分被纵③管道沟打破，火膛的南壁部分又被横②管道沟破坏（图九，2；彩版三，2）。

窑床略呈横长方形，前窄后宽，进深0.66、残宽1.48米。表面平整，烧结面中含砂，坚硬，红褐色。窑床与火膛交界的立面上有护砖印痕。

火膛在窑床东侧，下凹，平面呈扇形，最宽处残宽1.46米，火膛口部渐窄，宽0.91米，底部低于窑床0.20米。火膛北壁残留有顺砌的砖壁，残高0.16米，南壁被横②管道沟打破。火膛底部残留有灰渣、陶制品残片和少量窑具等（以"Y4火"为单位编号）。火膛口部用并列垒砌的条砖封堵，砖块多有裂损缺失，残存高度0.15米。

火膛口外及略偏北处出土遗物以"Y4外"为单位进行编号。

第五节　灰坑遗迹

10个，从现有情况来看，均分布在以窑址为中心向东3~13米为半径的范围之内，口部均为圆形，大小、深浅及底部形状有所区别。

除T4H1外，其余灰坑的坑壁均呈深褐色，质较硬，手感滑腻。坑内土色自上而下由深褐变为深豆绿色，质地相应地由上部较疏松到下部较致密。灰坑底部普遍铺有一层厚约1~3厘米的砂层。坑内出土遗物多集中在坑中上部的深褐色土层，下部深豆绿色纯净腐土中出土遗物甚少。

（一）T1H1

一小半位于T1南侧，另一小半位于T2北侧中，中间被横②管道沟打破。开口在第4层下。灰坑圜底，口径3.60、深2.20米（图一〇，1）。

出有单色釉盘口瓶、碗、碟残片，绿釉筒瓦，三彩盂，模具，弧刃式三叉形支钉及垫圈等窑具，白瓷碗，外黑内白瓷敛口钵等大量残片以及玻璃碎块。

（二）T1H2

位于T1西部，开口在第4层下。袋状，口径1.20、底径1.85、深2.10米（图一〇，2）。

出有单色釉碗，三彩瓶、罐，绞胎杯，坐姿陶俑，立俑模具，白瓷杯、碗等。

（三）T1H3

位于T1东北部，开口在第4层下，其开口的部分边缘被一明清时期扰坑打破。口部发现有围绕灰坑口的护砖痕迹。筒形灰坑。口径2.10、深2.55米（图一〇，3）。

出土物绝大多数为残片，其中有单色釉盘口瓶、小口瓶、罐、碗，三彩瓶、罐、盂、豆、碗，素烧碗、盆、罐、佛弟子坐像、跪姿人像，陶俑，模具，乳丁式三叉形支钉，白瓷碗、盒等。

（四）T2H2

小部分位于T2东南角，大部分位于探方东南角外，且被横④和横⑤管道沟打破。开口在第4层下。该坑为圜底，口径3.75、深2.60米（图一一，1）。

尽管破坏严重，但由于该坑较大，仍出有许多残片。有单色釉盘口瓶、罐、水注、碟、方形花砖、琉璃板瓦等残片，三彩瓶、水注、豆、碗、枕、俑等残片，素烧盒、佛弟子造像等残

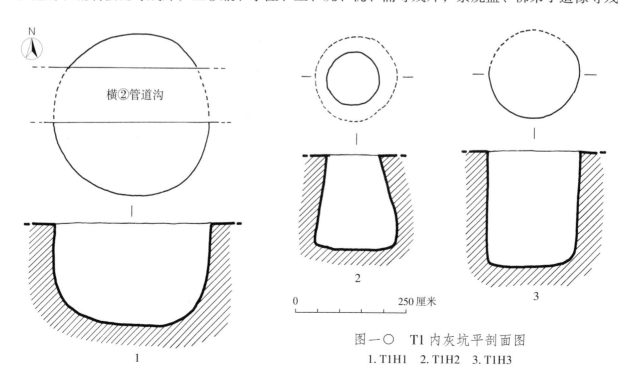

图一〇　T1内灰坑平剖面图
1. T1H1　2. T1H2　3. T1H3

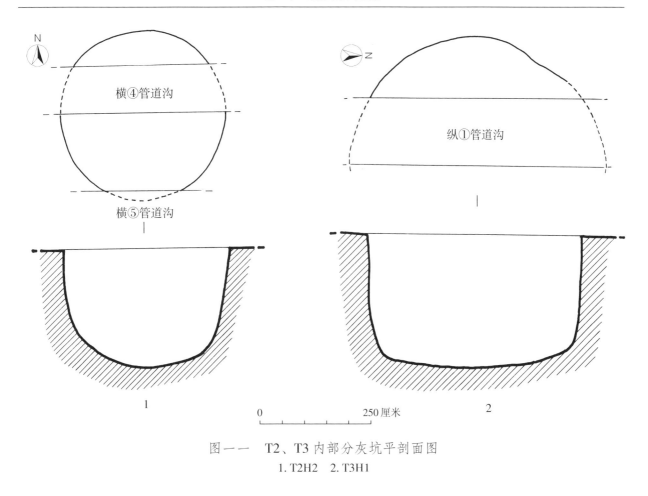

图一一　T2、T3 内部分灰坑平剖面图
1. T2H2　2. T3H1

片，陶幞头男俑头、笼冠俑头、风帽俑头、薄鬓蝉翼类女俑头、男立俑、女立俑、坐俑、天王俑、鸡、磨光筒瓦、兽面砖等残件，印花模、女立俑模、佛弟子模、半身胸像俑模、骆驼模、鸡模、女俑头模、马头模等模具残片（块），垫柱、垫圈等窑具，外黑内白瓷敛口钵、碗等残片。

（五）T3H1

小部分位于T3东部和T1东北角，其余部分被纵①管道沟和9616号楼基槽破坏。开口在第4层下。从残留部分看，该坑为筒状，（残）口径4.90、深2.95米（图一一，2）。

出有单色釉盘口瓶、碗、碟等残片，三彩瓶、豆、盅、坐俑、狮子等残片，素烧碗、钵、佛弟子头像等残片，陶幞头男俑头、薄鬓蝉翼类和中分下绾类女俑头及分体高髻、卷檐虚帽女俑头、男行俑、骑马俑、天王俑等残块，模具有半身胸像俑模、骆驼模、骑象俑模、幞头俑头模、佛弟子头模、虎模、犬头模等残片；瓷器有白瓷碗、盆、盒盖和外黑内白瓷碗等残片。

（六）T3H2

位于T3中部偏北处，开口在第4层下，其开口局部被一明清时期扰坑打破。口部发现有围绕灰坑口的护砖痕迹。灰坑为袋状，口径1.10、深2.12米（图一二，1）。距灰坑开口约1.30米以下堆积有浅豆绿色腐土，较为纯净。

该坑出土的陶瓷残片多在腐土层之上，其中有单色釉盘口瓶、豆、碗等残片，三彩豆、碗

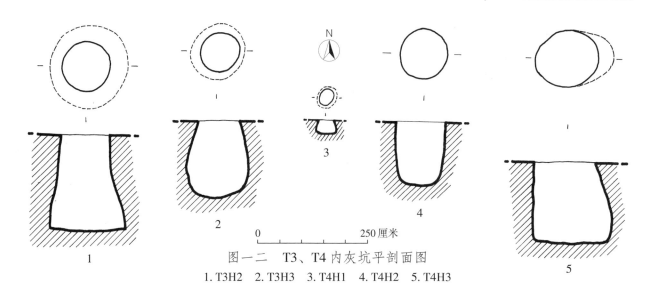

图一二　T3、T4内灰坑平剖面图
1. T3H2　2. T3H3　3. T4H1　4. T4H2　5. T4H3

等残片，素烧类的碗、盘口瓶、水注、敛口壶等残片，俑类的幞头胡俑头、男立俑、坐俑等残片，灰陶碗、碟、莲花瓦当等残片，天王俑分体腹甲模、镇墓兽模、骆驼分体背腹模、房屋模等模具残片，此外还有白瓷杯、盘和外黑内白瓷碗等残片。

（七）T3H3

位于T3北部，东南侧与T3H2相邻。开口在第4层下，灰坑开口局部被明清时期扰坑打破。该坑为袋状，底部弧凹不平。口径0.90、深1.70米（图一二，2）。坑近底部为浅豆绿色腐土。

出有素烧佛弟子头像，绞胎枕残片，陶幞头胡人俑头、女立俑、天王俑、镇墓兽头、马、牛残片，灰陶盆，模具母模等残片。

（八）T4H1

位于T4南壁略偏西处，开口在第4层下。为一小坑，底部略大。口径0.35、深0.32米（图一二，3）。

坑内填埋骨制品边角料。

（九）T4H2

位于T4中部，开口在第4层下。口径1.10、深1.40米（图一二，4）。坑内全为浅豆绿色腐土。仅出零星俑身残片。

（一〇）T4H3

位于T4南侧偏东部，开口在第4层下。为偏袋状坑，即坑内东侧壁面斜扩而下，其余坑壁为直壁，底平。口径1.45、底径1.66、深1.78米（图一二，5）。

坑内发现有一类似漆奁的朽痕和漆皮，还发现有残骨梳、骨簪、玛瑙饰件、铜带具、小刀和"开元通宝"铜钱等，同时出有几十块碎砖块。

第三章　出土遗物

　　本次发掘共出土遗物 13352 件（片），按质地和功能大致可分为：陶制品，制陶工具，窑具，瓷器，玻璃、矿物质及相关工具，骨器及骨制品边角料，铜制品及玛瑙饰件等。

　　多数遗物不同程度地存在过烧等缺陷，并且大多残碎不能复原，甚至无法确定器形，本书仅选择可复原的和部分代表性标本，按照出土单位进行介绍。

第一节　窑炉遗迹出土遗物标本

一　Y2 火膛出土遗物标本

（一）釉陶器

1. 单色釉陶器

黄褐釉男立俑

　　标本 Y2 火：38，头、足均残。红胎。俑呈站立状，着圆领窄袖袍服，腰系带，双臂曲至腹前，右臂略高，左臂稍低。施有化妆土，外罩一层褐色釉，釉色深浅不一，夹杂有脏点。残高 7.5 厘米（图一三；彩版一四，2）。

2. 三彩器

盂

　　标本 Y2 火：54-1、2，腹部残片。火候较高，白胎。外壁施化妆土，上部施蓝彩与透明釉，釉向下垂流，下部露胎。内壁未施化妆土，直接施透明薄釉（彩版二七，3）。

碗

　　标本 Y2 火：39-1、2，口沿残片。红胎。敞口，圆唇。内外壁施化妆土，化妆土厚薄不均，施透明釉和浅黄色釉。制作过程中在器表留下的平行旋纹过于明显，起棱处化妆土覆盖不严而露胎色，器表呈现出道道赭色同心圆细线和条带（彩版三一，1）。

枕

　　标本 Y2 火：56-1~10，长方形箱式枕枕面残片。白胎，

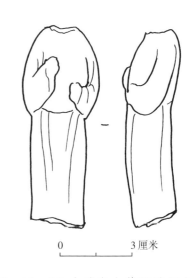

0　　　　3厘米

图一三　Y2 火膛出土黄褐釉男立俑
Y2 火：38

胎质细腻。外壁施化妆土，枕面印有阴线宝相花和朵花纹，花叶间分别填蓝、白、黄三色，绿釉铺地（彩版三二，2）。

标本 Y2 火：57，长方形箱式枕周壁残片。粉胎，质细腻。外壁施化妆土，施草绿、棕褐色釉，间隙处留白，形成散点纹，釉汁垂流底缘处色渐深沉。高 5.5 厘米（彩版三三，2）。

（二）素烧器

青年佛弟子造像头像

标本 Y2 火：9，砖红胎。未施化妆土，据同类器 T3H3：3 和 T2H2：29 定为素烧器。青年弟子形象。残高 6.2 厘米（图一四，1；彩版四八，3）。

童子头像

标本 Y2 火：37，砖红胎，外敷白色化妆土。颈部以下残。剃发光头，额前留一小撮毛发，面带雅气。残高 2.6 厘米（图一四，2；彩版四九，2）。

（三）陶器

兽首吞腿式陶器足

标本 Y2 火：35，泥质红陶。似为大型圜底三足器的器足。由上下两部分构成，上部为兽面，其眼、鼻、耳、棕毛等部位的表现方式与镇墓兽、天王俑的面部表现方式有许多类同之处。张开的大口，吞含有五条并联在一起的兽腿，其中正面三条，侧后两条。兽口中上下犬齿深深地嵌入兽腿的筋肉之中。这种造型上富含隐喻，颇具劲健持稳力度的创意，与天王俑披膊上的兽首含臂的意趣极为相似。作为器足构件，在兽首顶部加饰一大两小三束短棕毛，不仅与下部正面的三兽足对称，而且也加大了与器腹的结合面（略显弧凹的斜面），增强了稳定感。高 7.8 厘米（图一五；彩版五四，5、6）。

双球形圆顶幞头男俑头   双眼略凸，面部较胖，宽鼻翼，厚唇。

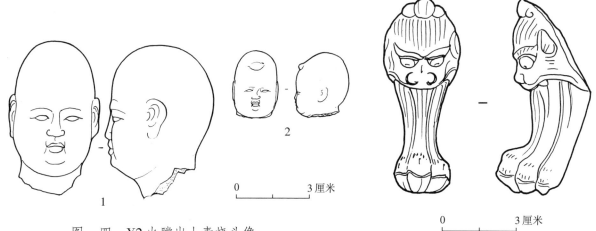

图一四   Y2 火膛出土素烧头像

1. 青年佛弟子造像头像 Y2 火：9   2. 童子头像 Y2 火：37   图一五   Y2 火膛出土兽首吞腿式陶器足 Y2 火：35

标本 Y2 火：22，红陶。残高 11.1 厘米（图一六，1；彩版五五，1）。

标本 Y2 火：11，灰陶。面部有裂痕。残高 9.9 厘米（图一六，2；彩版五五，2）。

标本 Y2 火：44，红陶。残高 9.5 厘米（图一六，3；彩版五五，3）。

标本 Y2 火：60，红陶。残高 8.3 厘米（图一六，4）。

标本 Y2 火：40，红陶。残高 6 厘米（图一六，5；彩版五六，4）。

附抹额幞头男俑头

标本 Y2 火：4，合模制成。颈部残断。额际幞头罗外扎缚有额带，即抹额。残高 5.4 厘米（图一六，6）。

标本 Y2 火：29，陶色不纯，砖红与褐色相杂。残高 5.5 厘米（图一六，7）。

附抹额展脚幞头男俑头

标本 Y2 火：8，红陶。合模制成。颈部残断。戴圆顶幞头，反系二前脚于髻前，脚头作焦叶状展向两侧，额带两端掖于髻前两侧展脚中。残高 5.5 厘米（图一六，8；彩版五九，1、2）。

标本 Y2 火：1，灰陶。形制同上。残高 5.5 厘米（图一六，9；彩版五九，1）。

披幅覆项式风帽男俑头

标本 Y2 火：7，红陶。戴高顶披幅覆项式风帽，帽的后部呈披幅覆项的垂弧形，额际风帽边缘下显露出额带（抹额）类头饰。残高 5.3 厘米（图一六，10）。

薄鬓蝉翼类梳髻女俑头

标本 Y2 火：19，红陶。以额际发中隐约表现出的半环形衬垫为依托，两侧鬓发上翘，展如蝉翼，头后浓发上梳至额顶绾成一髻，结髻蓬松，髻体较长，偏抛左侧。蝉鬓后侧双耳外露。残高 10.9 厘米（图一七，1；彩版六六，2）。

标本 Y2 火：12，头发为灰色，脸部为红褐色。两侧鬓发横展如蝉翼，后侧露出双耳，头后浓发上梳至额顶绾成并立的二个前倾式圆髻，额际发中似表现有条状衬垫物，将顶部二髻高高托起。面庞略小，神态恬静。残高 6.6 厘米（图一七，2；彩版六五，3）。

紧凑上拢类梳髻女俑头

标本 Y2 火：50，红陶。头后及两侧头发全部向上梳拢，顶部绾结成二簇圆髻，双耳外露，惟顶部的二簇发髻松软，盖表现未施支挺化加固，分坠至顶部两侧之形状。残高 3.9 厘米（图一七，3；彩版六七，3）。

中分下绾类梳髻女俑头

标本 Y2 火：28，红陶。头发中分，向两侧梳拢，于双鬓处各绾一垂鬟髻，覆盖双耳，垂至腮旁。面相略带稚气。残高 8.1 厘米（彩版六八，2）。

标本 Y2 火：46，灰陶。形制同上。残高 8.3 厘米（图一七，4；彩版六八，1）。

男立俑

标本 Y2 火：62，红陶。头残。身着圆领小袖长袍服，腰束革带，背部革带鋬尾头折下。双臂曲向胸腹部，右臂略高，左臂稍低，握拳，似作执物状。残高 7.2 厘米（图一八，1；彩版七一，3）。

女立俑

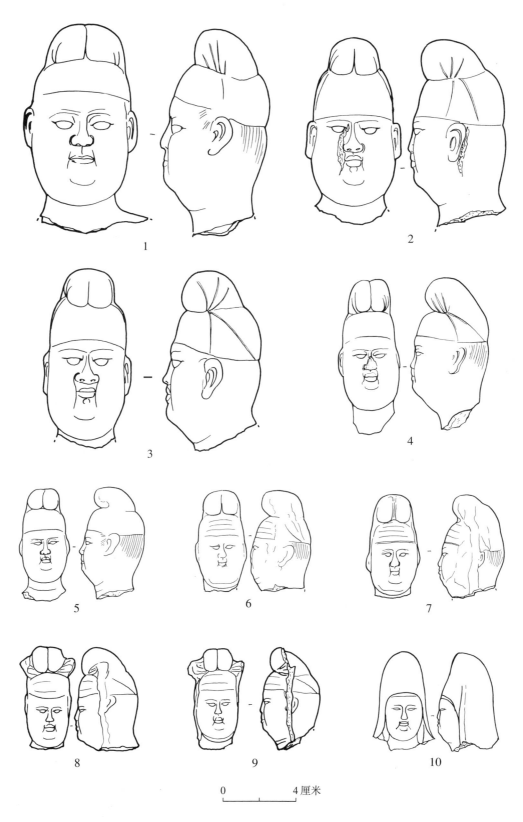

图一六　Y2 火膛出土陶俑

1~5.双球形圆顶幞头男俑头 Y2 火：22、Y2 火：11、Y2 火：44、Y2 火：60、Y2 火：40　6、7.
附抹额幞头男俑头 Y2 火：4 、Y2 火：29　8、9.附抹额展脚幞头男俑头 Y2 火：8、Y2 火：1
10.披幅覆项式风帽男俑头 Y2 火：7

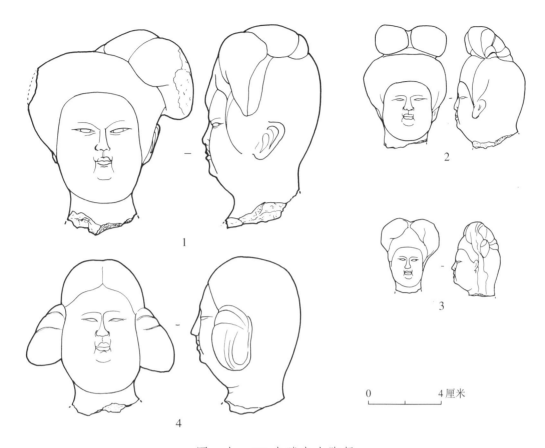

图一七　Y2 火膛出土陶俑

1、2.薄鬓蝉翼类梳髻女俑头 Y2 火：19、Y2 火：12　3.紧凑上扰类梳髻女俑头 Y2 火：50　4.中分下绾类梳髻女俑头 Y2 火：46

标本 Y2 火：21，红陶。长裙曳地，裙裾下露出高头履。垂弧边短礼服大衣，大衣的长袖上部为假半臂样式，袖口束成喇叭状褶边，下接宽长大袖。残高 4.1 厘米（图一八，2；彩版七三，1、2）。

覆项披肩高髻半身胸像女俑

标本 Y2 火：6，红陶。合模制成。面部眉眼细长，直鼻小口，嘴角窝较深，唇下小窝，面颊丰满，神态恬静安详。浓发覆项，发梢呈荷叶边状，两鬓厚发遮耳抱颊，头顶绾一前倾式髻，偏抛左侧。额际发中似表现有半环形衬垫物，环脚与两耳齐平，使两侧鬓发各隐约显出一道横向折棱。高 11 厘米（图一八，4；彩版八〇，2）。

标本 Y2 火：5，红陶。形制同上。高髻部位过烧。高 11.2 厘米（彩版八〇，3）。

俑手指残块

标本 Y2 火：31，红陶。为双手搂抱一动物的陶俑手指残块。残高 2.5、残长 3.7 厘米（图一八，3；彩版八一，3）。

天王俑头

标本 Y2 火：42，束带天王俑头（不戴盔），前额部位缀饰绞绳状的桥形额箍，额箍上缘所饰展翅鹞鸟已残断，髻顶部的尾羽饰亦残断。天王粗眉愤扬，怒目圆睁，鼻翼扩张，双唇紧闭，

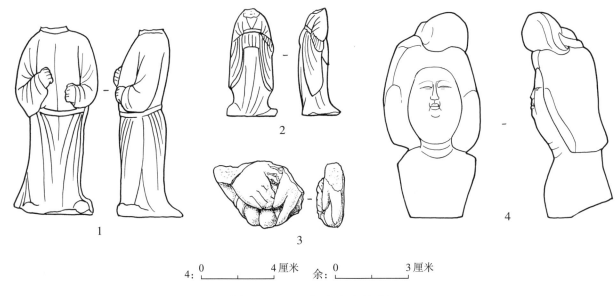

4：0 ⊢——————⊣ 4厘米　余：0 ⊢——————⊣ 3厘米

图一八　Y2 火膛出土陶俑

1. 男立俑 Y2 火：62　2. 女立俑 Y2 火：21　3. 俑手指造型残块 Y2 火：31　4. 覆项披肩高髻半身胸像女俑 Y2 火：6

作愤懑怒视状。残高 15.9 厘米（图一九，1）。

天王俑披膊残块

标本 Y2 火：24，红陶。天王俑左臂残块。龙口吞臂式披膊，袖口在龙口处翻起，手握拳，劲健有力。残长 23.2 厘米（图一九，2；彩版八四，1）。

标本 Y2 火：23，红陶。大型天王俑披膊残块。龙口吞臂式，臂袖为开衩状。由于形体太大，分体制作，焙烧开裂而废弃。推测天王俑应与真人大小相仿。残长 23.2 厘米（图一九，3；彩版八四，2）。

天王俑连袖手臂残块

标本 Y2 火：32、Y2 火：63，红陶。断茬均在臂弯关节部，手握拳，似为天王俑兽头式披膊以下部分。残长 8.2~9.1 厘米（彩版八四，3）。

天王俑胫甲残块

标本 Y2 火：27，红陶。天王俑右侧胫腿，外裹胫甲（俗称"吊腿"），胫甲由双弧边的前后甲组成，胫腿两侧无甲，由一亚腰形横带扣连前后胫甲，脚穿无跟鞋，浅帮似有毛边露出。胫腿后部连有开片式裙甲后裾一角。残高 18.2 厘米（图一九，5；彩版八四，5）。

天王俑鸱尾花饰

标本 Y2 火：25，红陶。短鸱尾状，两侧饰卷涡纹。残长 3 厘米（图一九，4；彩版八六，2）。

天王俑头顶禽鸟尾羽饰

标本 Y2 火：33，红陶。为大型天王俑顶部羽饰。残长 15.7 厘米（图一九，6；彩版八六，3）。

镇墓兽头

标本 Y2 火：49，红陶。残高 14.1 厘米（图一九，7；彩版八五，3）。

镇墓兽爪甲残块

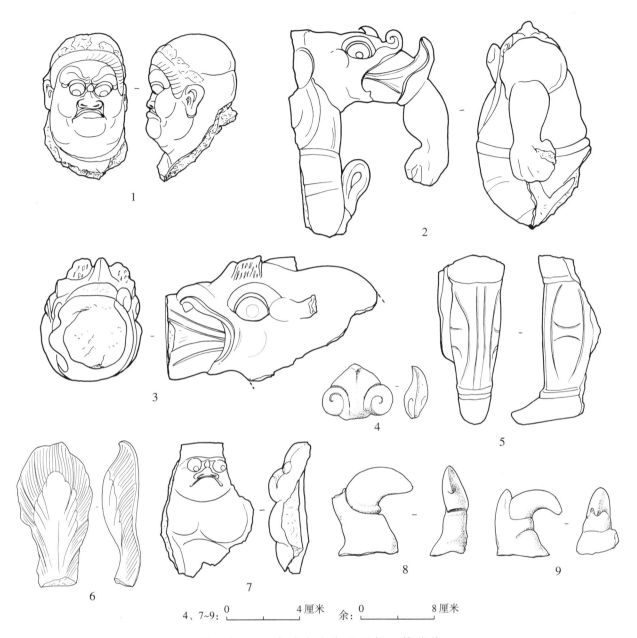

图一九　Y2火膛出土陶天王俑、镇墓兽

1. 天王俑头 Y2火：42　2、3. 天王俑披膊残块 Y2火：24、Y2火：23　4. 天王俑鹘尾花饰 Y2火：25　5. 天王俑胫甲
残块 Y2火：27　6. 天王俑头顶禽鸟尾羽饰 Y2火：33　7. 镇墓兽头 Y2火：49　8、9. 镇墓兽爪甲残块 Y2火：66-1、2

　　标本Y2火：66-1、2，红陶。尖爪甲伸出，呈勾形，形状逼真。残长3.9~4.2厘米（图一
九，8、9；彩版八六，2）。

狗

　　标本Y2火：64，红陶。"波斯犬"造型。身材细长，尖嘴残，双耳下耷，眼微凸，头略向
左转，左前腿蜷曲，右前腿前伸，长尾夹于后腿股之间，卧于不规则形踏板上。高6.4、长9.7
厘米（彩版八八，4）。

　　标本Y2火：52，红陶。卧姿。前腿及腹部残。残高6.6、残长8.2厘米（彩版八八，5）。

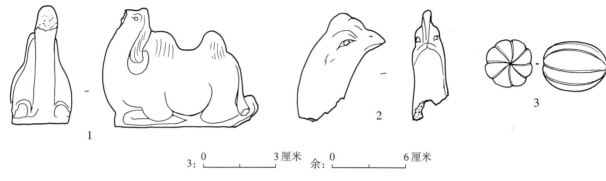

3：|0   3厘米   余：|0   6厘米

图二〇　Y2火膛出土陶骆驼、鸡、瓜果模型
1. 骆驼 Y2 火：18　2. 鸡 Y2 火：30　3. 瓜果 Y2 火：34

骆驼

标本 Y2 火：18，红陶。卧姿。嘴部残。颈后披鬃，前腿根部亦有鬃毛垂下。高 9.5、长 12.2 厘米（图二〇，1；彩版八九，1）。

鸡

标本 Y2 火：30，红陶。大型陶鸡头部残块。鸡冠较小，短喙，眼部清晰，颈部伸长。残高 8.5 厘米（图二〇，2；彩版九一，3）。

瓜果模型

标本 Y2 火：34，泥质红陶。椭圆形，阴线刻出八棱，一端凹进，呈小窝状，另一端凸起呈小锥尖形。疑即模拟葫芦科的甜瓜、香瓜形状。长径 2.6、短径 2 厘米（图二〇，3；彩版九一，5）。

（四）窑具

垫柱

标本 Y2 火：65，浅红色陶。轮制。呈封底亚腰管柱状。高 9.3、径 5.5 厘米（图二一，1；彩版一〇七，2）。

垫圈

标本 Y2 火：41-1~4，浅红色陶。呈套管环状。高低、大小不一。高 2.5~3、径 5~6、壁厚 0.9~1.2 厘米（图二一，2；彩版一〇八，1）。

乳丁式三叉形支钉

标本 Y2 火：59，浅红色陶。三叉形，叉端之间相互连线成等边三角形，底平，叉脊隆鼓成弧面，叉端凸起呈尖部向上的短小乳丁状。因与烧成器物粘连，在与器物分离时，乳尖折损而废弃。制作较规整，叉背上往往留有器物焙烧过程中流淌下的釉汁。叉长 4、叉端高 2.3 厘米（图二一，3；彩版一〇九，1）。

弧刃式三叉形支钉

标本 Y2 火：43，红陶。为弧刃三叉形，三叉脊拱起，叉端着地，叉脊正面呈弧刃状，中心汇接点稍凹。叉长 8.5~9、高 2.5~3 厘米（图二一，4；彩版一〇九，3）。

折尖式三叉形支钉

标本 Y2 火：45、Y2 火：47，浅红色陶。底部中心点略有向上的弧度，叉端上折成尖椎状。尖部与烧成器物有粘连疤痕。叉长 4、叉端高 4 厘米左右（图二一，5；彩版一○九，2）。

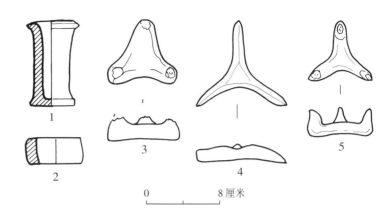

图二一　Y2 火膛出土窑具
1. 垫柱 Y2 火：65　2. 垫圈 Y2 火：41-3　3. 乳丁式三叉形支钉 Y2 火：59　4. 弧刃式三叉形支钉 Y2 火：43　5. 折尖式三叉形支钉 Y2 火：45

（五）彩绘颜料

为红、绿、蓝三种颜料，分别在陶、瓷器皿残片的内壁上附着。当属正品陶俑的最后一道工序，即粉彩装饰所用的颜料。

标本 Y2 火：72-1~3，均为素烧碗残片，内壁附着红、绿色颜料（彩版一一八）。

（六）矿物质碎块

标本 Y2 火：36-1、2，2 块，出于 Y2 火门外。此类碎块共发现 11 块，除这两块外，其余均出自 T1H2。这些碎块均呈深褐色或墨绿色，有的还可看出层理结构，个别附着有土锈。最大的为 16.5 × 10.5 厘米，一般在 2.5 × 3~4.6 × 8.2 厘米之间（彩版一二○，1、2）。

二　Y2 外出土遗物标本

（一）釉陶器

三彩器

豆

标本 Y2 外：38，豆盘残片。红胎。平折沿，圆唇，饼状盘底。内外壁均施化妆土，外施黄、绿、白釉，三色参差错杂点染，斑驳陆离，釉面平滑光亮（彩版二三，1）。

方形线刻纹砖

标本 Y2 外：77，方砖一残角。白胎，坚硬。砖面与四边并非 90° 直角，而是四边斜收，与砖面形成 72° 夹角，以利砖与砖之间严丝合缝地对接。砖面阴线刻出对角对称的宝相花纹。砖面刻纹中填施三彩釉。砖背面戳有成排的直径 0.8 厘米的密集孔眼，孔眼深约 3 厘米，间距 2~2.5 厘米。残长 15、厚 4.2 厘米（图二二；彩版三七，1、2）。

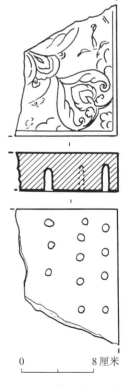

图二二　Y2 外出土三彩方形线刻纹砖 Y2 外：77

（二）素烧器

筒瓦

标本 Y2 外：48–1~3，宽 7.9、厚 1.2 厘米（彩版五二，1）。

板瓦

标本 Y2 外：48–4~7（彩版五二，2）。

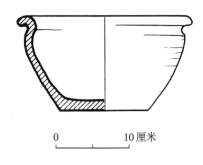

0　　　　　10 厘米

图二三　　Y2 外出土陶盆
Y2 外：58

（三）陶器

盆

标本 Y2 外：58，灰陶。卷沿，口微敛，深腹斜壁，平底。口径 24.2、底径 12、高 12.6 厘米（图二三；彩版五三，5）。

附抹额幞头男俑头

标本 Y2 外：9，合模制成。额际幞头罗外扎缚有额带，即抹额。幞头顶部较窄，显得更加高耸。面部呈胡人形象。残高 5.7 厘米（图二四，1）。

附抹额展脚幞头男俑头

标本 Y2 外：14，灰陶。附抹额幞头的脚头作焦叶状展向两侧。额带两端掖于髻前两侧展脚中。残高 5.9 厘米（图二四，2；彩版五九，1）。

尖圆顶薄罗幞头胡俑头

标本 Y2 外：6，红陶。幞头顶部较窄，呈尖圆形，额际及脑后未见刻划出系裹的幞头边际线。残高 5.5 厘米（彩版六〇，1）。

标本 Y2 外：4，红陶。形制同上。残高 5.1 厘米（彩版六〇，3）。

薄髻蝉翼类梳髻女俑头

标本 Y2 外：28，红陶。以额际发中隐约表现出的半环形衬垫为依托，两侧鬓发更加上翘，展如蝉翼，头后浓发上梳至额顶缩成一髻，结髻蓬松，髻体较长，偏抛左侧。蝉鬓后侧双耳外露。残高 10.5 厘米（彩版六六，5）。

紧凑上拢类梳髻女俑头

标本 Y2 外：20，红陶。头后及两侧头发全部紧凑向上梳拢，至顶部束结之后分缩出二个并立前倾式片圆髻，高耸头顶。双耳外露。额际发中似表现有窄小的衬垫物以保障高耸的造型不下塌。残高 8.8 厘米（图二四，3；彩版六七，2）。

标本 Y2 外：3，红陶。形制同上。残高 4.2 厘米（图二四，4；彩版六七，3）。

披幅护颈式风帽女俑

标本 Y2 外：36，红陶。戴高顶披幅护颈式风帽，顶部高耸，呈弧尖形，帽裙由顶后及两侧共三部分组成，均为垂弧形，两侧帽裙在颈下扣合，将两耳及颈项部分完全遮护起来，仅露出面部。残高 6.2 厘米（图二四，5；彩版七〇，1）。

标本 Y2 外：42，红陶。形制同上。残高 9.2 厘米（图二四，6；彩版七〇，3）。

标本 Y2 外：39，红陶。形制同上。残高 8.9 厘米（图二四，8；彩版七〇，2）。

图二四　Y2 外出土陶俑

1. 附抹额幞头男俑头 Y2 外：9　2. 附抹额展脚幞头男俑头 Y2 外：14　3、4. 薄鬓蝉翼类、紧凑上拢类梳髻女俑头 Y2 外：20、Y2 外：3　5~8. 披幅护颈式风帽女俑头 Y2 外：36、Y2 外：42、Y2 外：22、Y2 外：39

标本 Y2 外：22，红陶。形制同上。残高 4.6 厘米（图二四，7）。

男立俑

标本 Y2 外：15，红陶。头残。身着圆领缺胯袍，腰束革带，背部革带铊尾头折下，正面缺胯袍，两前裾下摆上提，掖于腹部革带下，边角部反折垂于腹部。下部露出袴腿。双手握拳，曲置于腹前，左手在上，右手偏下，作执物侍立状。残高 13.9 厘米（图二五，1；彩版七一，1）。

标本 Y2 外：57，灰陶。身着圆领窄袖缺胯袍，腰束革带，背部左侧革带铊尾头折下，正面缺胯袍，左前裾下摆上提，掖于腹部革带下。左手置于腰间，右臂上曲，掌心向上，与肩齐平，似承托物件，两足作“丁”字形立于长条形踏板上，作展示状造型，是同类标本中形象最为完整的。但焙烧缺陷也最为明显，多处出现开裂，过烧造成头部歪斜。高 21.4 厘米（图二五，2；彩版七二，1）。

标本 Y2 外：30，红陶。正面缺胯袍，两前裾下摆上提，掖于腹部革带下，边角部反折垂

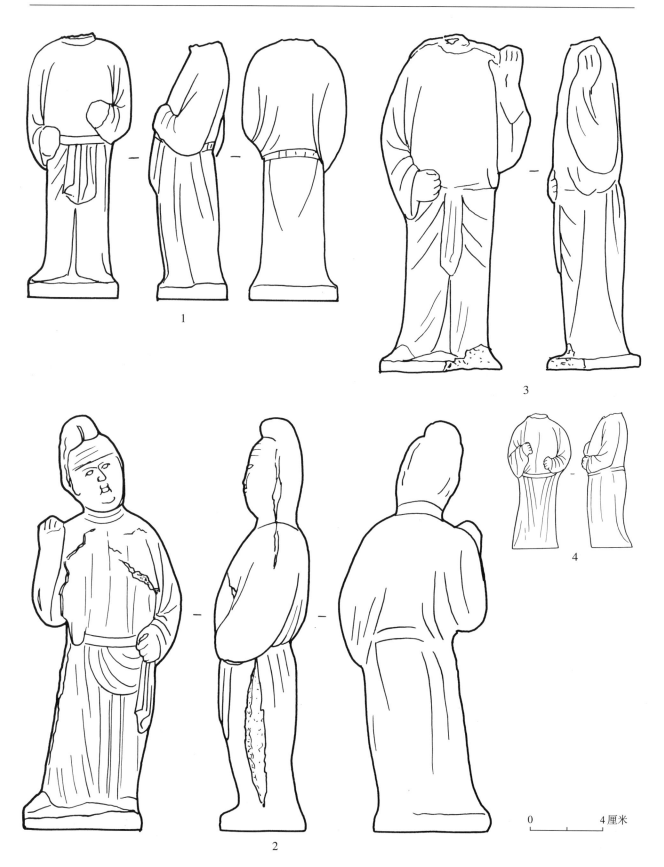

图二五　Y2 外出土陶男立俑

1. Y2 外：15　2. Y2 外：57　3. Y2 外：30　4. Y2 外：34

于下腹部，下部露出襕袴。右手握拳，置于腰际，左臂上曲，掌心向上，与肩齐平，作承物件状。残高 17.5 厘米（图二五，3；彩版七一，2）。

标本 Y2 外：8，红陶。腰部以下残。头部完整，戴高顶幞头，神情肃然。左手置于腰间，右臂上曲，掌心向上，与肩齐平。残高 13.5 厘米（彩版七二，2）。

标本 Y2 外：34，红陶。头残。身着圆领小袖长袍服，腰束革带，背部革带鉈尾头折下。双臂曲向胸腹部，右臂略高，左臂稍低，握拳，似作执物状。残高 7.1 厘米（图二五，4；彩版七一，3）。

女立俑

标本 Y2 外：19，红陶。合模制成，呈拱手伫立状。头戴护颈式风帽，身着广袖对襟式大衣，腰束带。高 16.2 厘米（图二六，1；彩版七五，1）。

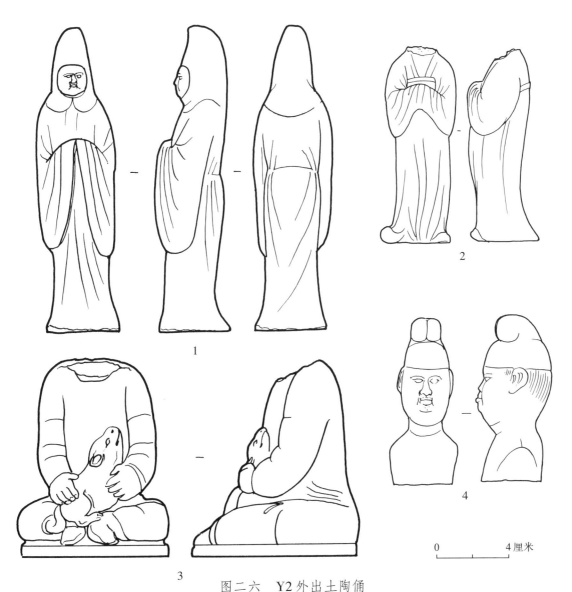

图二六　Y2 外出土陶俑

1、2. 女立俑 Y2 外：19、Y2 外：23　3. 坐俑 Y2 外：13　4. 幞头半身男俑 Y2 外：11

标本Y2外：23，红陶。头残，体态丰腴，内着袒胸开襟宽袖襦衫，束胸长裙，拱手伫立。残高10.5厘米（图二六，2；彩版七四，6）。

坐俑

标本Y2外：13，红陶。形制较小。头残。身着圆领窄袖紧身襦袄，肘弯部分表现出衣袄暄软厚实的质感，下着袴、袜。作两足相对盘坐状，怀中依偎着一只胖乎乎的小犬，抬头仰视着主人，主人双手抚犬。残高10.5、圆座底径7.7厘米（图二六，3；彩版七七，3）。

幞头半身胸像男俑

标本Y2外：11，红陶。戴幞头，顶部较窄，半身无臂裸胸像。残高8.9厘米（图二六，4；彩版八〇，1）。

俑手指残块

标本Y2外：41，红陶。大型陶俑或造像的手部拇指残块。拇指呈弯曲状，指节的褶沟、甲根边际线以及修剪过的指甲和甲缝均表现得十分细致逼真。残长3.7、指甲宽1.3厘米（图二七，1；彩版八一，2）。

天王俑盔顶舌形饰

标本Y2外：88，尖残。残长12厘米（图二七，2；彩版八六，4）。

天王俑腰带结环

标本Y2外：85~87，红陶。呈绞扭的环状。残长5~7.5厘米（图二七，3~5；彩版八六，4）。

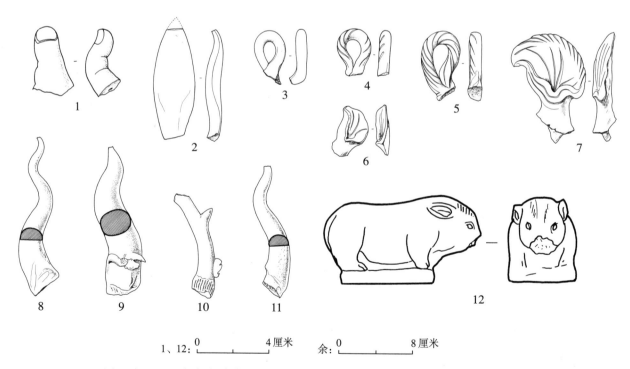

图二七　Y2外出土陶俑手指残块、天王俑附件、镇墓兽残块及猪模型

1.俑手指造型残块Y2外：41　2.天王俑盔顶舌形饰Y2外：88　3~5.天王俑腰带结环Y2外：87、Y2外：85、Y2外：86　6、7.镇墓兽象耳饰残块Y2外：67、Y2外：69　8~11.镇墓兽鬣毛和鬃毛Y2外：81、Y2外：82、Y2外：83、Y2外：84　12.猪Y2外：18

镇墓兽象耳饰残块

标本 Y2 外：67、69，红陶。残长 5.1~11.6 不等，分属不同形体大小的镇墓兽（图二七，6、7；彩版八六，3）。

镇墓兽鬣毛和鬃毛

标本 Y2 外：81~84，红陶。均呈蜿蜒的条状，根部稍粗，末端尖细，多成束饰于镇墓兽脊、首等部位，根根若棘刺般扎煞竖立，是紧张和威吓的象征符号。残长 5~17 厘米（图二七，8~11；彩版八六，4）。

猪

标本 Y2 外：18，红陶。立姿，蹄下有长方形踏板。头较大，嘴部残，耳较大，向后斜贴，四腿较短，腹圆凸下垂，头顶刻划有鬃毛。高 4.8、残长 8.4 厘米（图二七，12；彩版八八，2）。

（四）模具

女俑模

标本 Y2 外：51，红陶。单体式前后合模。为女俑正面模，腰际以下残。发中分，两侧头发沿耳后绾，方圆脸，饱满，嘴角一侧略显抽搐，表情愁苦，着翻领袍服，双手拢于袖中。模残高 5.3、厚 1.2 厘米（图二八；彩版九八，4）。

（五）窑具

垫柱

标本 Y2 外：93，手制（泥条盘筑）。浅红色陶。呈封底亚腰管柱状。高 8.3、径 5.5 厘米（彩版一〇七，2）。

（六）瓷器

白釉瓷盒

标本 Y2 外：53。白瓷胎。盖缺，子母口，壁直，深腹，近底部内折，弧出平底。除子母口及底部外，内外均施白釉。盒高 4.5 厘米（图二九；彩版一一四，4）。

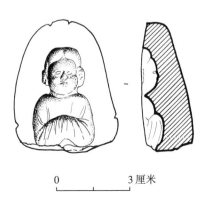

图二八　Y2 外出土女俑模 Y2 外：51　　　图二九　Y2 外出土白瓷盒 Y2 外：53

三 Y3 火膛出土遗物标本

（一）釉陶器

三彩器

俑身残片

标本 Y3 火：4，女立俑背部残片。似着长裙。红胎。外壁施棕色和黑褐色釉。残高 4.9 厘米（彩版三六，1）。

方形线刻纹砖

标本 Y3 火：35，粉胎，坚硬。砖面敷化妆土，刻宝相花纹，施蓝、棕、绿、白（透明）釉，釉面光亮。厚度 4.2~4.5 厘米（图三〇；彩版三八，1）。

0 ────── 6厘米

图三〇 Y3 火膛出土三彩方形线刻纹砖 Y3 火：35

（二）素烧器

豆

标本 Y3 火：6，红胎。豆盘为宽平折沿，弧壁，饼形底接喇叭形圈足豆柄。通体敷化妆土，豆盘外壁粘有些许釉斑。通高 7.4、口径 12.8、底径 7 厘米（图三一，1；彩版四一，2）。

标本 Y3 火：2，红胎。过烧变形。通体敷化妆土。通高 7.4、口径 12.8、底径 7 厘米（彩版四一，4）。

佛弟子坐像

标本 Y3 火：29，红胎。内着袒右僧祇支，上有覆肩衣，外着斜披袒右袈裟，结跏趺坐，宽肩，胸略圆鼓。袈裟挂左肩顺左臂垂下，另一端从右肋经腹前锐折搭于左肘，褶皱复杂。双手合拢于手套筒内，自然搭置于腹股之间，袖口较宽。双膝呈“八”字盘曲，隐于裙内，裙裾上提，边脚掖于手下。外表虽未施化妆土，但据 T2H2：10、T1H1B：76、Y 火：27 等同类器，推测其为素烧器。残高 11 厘米（图三一，5；彩版四六，1）。

标本 Y3 火：27，红胎。形制同 Y3 火：29。底部过烧隆起。外表施白色化妆土。残高 14 厘米（图三一，6；彩版四六，4）。

青年佛弟子造像头像

标本 Y3 火：7，灰胎。头后部残。面目俊秀。未施化妆土，据同类器 T3H3：3、T2H2：29 定为素烧器。残高 8.5 厘米（图三一，2；彩版四七，3）。

标本 Y3 火：33，红胎。未施化妆土，据同类器 T3H3：3、T2H2：29 定为素烧器。残高 6.1 厘米（图三一，3；彩版四九，1）。

狮子

标本 Y3 火：9，红胎。背部及足残。狮首部偏转右侧，张口作吼状，颈下一周鬃毛成绺。外表所施化妆土多脱落。残高 6.6 厘米（图三一，4；彩版五一，1）。

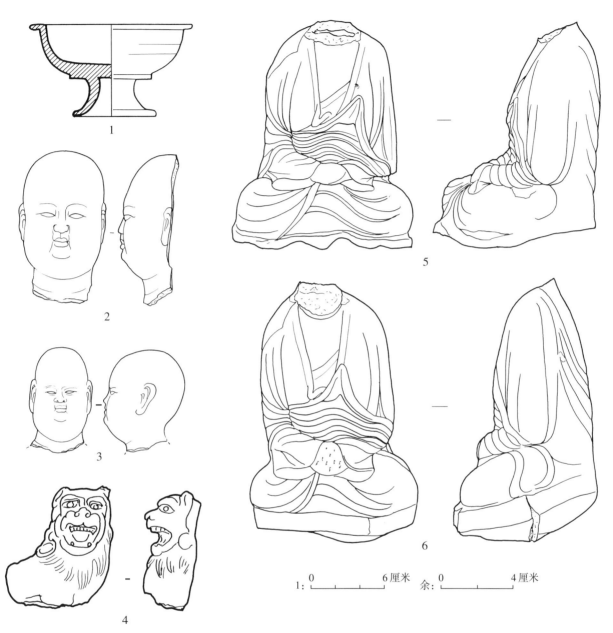

图三一　Y3 火膛出土素烧豆、佛弟子造像、狮子

1. 豆 Y3 火：6　2、3. 青年佛弟子造像头像 Y3 火：7、Y3 火：33　4. 狮子 Y3 火：9　5、6. 佛弟子坐像 Y3 火：29、Y3 火：27

（三）陶器

双球形圆顶幞头男俑头

标本 Y3 火：44，红陶。残高 11 厘米（图三二，1；彩版五五，4 ）。

标本 Y3 火：49，残高 6.9 厘米（图三二，2 ）。

标本 Y3 火：15，红陶。残高 2.9 厘米（图三二，3；彩版五七，3 ）。

附抹额幞头男俑头

标本 Y3 火：18，红陶。合模制成。额际幞头罗外扎缚有额带，即抹额。幞头顶部较窄，显

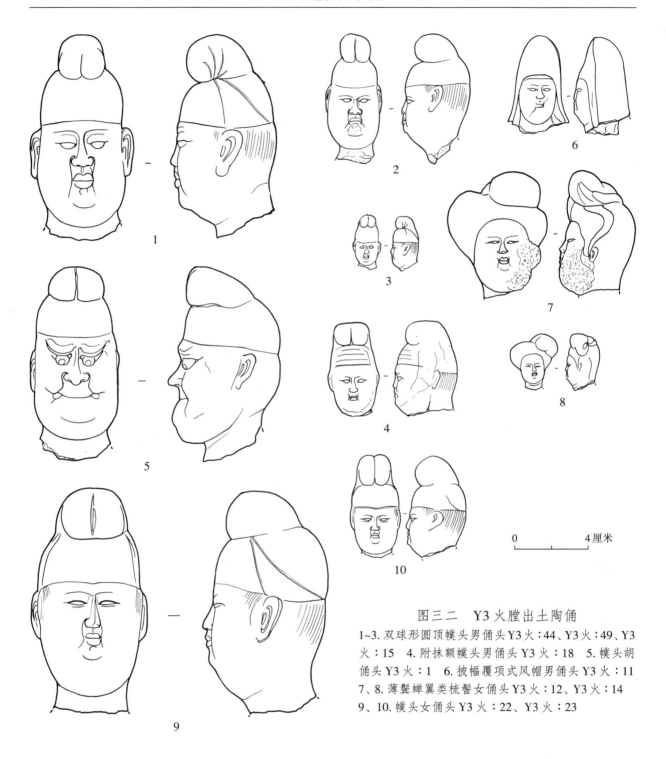

图三二　Y3 火膛出土陶俑

1~3. 双球形圆顶幞头男俑头 Y3 火：44、Y3 火：49、Y3
火：15　4. 附抹额幞头男俑头 Y3 火：18　5. 幞头胡
俑头 Y3 火：1　6. 披幅覆项式风帽男俑头 Y3 火：11
7、8. 薄鬓蝉翼类梳髻女俑头 Y3 火：12、Y3 火：14
9、10. 幞头女俑头 Y3 火：22、Y3 火：23

得更加高耸。面部呈胡人形象。残高 5.1 厘米（图三二，4；彩版五八，1）。

尖圆顶薄罗幞头胡俑头

标本 Y3 火：20，红陶。幞头顶部较窄，呈尖圆形，额际及脑后未见刻划出系裹的幞头边
际线。残高 5.3 厘米（彩版六〇，2）。

幞头胡俑头

标本 Y3 火：1，红陶。大俑头。深目高鼻，下颌宽大，抿嘴。颈部残断，但从残余部分观

察，颈部以下似施粉。残高 10.5 厘米（图三二，5；彩版六一，1、2）。

披幅覆项式风帽男俑头

标本 Y3 火：11，红陶。戴高顶披幅覆项式风帽，帽的后部呈披幅覆项的垂弧形。额际风帽边缘下显露出额带（抹额）类头饰。坯料揉练不匀，焙烧面部中出现裂纹。残高 5.3 厘米（图三二，6；彩版六三，2）。

薄鬓蝉翼类梳髻女俑头

标本 Y3 火：12，红陶。以额际发中隐约表现出的半环形衬垫为依托，两侧鬓发更加上翘，展如蝉翼，头后浓发上梳至额顶绾成一髻前倾式髻，略偏坠于左额角衬发之上，从而使右侧蝉鬓显得更加扩张，但总体效果上两侧又颇为平衡。蝉鬓后侧双耳外露。该俑头在焙烧过程中遇火候不匀，左颊部出现过烧鼓泡的缺陷。残高 6.6 厘米（图三二，7；彩版六五，2）。

标本 Y3 火：14，红陶。薄鬓展如蝉翼，头后浓发上梳至额顶绾成一髻，结髻蓬松，髻体较长，偏抛左侧，蝉鬓后侧双耳外露。惟较小。残高 3.1 厘米（图三二，8；彩版六六，4）。

幞头女俑头

标本 Y3 火：22，红陶。面部刻划成细小眼的女子形象，戴男式双圆球顶幞头，额际间幞头罗边缘修饰成向眉宇间反弧出尖的样式。残高 12.1 厘米（图三二，9；彩版六九，1）。

标本 Y3 火：23，红陶。形制同上。残高 5.4 厘米（图三二，10；彩版六九，3）。

女立俑

标本 Y3 火：40，红陶。残高 8.6 厘米（图三三，1；彩版七四，4、5）。

坐俑

标本 Y3 火：17，红陶。左手托钵。残高 4.8 厘米（彩版七八，4）。

骑马俑

标本 Y3 火：8，红陶。骑者胯以下及马残。头戴披幅覆项式风帽，额际上的风帽边缘平直，隐约露出额带（抹额）。双臂垂曲胸前，作执缰状。残高 17 厘米（图三三，2；彩版七九，3）。

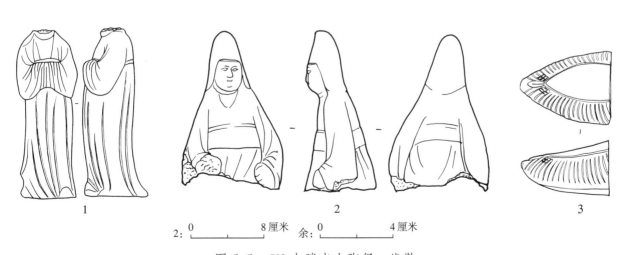

图三三　Y3 火膛出土陶俑、线鞋

1. 女立俑 Y3 火：40　2. 骑马俑 Y3 火：8　3. 线鞋 Y3 火：13

线鞋

标本 Y3 火：13，红陶。线鞋前部的横截式造型。平面呈弧边三角形，尖首，弧帮。鞋首部至鞋帮两侧用斜刀手法刻划密集的纵向平行线。鞋帮前部两侧，在对称的三道纵向平行线范围内，各刻划出二道短横线，形成"田"字形经纬线的网格，该部位正好是鞋面前部弯折部位，长 4.9、宽 3.9、高 3.9 厘米（图三三，3；彩版八一，6）。

羊

标本 Y3 火：24，红陶。卧姿，无犄角，长耳自然下垂，短尾，卧于踏板之上。高 7.1、长 8.5 厘米（图三四，1；彩版八七，5）。

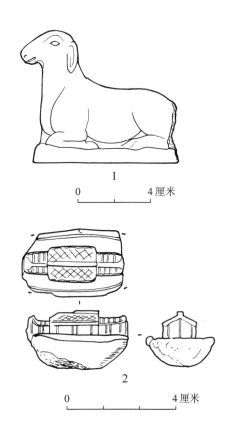

图三四　Y3 火膛出土陶羊、船模型
1. 羊 Y3 火：24　2. 船 Y3 火：43

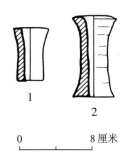

图三五　Y3 火膛出土窑具
1、2. 垫柱 Y3 火：16、Y3 火：10

鸡（俑）

标本 Y3 火：50，红陶。似为小型鸡俑头部造型。鸡冠略呈夸张的倒三角形，喙部残断，耳部略凹，偏离正常位置。残高 3.8 厘米（彩版九一，4）。

船模型玩具

标本 Y3 火：43，泥质红陶。船首部残，从残痕角度看，似为尖首。船尾为方形。船舷两侧中部及偏后部有向外凸起的圆棱形拔水翼，从而使船的最宽处在中部靠后处。船底式样为弧形。船的上部为屋棚形建筑，分前、中、后三部分，中部体量稍大，为主间，人字坡顶，横梁凸起，双面坡阴刻菱格纹，屋棚壁用竖向阴线表示二间的划分。主间的前后各有对称的二个小屋棚，均为人字坡顶，高度略低于主间，双面坡阴刻条形线纹，壁面亦用阴线表现二间的划分。船舷两侧留有舷道，或许表示撑篙的廊道。残长 3.7、宽 2.6、高 2.1 厘米（图三四，2；彩版九一，6）。

（四）窑具

垫柱

标本 Y3 火：16，浅红色陶。胎质坚硬。轮制。束腰（或称亚腰）形，管柱状，上下贯通。高 5.6、径 3.8 厘米（图三五，1；彩版一〇七，1）。

标本 Y3 火：10，浅红色陶。泥条盘筑。亚腰管柱状。高 8.7、径 4.7 厘米（图三五，2；彩版一〇七，1）。

标本 Y3 火：19，浅红色陶。轮制。封底亚腰管柱状。高 8.3、径 5 厘米（彩版一〇七，2）。

折尖式三叉形支钉

标本 Y3 火：3，红陶。折尖三叉形。底部中心点略有向上的弧度，叉端上折成尖椎状。尖部与烧成器物有粘连疤痕。叉长 4、叉端高 4 厘米左右（彩版一〇九，2）。

四　Y3 外出土遗物标本

（一）釉陶器
单色釉陶器

酱黄釉俑身残片

标本 Y3 外：4，白胎坚硬。内壁有模制压印制作留下的指纹，外壁呈现衣褶纹。通体施酱色釉，玻化程度高。残片长 8.2 厘米（彩版一四，3）。

绿釉樽残片

标本 Y3 外：2，由 Y3 外：2、3 与 T1H1A：5-1~6 在整理时拼对而成。白胎。质稍粗、坚硬。器身呈直筒状，直口，平唇，外壁满饰平行凹凹交错弦纹，平底下附三兽足。坯体内外壁均未敷化妆土，直接施釉，外壁施深绿色釉，内壁施姜黄色釉，釉质温润光亮，玻化程度高。复原口径 8.4 厘米（图三六；彩版九，2）。

（二）模具

立俑模

标本 Y3 外：13，红陶。中型风帽女俑背面模。肩以下残。戴披幅护颈式风帽，着高胸裙，裙上口系有二条肩带。模残高 13.2、厚 1.4 厘米（图三七，1；彩版九六，1）。

幞头俑头模

标本 Y3 外：21，红陶。俑头背面模。戴高顶式幞头，脑后刻出发际。颈部以下残。模残高 7.5、厚 1.7 厘米（图三七，2；彩版一〇〇，3）。

天王俑局部模

标本 Y3 外：5，红陶。大型天王俑足下小鬼头部正面模。小鬼头部原型拟自猿猴类，额部低平，眉弓粗大，鼻吻部前突，双唇紧闭，刻划较为细致。高 8.1、厚 1.9 厘米（图三七，3；彩版一〇一，6）。

马腿模

标本 Y3 外：28，红陶。为马右侧腿足模，模边缘略残。模残高 13.2、厚 2.2 厘米（图三七，4；彩版一〇四，4）。

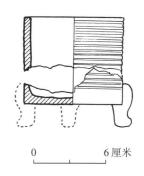

图三六　Y3 外出土绿釉陶樽 Y3 外：2

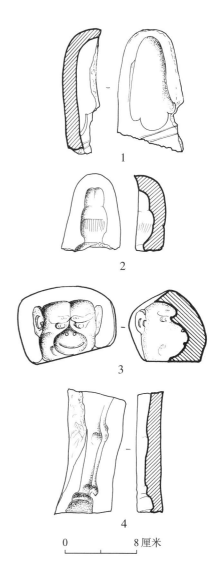

图三七　Y3 外出土模具

1. 立俑模 Y3 外：13　2. 幞头俑头模 Y3 外：21　3. 天王俑局部模 Y3 外：5　4. 马腿模 Y3 外：28

五　Y4 火膛出土遗物标本

（一）陶器

坐俑

标本 Y4 火：6，红陶。属乐俑。头、手均残，身着交领对襟宽袖衫，束胸长裙，呈跪坐状。左臂断茬处较平直，断茬表面刻出多条纵向划槽，以便拼接袖臂，反映出手臂部分是分体模制后拼接上的。残高 8.8 厘米（图三八，1；彩版七七，6）。

马

标本 Y4 火：5，红陶。形体较小。静卧于长方形踏板之上，项部鬃毛修剪平齐。高 8.8、长 12.1 厘米（图三八，2；彩版八七，1）。

（二）窑具

垫柱

标本 Y4 火：23，浅红色陶。轮制。亚腰管柱状，上下贯通。高 8.7、径 4.7 厘米（图三九，1；彩版一○七，1）。

标本 Y4 火：48，褐色陶。轮制。封底亚腰管柱状。高 9.3、径 5 厘米（图三九，2；彩版一○七，2）。

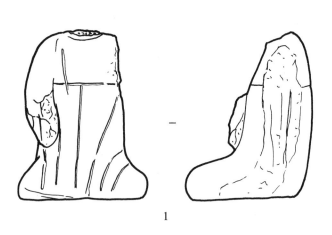

1

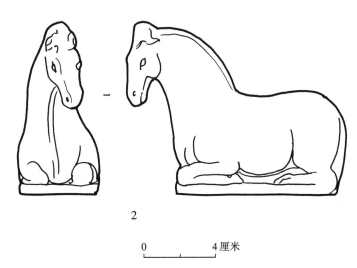

2

0 　　　　 4厘米

图三八　Y4 火膛出土陶俑、马模型

1. 坐俑 Y4 火：6　2. 马 Y4 火：5

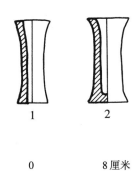

1　　　　2

0 　　　　 8厘米

图三九　Y4 火膛出土窑具

1、2. 垫柱 Y4 火：23、Y4 火：48

六 Y4外出土遗物标本

（一）模具

象模

标本Y4外：13，红陶。为载物大象左侧模。象头部残。大象呈静立状，背部披鞯，鞯上刻划出流苏、联珠纹及皮毛纹理，鞯上置环珠底六棱式平台。刻划细腻传神。模高15、残宽13、厚约2厘米（图四〇；彩版一〇三，5）。

（二）瓷器

白釉瓷碗

标本Y4外：2，白胎。直口，圆唇，深腹弧壁，矮圈足，足沿外撇，边缘刮修。内外壁均施透明釉，釉中有细小纹片，圈足露胎。复原口径14.2、底径7、高7.2厘米（图四一，1；彩版一一一，1、5）。

外黑内白釉瓷碗

标本Y4外：3，侈口，曲腹，圈足。复原口径18.5、底径10、高6.7厘米（图四一，2；彩版一一七，1）。

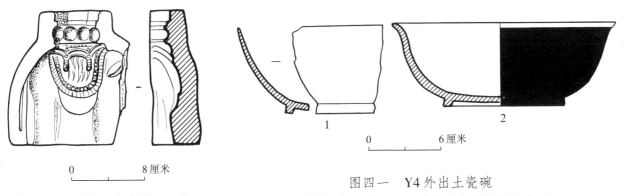

图四〇　Y4外出土象模 Y4外：13

图四一　Y4外出土瓷碗
1.白釉瓷碗 Y4外：2　2.外黑内白釉瓷碗 Y4外：3

第二节　灰坑遗迹出土遗物标本

一 T1H1出土遗物标本

（一）釉陶器

1.单色釉陶器

黄釉盘口瓶

标本T1H1A：8，黄釉。红胎。下部残。翻圆唇，浅盘口，短细颈，广肩，弧腹。内壁施一层透明薄釉，干涩无光，透出赭红胎色；外壁施化妆土，下腹以上施黄色釉，玻化程度高。器表有釉泡、落渣和粘釉疤痕，唇口缘胎釉结合不好，有脱釉现象。残高14、口径5.3厘米（彩版四，3）。

标本 T1H1A：10，黄釉。红胎。下部残。翻圆唇，浅盘口，短细颈，广肩，弧腹。内壁施一层透明薄釉，干涩无光，透出赭红胎色；外壁施化妆土，器身饰黄色釉，玻化程度高。器表有粘釉、釉泡等缺陷，唇部脱釉严重。残高11、口径5.3厘米（彩版四，4）。

绿釉盘口瓶

标本 T1H1A：77、T1H1A：76，红胎。口沿残片。质较粗硬。外壁及口沿内侧敷化妆土，施浅绿色釉，有流釉及浓淡不一的晕染效果。器口及折棱处有脱釉现象（彩版五，4）。

白釉盘口瓶

标本 T1H1A：11。红胎。浅盘口，翻沿圆唇，短细颈因过烧歪陷。圆肩，微鼓腹，下部缓收，假圈足。足沿略外撇，边缘修刮。外壁及口沿内施化妆土，腹部以上施透明釉，呈色为灰白色；唇部一周未施化妆土，釉下露胎色。通高15.6、底径6.6厘米（图四二，1；彩版六，1）。

红褐釉罐

标本 T1H1A：69，罐腹壁残片。红褐色胎。内壁无化妆土，施褐色薄釉，无光；外壁施化妆土，红褐色釉，釉中布满金黄色泽的点状晶体，釉面光亮（彩版七，2）。

绿釉提梁罐

标本 T1H1B：73，提梁罐口沿残片。粉胎，敛口圆唇，口沿处留有提梁断茬。坯体内外敷化妆土，器表施绿釉（彩版九，1）。

绿釉水注

标本 T1H1B：62，粉胎，坚硬。敛口，圆唇，唇外有一周凹弦纹，鼓腹，器腹一侧留孔，分制管状流脱落。坯体内外壁敷化妆土。器表满施绿釉，釉中有脏点（彩版九，1）。

黄釉碗

标本 T1H1A：12，浅褐色胎。敞口，圆唇，唇外有一周凹弦纹，斜壁微弧，假圈足。未施

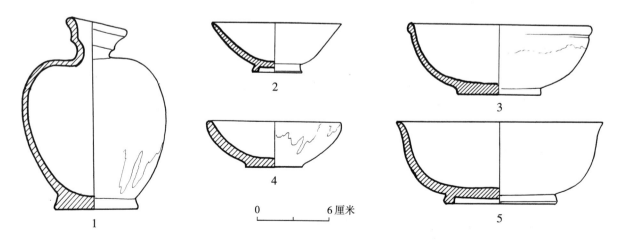

图四二　T1H1 出土单色釉陶瓶、碗、碟

1. 白釉盘口瓶 T1H1A：11　2. 蓝釉碗 T1H1A：6　3. 黄釉碗 T1H1A：12　4. 绿釉碟 T1H1B：45　5. 绿釉碗 T1H1B：47

化妆土，口沿内外壁施姜黄色釉，口沿外施一道赭红色釉，下露胎。内底有三叉形支具粘连疤痕。口径15、底径6.9、高5.6厘米（图四二，3；彩版一一，3）。

绿釉碗

标本T1H1B：47，白胎，略带粉色。敞口，尖圆唇，口沿微外侈。弧壁，圈足，足沿外撇，边缘刮修。内外壁均敷化妆土，施单色绿釉，外壁釉不及底。口径17.2、底径9.6、高6.8厘米（图四二，5；彩版一〇，1）。

蓝釉碗

标本T1H1A：6，白胎。大半残缺。侈口，尖圆唇，腹壁略直，圈足，足沿略外撇，边缘刮修。内外壁均施化妆土，除底足露胎外，通体施蓝釉，具有宝石蓝的色调，莹润幽雅，光线折射出彩晕。口径11.1、底径4.4、高4厘米（图四二，2；彩版一一，6）。

绿釉碟

标本T1H1B：45，红胎。残。敞口，圆唇，浅盘，平底。内外壁施化妆土，内壁及口沿施绿釉。口径10.5、底径4.6、高3.8厘米（图四二，4；彩版一三，1）。

标本T1H1A：1、T1H1B：31-1~3、T1H1B：67，均为红胎。过烧变形，内外壁施化妆土，内壁施淡绿釉、过烧呈深灰色块，外壁不施釉。器底及内壁有碟子之间正反交错叠烧粘连疤痕。口径10.5、底径3.7~4、高3.2~3.8厘米（彩版一三，5）。

绿釉筒瓦

标本T1H1A：9，白胎。内壁有麻布衬印痕迹，外表弧面施绿釉，釉色呈墨绿。厚1.2厘米（彩版一五，3）。

2. 三彩器

豆

标本T1H1B：68，灰陶胎。豆盘残且歪斜。平折沿，圆唇，饼形底接喇叭形柄足。内外均施化妆土，施豆绿和黄褐色釉，其豆绿色在腹部有间隔地点染2~3个相连的点状彩，周边间或泛白，其余部位则施黄褐色釉为衬色，颇为雅致。豆柄部不施釉。通高9、底径7.5厘米（图四三，1；彩版一八，2）。

标本T1H1B：42、T1H1B：41-1~3、T1H1B：56-1~3、T1H1B：93，均为豆盘残片。红胎。内外施化妆土，豆盘外壁施釉，为黄、绿、白三色相间。黄

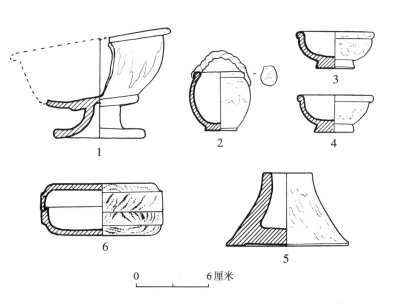

图四三　T1H1 出土三彩豆、罐、盅、器座及绞胎盒
1.三彩豆 T1H1B：68　2.三彩提梁罐 T1H1B：46　3、4.三彩盅 T1H1B：18、T1H1B：49　5.三彩器座 T1H1B：57　6.绞胎盒 T1H1B：34

釉为浓淡不一的茶黄色，呈泼流状，绿釉为嫩绿色，呈散点式点染，且往往与透明（白）釉相伴相映，斑斓美丽，繁而不乱（彩版一九）。

标本 T1H1B：60，豆盘残片。红胎。内外壁施化妆土，外表泼点深绿、黄褐、透明（白）釉，三色相间，交错有致且有趣，似自然造化，有匠心存焉（彩版二〇，1）。

标本 T1H1B：40，豆盘残片。红胎。平折沿，内外上化妆土，外壁黄、绿、白三色条状釉相间。黄釉呈茶黄色，绿釉中间部位呈墨绿色，两侧渐淡如同晕染效果。唇部化妆土过厚，胎釉结合不好，有脱釉现象（彩版二〇，2）。

标本 T1H1B：61、T1H1A：42、T1H1A：13，均为豆盘残片。红胎。平折沿，圆唇，内外壁多细密的平行旋纹。内外均施化妆土，以黄釉和绿釉交相点染。黄色调面积大而显著，间或有透出白化妆土底色的局部点块，使深浅不一的黄、绿、白三色错综辉映。个别器表有落渣和粘连疤痕（彩版二一，1）。

标本 T1H1B：69，豆盘部腹壁残片。灰褐胎。内外壁均敷化妆土，褐红色为底釉，其间点施绿斑釉，白釉处呈圆点状，釉面略凹，无光，但不影响整体釉面光润（彩版二二，4）。

标本 T1H1B：86，豆盘残片。红胎。内外敷化妆土，外壁施绿釉和姜黄釉，以绿釉为主，条状施釉，边缘两侧色淡，渐成白色，呈晕染效果，其间点缀有黄色釉块和深褐色釉点（彩版二二，5）。

标本 T1H1B：39、T1H1B：92，豆盘残片。红胎。平折沿，圆唇，饼状盘底。内外壁均施化妆土，外施黄、绿、白釉，三色参差错杂点染，斑驳陆离，釉面平滑光亮（彩版二三，1）。

标本 T1H1A：14，豆盘残片。红胎。内外施化妆土，口沿及外壁施绿、黄色釉。器表有滚釉、釉泡等缺陷，唇沿有压釉现象（彩版二三，2）。

提梁罐

标本 T1H1B：46，小罐。白胎。敛口，圆唇，罐口附绞索状提梁，已残断，唇下有一周凹弦纹，鼓腹，下部缓收，饼足，足沿外撇，边缘修刮。内壁露胎，外壁下腹以上施化妆土，上腹施赭褐、姜黄和蓝釉。残高5.2、口径3.9、底径2.5厘米（图四三，2；彩版二四）。

水注

标本 T1H1B：37-1~4，粉胎。质较粗硬。从残片观察，器形为敛口圆唇，唇外有一周凹弦纹，鼓腹。坯体内外壁均敷化妆土。口沿至外壁交错点施蓝、赭黄、绿、白（透明）等斑块状釉彩。白色（透明）釉层覆盖稀薄，中心点处往往无釉（彩版二六，1）。

盂

标本 T1H1A：7，蓝花加彩盂口沿残片。红胎。敛口，圆唇，唇外有一凹弦纹，鼓腹。器表敷有化妆土，唇部至器外壁施透明釉，唇及器表饰些许点状蓝斑和绿斑釉彩，分布疏朗，显得清新雅致。局部釉层中渗入埋藏造成的土锈（彩版二七，2）。

标本 T1H1A：17-1、2，蓝彩盂腹部残片。火候较高，白胎。外壁施化妆土，蓝釉汁与透明釉汁同时点蘸于器物上部，向下垂流，器物下部露胎；内壁未施化妆土，直接施透明薄釉（彩版二七，3）。

标本 T1H1A：2、T1H1A：70、T1H1A：71、T1H1A：75-1~2、T1H1B：90、T1H1B：88-

1~2，残片。粉胎。质较粗硬。敛口圆唇，唇外有一道凹弦纹，鼓腹。坯体内外壁均敷化妆土。口沿至外壁以间隔点染的方式交施白色和淡绿色釉汁，烧成后清新淡雅的嫩绿色釉条簇中形成浓淡不一的晕染效果（彩版二八，2）。

标本 T1H1B：35、T1H1B：91-1~6、T1H1B：89，口沿残片。粉胎。内外壁敷化妆土，器口部及外壁白点较密集、釉面略凹，斑块状黄釉和绿釉交错，个别点缀有蓝釉斑点，釉色光亮，色彩密而不朦，形成斑斓美丽的效果（彩版二八，1）。

碗

标本 T1H1B：36，蓝花加彩碗口腹残片。粉白胎，质较粗，坚硬。敞口，圆唇，弧腹。内外壁施化妆土。先在碗底部点蘸几朵蓝釉梅花和绿釉梅花，花蕊部位点施赭黄色釉点，口沿一周饰以等分间隔的蓝釉短竖条，然后再遍施一层淡黄色透明釉，釉色清新淡雅，但亮丽的釉面被一层土锈所遮；碗外壁仅口沿部位施淡黄绿色釉，有流釉痕依稀可辨（彩版二九，2）。

盅

标本 T1H1B：18、T1H1B：49、T1H1B：48，均完整。器形相同，应为盘盅组合中的几个小盅。粉胎。翻沿圆唇，弧腹，假圈足较高，足沿外撇，边缘刮修。内外壁施化妆土，口沿至腹外壁点蘸蓝、绿、黄、白（透明）釉，呈斑点状参差错杂。下腹及底足露胎。化妆土与坯体结合不好，造成釉面成片脱落而露胎，坯体焙烧温度似偏低，烧结度不高（彩版三一，2）。标本 T1H1B：18，通高 3.2、口径 6.4、底径 3.3 厘米（图四三，3）。标本 T1H1B：49，通高 3.0、口径 6.4、底径 3.2 厘米（图四三，4）。

器座

标本 T1H1B：57，为长颈瓶或塔式罐座，为分体式器座。灰白胎，质密，坚硬。呈喇叭状，细柄处中空，底部为浅挖实足，略呈玉璧形。坯体外表敷有化妆土，在绿、黄交错浸染的流釉中，透出白釉点点。釉层较厚，光亮温润，在光线折射下釉面可见有彩晕（图四三，5；彩版二六，4）。

枕

标本 T1H1B：33、T1H1A：81-1~3，长方形箱式三彩枕枕面残片。白胎。外壁施化妆土，枕面刻印有排列整齐的小花卉，花瓣对称施以蓝釉和绿釉，花心点蘸黄釉，白色或绿色釉铺地（彩版三二，1）。

标本 T1H1B：32-1、2，为长方形箱式枕周壁转角部位残片。从残片看，枕面中部微凹，印有成排的三彩花卉。周壁坯体透明白釉呈滴散点式分布，釉面略凹，棕黄色釉流淌，形成豹皮般黄白相间、斑驳陆离的效果。底部不施釉。高 5.8 厘米（彩版三三，1）。

3. 绞胎器

盒

标本 T1H1B：34，可复原。圆形，子母口盒盖扣合严密，盒体与盒盖高度相若。器胎为白色与棕色坯料相绞而成，纹路不甚密集。内外壁均施一层黄色透明釉，透明度高，胎体纹路清晰。复原直径约 10、整体高 4.3 厘米（图四三，6；彩版三九，3）。

（二）素烧器

瓶

标本 T1H1A：19，白胎。侈口，圆唇，细颈，溜肩，鼓腹，小平底。器体"S"形曲线流畅优美。通体施化妆土。通高 11.6、口径 2.9、底径 2.5 厘米（图四四，1；彩版四〇，1）。

佛弟子坐像

标本 T1H1B：76，红胎。内着袒右僧祇支，上有覆肩衣，外着斜披袒右袈裟，结跏趺坐，宽肩，胸略圆鼓。袈裟挂左肩顺左臂垂下，另一端从右肋经腹前锐折搭于左肘，褶皱复杂。双手合拢于手套筒内，自然搭置于腹股之间，袖口较宽。双膝呈"八"字盘曲，隐于裙内，裙裾上提，边脚掖于手下。外表施白色化妆土。残高 13.5 厘米（图四四，4；彩版四六，3）。

老年佛弟子造像头像

标本 T1H1B：23，泥质，红胎。前后合模制成。剃发，为老年弟子形象，鼻部残。残高 5.9 厘米（图四四，3；彩版五〇，3）。

骆驼

标本 T1H1A：31，土黄色胎。形体较小。昂首引项，长嘴，背上双驼峰间距较开，宽胸窄臀，立姿，腿残。外表施化妆土。残高 5.9、长 6.3 厘米（图四四，2；彩版五一，2）。

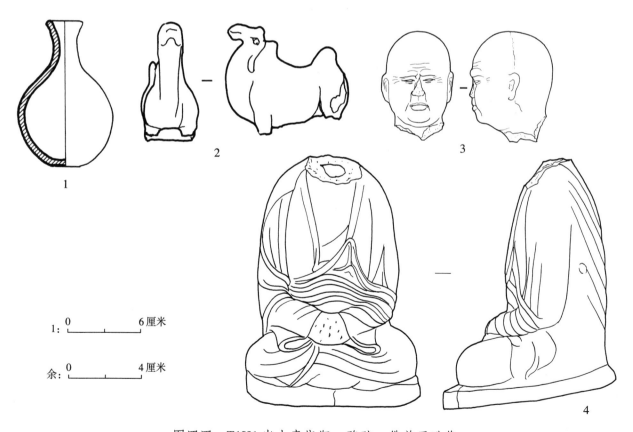

1：0　　　　6厘米

余：0　　　　4厘米

图四四　T1H1 出土素烧瓶、骆驼、佛弟子造像

1. 瓶 T1H1A：19　2. 骆驼 T1H1A：31　3. 老年佛弟子造像头像 T1H1B：23　4. 佛弟子坐像 T1H1B：76

（三）陶器

敛口钵

标本 T1H1B：11，黑皮陶钵残片。泥质黑褐色胎，胎薄质轻。敛口，弧腹，内外壁均打磨黑亮。复原口径应在 20 厘米左右（彩版五三，2）。

圆形多足砚

标本 T1H1B：25，残。亦称辟雍砚。泥质灰陶。由砚盘和砚足构成，圆台形砚面凸起于砚盘中部，周边凹下成水槽，砚盘边沿起双唇，盘底一周下附兽足。残砚现存兽足 5 个，其中 2 个完整，推测整砚应有 12 个兽足。砚面上一边有墨迹，一边有朱砂颜料痕迹。复原直径约 20.5、高 6.3 厘米（图四五，1；彩版五四，2）。

箕形砚

标本 T1H1B：24，残。泥质灰陶。砚面呈凹弧状，后部边缘为半圆形，底部两端各安一凿形足。砚面光滑，隐然留有墨迹。完整者平面形状极似“风”字，亦称“风”字砚，米芾《砚史》“有如风字两足者”即此。残宽 14.5 厘米（彩版五四，3）。

权形漏器

标本 T1H1A：16，泥质灰陶。中空，扁圆形口部中间开 0.5 厘米小孔，束颈，鼓腹，平底略内凹，底部戳出密集的小孔，类似现代淋浴喷头，实际用途不详。通高 7.4、底径 4.8、口内径 0.5、口外径 2.4 厘米（图四五，2；彩版五四，4）。

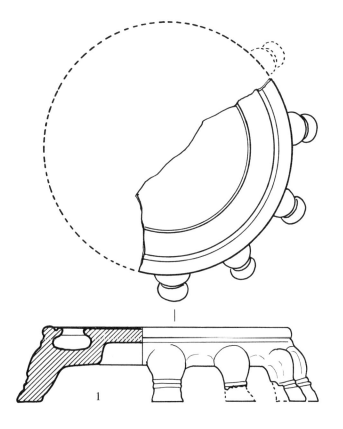

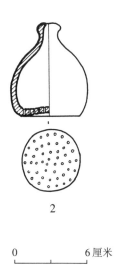

图四五　T1H1 出土陶砚、漏器

1. 圆形多足砚 T1H1B：25　2. 权形漏器 T1H1A：16

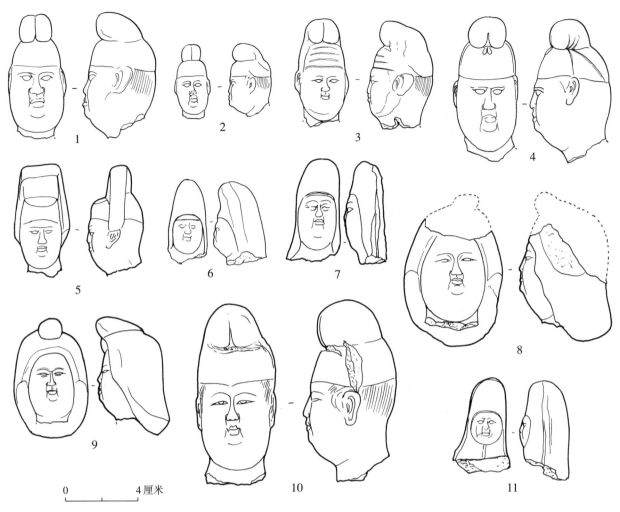

图四六　T1H1 出土陶俑

1、2. 双球形圆顶幞头男俑头 T1H1B：58、T1H1B：65　3. 附抹额幞头男俑头 T1H1B：5　4. 系脚幞头胡俑头 T1H1B：44　5. 平顶笼冠男俑头 T1H1B：30　6、7. 覆项式风帽男俑头 T1H1B：87、T1H1B：50　8、9. 覆项披肩类梳髻女俑头 T1H1B：14、T1H1B：43　10. 幞头女俑头 T1H1B：22　11. 护颈式风帽女俑头 T1H1B：10

双球形圆顶幞头男俑头

标本 T1H1B：58，红陶。残高 6.6 厘米（图四六，1；彩版五六，2）。

标本 T1H1B：65，红陶。残高 4 厘米（图四六，2；彩版五七，2）。

附抹额幞头男俑头

标本 T1H1B：5，红陶。合模制成。额际幞头罗外扎缚有额带，即抹额。幞头顶部较窄，显得更加高耸。面部呈胡人形象。残高 5.8 厘米（图四六，3；彩版五八，3）。

系脚幞头胡俑头

标本 T1H1B：44，红陶。幞头顶部呈双球形圆顶，反系二前脚于髻前中央，伸出短短的"八"字形脚头，胡人形象。残高 7.7 厘米（图四六，4；彩版六二，1）。

平顶笼冠男俑头

标本 T1H1B：30，合模制成。戴平顶笼冠，笼冠两侧垂至耳部。残高 5.9 厘米（图四六，5；

彩版六二，3）。

披幅覆项式风帽男俑头

标本 T1H1B：87，红陶。戴高顶披幅覆项式风帽，风帽顶部呈弧尖形，帽的后部呈披幅覆项的垂弧形。额际风帽边缘下显露出额带（抹额）类头饰，帽缘略呈弧形。残高 4.5 厘米（图四六，6；彩版六三，1）。

标本 T1H1B：50，红陶。高顶风帽顶部呈圆弧形，额际处的风帽边缘略呈弧尖形。面部似为胡人形象（图四六，7；彩版六三，4）。

覆项披肩类梳髻女俑头

标本 T1H1B：14，灰陶。浓发覆项披肩，后部发梢内卷，形似荷叶边缘，两鬓厚发蓬松，遮耳抱颊，头顶部绾结成一前倾式圆髻。从发髻的表现方式观察，额际发中似有衬垫物，将顶部圆髻高高托起。眉眼细长，小鼻小嘴，嘴角窝较深，唇下小窝，面颊丰满，神态恬静安详。残高 6.8 厘米（图四六，8；彩版六四，1）。

标本 T1H1B：43，红陶。形制同上。用墨色勾出了眉毛和眼线。残高 6.4 厘米（图四六，9；彩版六四，1、2）。

幞头女俑头

标本 T1H1B：22，褐陶。幞头有焙烧裂痕。残高 9.7 厘米（图四六，10；彩版六九，2）。

披幅护颈式风帽女俑头

标本 T1H1B：10，灰褐陶。戴高顶披幅护颈式风帽，顶部高耸，呈弧尖形，帽裙由顶后及两侧共三部分组成，均为垂弧形，两侧帽裙在颈下扣合，将两耳及颈项部分完全遮护起来，仅露出面部。残高 5.3 厘米（图四六，11；彩版七〇，4）。

男立俑

标本 T1H1B：64，头残。身着圆领窄袖袍服，腰束革带，背部革带铊尾头折下。身材较瘦，腰际两侧袍服自革带内向上抽出些许，呈"U"形褶皱垂于革带之外，双手置于袍袖之内，拱于胸际，呈恭奉状侍立于方形踏板上之上。残高 5.9 厘米（图四七，1）。

女立俑

标本 T1H1A：26，红褐陶。合模制成。拱手伫立状，头残。内着袒胸交领衫，束胸长裙曳地，长束带自胸前飘然垂下，外套开襟广袖礼服大衣，衣裾呈垂弧状，衣背有三道表现大衣下垂质感的"U"形褶。残高 5.7 厘米（图四七，2；彩版七四，1、2）。

标本 T1H1B：7，红陶。拱手站立状，头残。内着圆领衫，束胸长裙曳地，外披翻领筒袖中长大衣。大衣背面领部有披幅覆项式风帽的垂弧裙边。残高 15.5 厘米（图四七，4；彩版七四，3）。

骑马俑

标本 T1H1A：4，红陶。合模制成，马的头、尾、四足残，骑者上身残。可辨出骑者身着缺胯袍，腰束革带，袴上加襕。马体健硕。残长 11.2、残高 6.8 厘米（彩版七九，1）。

标本 T1H1B：13，红陶。骑者上身完整，马残。呈受阅或待命状。头戴披幅覆项式风帽，额际上的风帽边缘呈弧尖形。下摆掖于裙内，裙上口为宽边式，系缚位置较高，在胸腹之间。

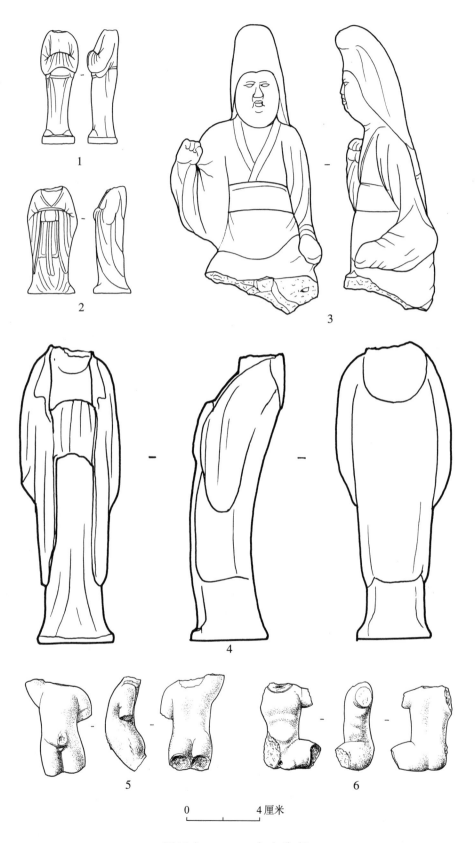

0 ____ 4厘米

图四七　T1H1 出土陶俑

1. 男立俑 T1H1B：64　2、4. 女立俑 T1H1A：26、T1H1B：7　3. 骑马俑 T1H1B：13
5、6. 裸体杂技俑 T1H1B：1　7、T1H1B：6

右肘上曲，握拳，拳心朝前，似在引控右缰，左臂垂曲，仿佛在执持左缰。残高16.2厘米（图四七，4；彩版七九，2）。

裸体杂技俑

标本T1H1B：17，红陶。形体较小。头、肢体残。裸体造型。右臂似上展，残；左臂下垂，亦残；腰身前挺，小腹部位有残断痕迹，双腿并拢，关节以下残，从断茬方向分析，两小腿应呈弯曲状态。推测应属表现杂技动作。残高5.2厘米（图四七，5；彩版七九，4）。

标本T1H1B：6，头、四肢残。裸体造型。右臂自肩部残断，左臂似侧平展，亦残；腹部表现出脂肪堆积纹路，双腿外撇，残断，腿根部有插孔。推测属杂技造型。残高4.7厘米（图四七，6）。

俑手指残块

标本T1H1B：52，红陶。雕塑而成，内含铁筋，腕部有一截面，截面中间有一直径为0.3厘米的圆孔，以便与分塑肘臂连接。厚掌，五指前展，中指略低，指端皆残。残长3.6、残宽3.1、厚2.1厘米（图四八，1；彩版八一，1）。

线鞋

标本T1H1B：75，红陶。似为陶塑人像的足部残块，但呈现出完整的线鞋造型。尖首略钝，弧帮，鞋首部至鞋帮两侧用斜刀手法刻划密集的纵向平行线。鞋帮前部两侧，在对称的三道纵向平行线范围内，各刻划出二道短横线，形成"田"字形经纬线的网格，该部位正好是鞋面前部弯折部位。后部的鞋底与鞋跟帮间亦为纵向的平行线连接，前部鞋帮与后部鞋跟帮之间留出空间，呈"V"字形。鞋跟帮沿两侧延伸出系带，在鞋面后部交界处系结（图四八，2；彩版八一，7）。

天王俑连袖手臂

标本T1H1B：77，红陶。断茬在臂弯关节部，手握拳，似为天王俑兽头式披膊以下部分。残长8.9厘米（图四八，4；彩版八四，3）。

天王俑鹞尾花饰

标本T1H1B：59，表面中部刻有桃形，边缘呈多曲状，两侧为内卷涡纹。残长5.2厘米（图四八，3；彩版八六，2）。

狗

标本T1H1B：60，红陶。较为短小。头微昂，耳部略呈圆形，尾上卷。爪残。残高4.1、长5.6厘米（图四九，1；彩版八八，3）。

骆驼

标本T1H1B：19，红陶。大型骆驼头部残块。头顶鬃毛竖起，顶部鬃

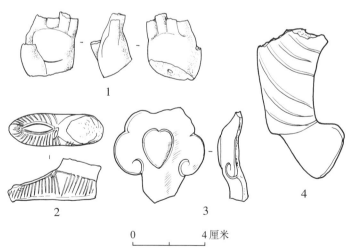

图四八 T1H1 出土陶俑附件

1. 陶俑手残块 T1H1B：52 2. 线鞋 T1H1B：75 3. 天王俑鹞尾花饰 T1H1B：59 4. 天王俑连袖手臂 T1H1B：77

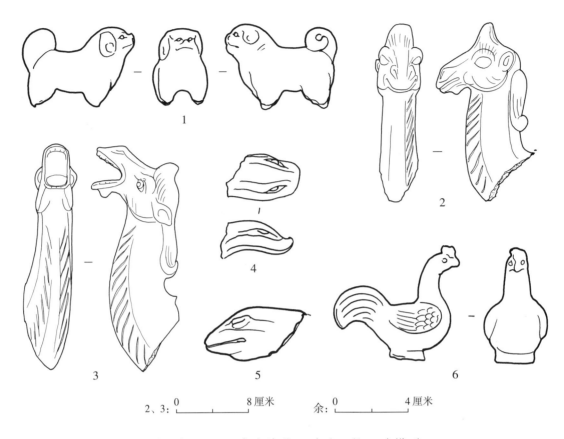

2、3：0　　　　　　8厘米　　　　余：0　　　　　　4厘米

图四九　T1H1 出土陶狗、骆驼、蛇、鸡模型
1. 狗 T1H1B：60　2、3. 骆驼 T1H1B：19、T1H1B：70　4、5. 蛇 T1H1B：63、T1H1B：71　6. 鸡 T1H1B：29

毛一绺，眼睑较宽，睛略凸，长嘴紧闭。残高 19.3 厘米（图四九，2；彩版八九，2）。

标本 T1H1B：70，红陶。大型骆驼头部残块。引项昂首，张口鸣叫。残高 24.9 厘米（图四九，3；彩版八九，3）。

蛇

标本 T1H1B：63，红陶。残长 4.4、头宽 2.4 厘米（图四九，4；彩版九〇，2）。

标本 T1H1B：71，残长 5.6、头宽 2.4 厘米（图四九，5；彩版九〇，1）。

鸡

标本 T1H1B：29，红陶。鸡冠高耸，喙部尖短，双翅贴体，宽扁尾羽下弯，立于略呈椭圆形的实心座上。通高 6.3、长 7 厘米（图四九，6；彩版九一，1）。

八瓣七蕊窄轮莲花纹瓦当

标本 T1H1B：64，泥质灰陶。残缺。边轮内一周减地联珠纹，其内侧为一周凸棱界栏圈。再向内为八瓣莲花，莲花为单瓣式，两头较尖，鼓起的莲瓣面上略压出些许平面，两侧有弧线修饰边缘，花瓣间各点缀一个三角形隔棱。中心为莲蓬状花心，圆界栏清晰，内饰七个凸点状莲子纹。当径 9、轮径 1.2 厘米（彩版九二，5）。

十六瓣七蕊莲花纹瓦当

标本 T1H1B：72，泥质灰陶。残缺。边轮较窄，联珠纹一周，内侧无界栏，饰复瓣莲花，可复原为八组十六瓣，每对复瓣均有棱框边饰，但瓣面摁压过甚，纹饰不清晰。当心为莲篷，凸棱界栏圈中饰有凸点状莲子纹。复原当径14、轮径1.3厘米（彩版九二，6）。

十二瓣七蕊莲花纹瓦当

标本T1H1B：55，泥质灰陶。残缺。边轮较窄，向内依次为一周减地联珠纹，无界栏，复瓣莲花，共六组十二瓣，花瓣呈豆瓣状，瓣面扁平。每对复瓣无边框修饰，两两之间以楔形隔棱间隔。瓦当中间为莲篷纹，界栏圈中饰七个凸点纹。当径10、轮径1.5厘米。（彩版九二，7）。

（四）模具

贴花模

标本T1H1B：26，红陶。梅花形贴花模。陶质较硬。模外部轮廓呈半球形，花瓣呈内外二层，内层为对称四瓣花。疏密适度，紧凑和谐。模径约3.7、厚0.8厘米（图五〇，1；彩版九四，3）。

立俑模

标本T1H1A：41，红陶。为小型男立俑背面模。戴高顶幞头，二条幞头软脚自脑后正中下垂于背部，身着袍服，束革带，袍服长掩足面，立于踏板之上。模外侧有合模刻槽记号。模高

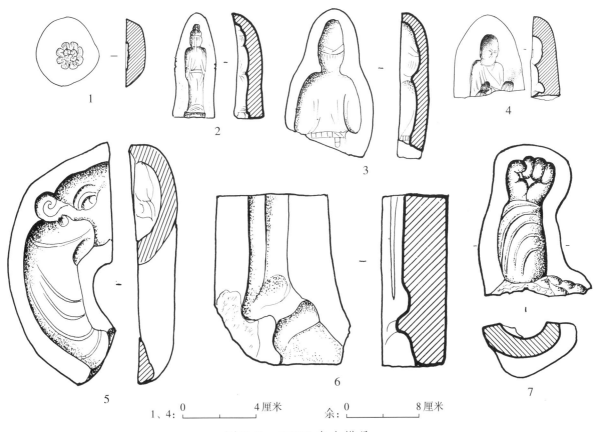

图五〇　T1H1 出土模具

1. 贴花模 T1H1B：26　2、3.立俑模 T1H1A：41、T1H1B：20　4.佛弟子像模 T1H1B：79　5、7.
天王俑局部模 T1H1B：81、T1H1B：15　6.马腿模 T1H1B：16

10.9、厚1.5厘米（图五〇，2；彩版九七，1）。

标本T1H1B：20，红陶。为中型男立俑背面模。头戴幞头，身着圆领袍服，腰束革带，铊尾头下折，腰部以下残。模残高16.2、厚1.8厘米（图五〇，3；彩版九六，6）。

佛弟子像模

标本T1H1B：79，红陶。为佛弟子像正面模，胸以下残缺。光头，面目俊秀，双目凝视下方，颌微收，温文恭谨。外着袈裟，内着僧祇支，双手捧物。模残高3.8、厚1.7厘米（图五〇，4；彩版九八，2）。

天王俑局部模

标本T1H1B：81，红陶。大型天王俑龙口吞臂式披膊右侧后部模。龙眼怒睁，龙口大张，口中伸出着窄袖内衫的肘臂，窄袖上有褶纹数道，造型雕刻简洁明快。模长24.6、厚1.7厘米（图五〇，5；彩版一〇一，1）。

标本T1H1B：15，红陶。为天王俑右臂正面模。手握拳，窄筒袖，举臂状。模长14.5、厚1.8厘米（图五〇，7；彩版一〇一，2）。

马腿模

标本T1H1B：16，红陶。为马左侧腿足模，上部残。模残高9、厚2.4厘米（图五〇，6；彩版一〇四，3）。

（五）窑具

垫柱

标本T1H1B：27，残。红陶。形态较大，手制，呈柱状，上封口，中空。垫柱端面有与器物粘连疤痕，柱身有褐色流釉。残高11、径6.3厘米（图五一，1；彩版一〇七，3）。

垫圈

标本T1H1A：3、T1H1A：15，红陶。圈足状，封顶，圆形顶面很平，底部内凹。顶面留有器物粘连疤痕。高2.3~3.9、径4.9~5.1厘米（图五一，2、3；彩版一〇八，2）。

标本T1H1B：66，浅红色陶。呈套管环状。高2.5、径6、壁厚1.2厘米（图五一，4；彩版一〇八，1）。

折尖式三叉形支钉

标本T1H1B：21，浅红色陶。底部中心点略有向上的弧度，叉端上折成尖椎状。尖部与烧成器物有粘连疤痕。叉长4、叉端高4厘米左右（彩版一〇九，2）。

弧刃式三叉形支钉

标本T1H1B：28、T1H1A：79、T1H1A：80、T1H1A：94，红陶。三叉脊拱起，叉端着地，叉脊正面呈弧刃状，中心汇接点稍凹，叉背上或留有釉痕。规格大小不一。

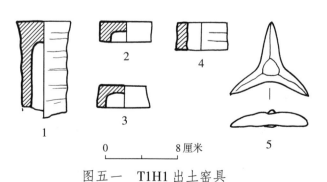

图五一　T1H1 出土窑具

1. 垫柱 T1H1B：27　2~4. 垫圈 T1H1A：3、T1H1A：15、T1H1B：66　5. 弧刃式三叉形支钉 T1H1B：28

叉长 5.5~9.5、高 2.5~3 厘米（图五一，5；彩版一〇九，3）。

（六）瓷 器

白釉瓷水注管状流

标本 T1H1B：1，白瓷胎。口径 1.6、残长 2.1 厘米（图五二，1；彩版一一〇，2）。

白釉瓷壶

标本 T1H1B：3-2，口部残片。白瓷胎。圆锥台形高领小敛口，尖圆唇，下接壶体残。内外均施白釉。口径 5 厘米（图五二，2；彩版一一〇，3）。

白釉瓷碗

标本 T1H1B：86，白胎。直口，圆唇，腹稍浅，矮圈足，足沿外撇，边缘刮修。内外壁均施透明釉，口沿有堆釉，圈足露胎。高 5.5、复原底径 7.7、厘米（彩版一一一，2、5）。

标本 T1H1A：24，大敞口，方圆唇，浅腹，壁斜直，玉璧底，胎体白中泛黄。内外壁均施化妆土，器内外满施透明釉。器内底部有支钉疤痕。高 4.4、底径 8.1 厘米（图五二，3；彩版一一二，1、5）。

标本 T1H1B：38，白瓷胎。侈口，尖圆唇，腹浅，弧壁，矮圈足，足沿外撇，边缘刮修。

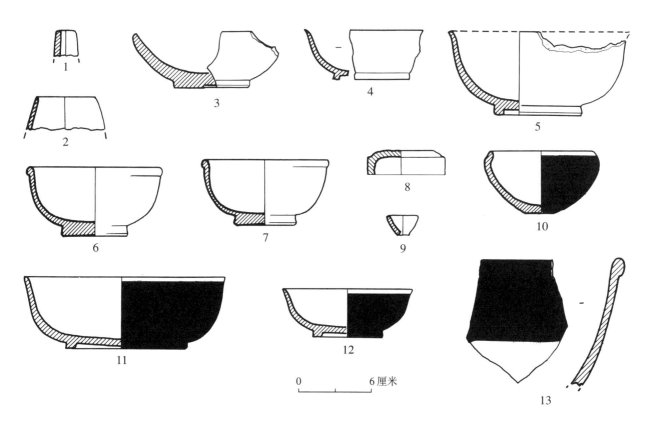

图五二 T1H1 出土瓷水注、壶、碗、盅、盒、军持、钵、罐

1. 白釉瓷水注管状流 T1H1B：1 2. 白釉瓷壶 T1H1B：3-2 3~5. 白釉瓷碗 T1H1A：24、T1H1B：38、T1H1B：4
6、7. 白釉瓷盅 T1H1B：78、T1H1B：51 8. 白釉瓷盒盖 T1H1B：8 9. 白釉瓷军持流口 T1H1B：2 10. 外黑内白釉瓷敛口钵 T1H1B：9 11、12. 外黑内白釉瓷碗 T1H1B：54、T1H1B：21 13. 黑釉瓷罐 T1H1B：12

内外壁均施透明釉，圈足露胎。复原口径10.4、底径5.9、高4.1厘米（图五二，4；彩版一一一，3、5）。

标本T1H1B：4，白瓷胎。侈口，尖圆唇，腹较浅，弧壁，矮圈足，内外均施透明釉，圈足部分不施釉。复原口径15.5、底径7.5、高6.7厘米（图五二，5；彩版一一一，4）。

白釉瓷盅

标本T1H1B：78，胎体白中泛黄，致密。直口，厚圆唇，圆弧壁，假圈足，足沿略外撇，边缘刮修。底心稍内凹，有顺时针方向的轮制旋纹。口沿内外侧均施透明半釉，余部露胎。口径10.5、底径5.4、高5.4厘米（图五二，6；彩版一一三，3、4）。

标本T1H1B：51，胎体白中泛青。其余特征与T1H1B：78相同。口径9.8、底径5.1、高5.1厘米（图五二，7；彩版一一三，3、4）。

白釉瓷盒盖

标本T1H1B：8，白瓷胎。盖面微凹，与盖壁交界处弧折，盖壁垂直，盖沿平。外施白釉，釉不及内。复原口径6.4、高2厘米（图五二，8；彩版一一五，3）。

白瓷军持（净瓶）流口

标本T1H1B：2，白瓷胎。杯形小口，敞口，壁斜收，鼓壁形流管，与军持瓶体连接。内外壁施白釉。口径2.6、高1.6厘米（图五二，9；彩版一一〇，2）。

外黑内白釉瓷敛口钵

标本T1H1B：9，白瓷胎。敛口，圆唇，深弧腹斜收成小平底。内壁施白釉；外壁及底施黑釉，釉层较厚；唇部一周露白胎。钵内底部残留少许深蓝色粉末，为彩绘颜料。口径8.8、底径2.4、高5厘米（图五二，10；彩版一一六，1）。

外黑内白釉瓷碗

标本T1H1B：54，白瓷胎。侈口，圆唇，弧收，圜底近平，矮圈足。内壁施白釉，外壁施黑釉，唇部一周及圈足不施釉。口径16.5、底径10、高5.8厘米（图五二，11；彩版一一六，3）。

标本T1H1B：21，同T1H1B：54。复原口径10.5、底径5.6、高3.9厘米（图五二，12；彩版一一七，2）。

黑釉瓷大口罐

标本T1H1B：12，大口粗瓷罐残片。灰白胎。质粗，胎厚，坚硬。直口，厚圆唇，壁微弧。外壁施黑色半釉，腹中部以下露胎，内壁满施黑色釉，唇部一周露胎。复原口径应在20厘米左右（图五二，13；彩版一一七，5）。

（七）彩绘颜料

为红、绿、蓝三种颜料，分别在陶、瓷器皿残片的内壁上附着。当属正品陶俑的最后一道工序，即彩绘所用的颜料。

标本T1H1B：9，外黑内白釉瓷敛口钵内底附着蓝色粉末（彩版一一六，1；彩版一二七）。

标本T1H1B：3-1，为白釉瓷壶底残片，外底露胎，内底附着红色颜料（彩版一一八）。

标本T1H1A：2，为釉陶碗残片，内底附着绿色颜料（彩版一一八）。

（八）玻璃

玻璃碎块，共17件，均出自同一灰坑中，标本T1H1B：74，可分为A、玻璃质碎块，B、半成品或次品残块和C、玻璃原料碎块等三类。

（A）玻璃碎块，7件。

T1H1B：74-A1，棕黄色，透明。3.5×3.7厘米（彩版一一九，2）。

T1H1B：74-A2，浅橙色，透明。3.2×2.6厘米（彩版一一九，2）。

T1H1B：74-A3，淡紫色，透明。4.1×2.6厘米（彩版一一九，2）。

T1H1B：74-A4，浅棕黄色，透明。3.5×2.8厘米（彩版一一九，2）。

T1H1B：74-A5，紫色，透明。3.8×2.5厘米（彩版一一九，2）。

T1H1B：74-A6，翠绿色，透明。4×3.5厘米（彩版一一九，2）。

T1H1B：74-A7，透明，略显淡绿色。7.2×6.8厘米（彩版一一九，1）。

（B）半成品次品或次品的残块，6件。

T1H1B：74-B1，透明，淡绿色。似为吹制失败的瓶类器，口部有圆唇，但已挤压呈粘连在一起。高3.9、宽3.1厘米（彩版一一九，3）。

T1H1B：74-B2，透明，浅桔红色，长条状，含少量气泡，底部平，有垫衬物的粘连麻点。长7、宽2.6厘米（彩版一一九，3）。

T1H1B：74-B3，瓶口沿残块。绿色，透明。残径2.4、唇宽0.45厘米（彩版一一九，3）。

T1H1B：74-B4，圆环残块，呈"C"形。白色，透明。外径2.4、内径1厘米（彩版一一九，3）。

T1H1B：74-B5，盖纽状，下部有残断痕。浅灰色，透明。径1.8厘米（彩版一一九，3）。

T1H1B：74-B6，长条形，色泽同T1H1B：74-B2，残。长5、宽2.5、厚0.8厘米（彩版一一九，3）。

（C）熔融不彻底的玻璃原料碎块。其特征为绿色系玻璃质物质与白色结晶矿物质共存为一体（彩版一一九，4）。

T1H1B：74-C1，9.5×9.2厘米。

T1H1B：74-C2，9.4×6.5厘米。

T1H1B：74-C3，3.8×3厘米。

T1H1B：74-C4，7.1×5.2厘米。

二　T1H2出土遗物标本

（一）釉陶器

1.单色釉陶器

红褐釉罐

标本T1H2：23，罐腹部残片。红褐色胎。内壁无化妆土，施褐色薄釉，无光；外壁施化妆土，施红褐色釉，釉中布满金黄色泽的点状晶体，釉面光亮（彩版七，2）。

黄釉罐

标本T1H2：76，红胎。罐腹部残片。内外壁敷化妆土，施单色黄釉（彩版七，1）。

绿釉水注

标本T1H2：103-1、2，粉胎，坚硬。敛口，圆唇，唇外有一周凹弦纹，鼓腹。坯体内外壁敷化妆土。器表满施绿釉（彩版九，1）。

黄釉碗

标本T1H2：19，残片。砖红胎。直口，圆唇，唇外壁有一道凹弦纹。内外壁均施化妆土，在黄褐色基釉中布满光泽金黄的星点晶体，灿烂发亮，内外壁均施半釉。大8×8.5、小4×5厘米（彩版一二，1）。

2. 三彩器

瓶

标本T1H2：4，砖红胎。上部残损过半，仅余底部。内壁不施化妆土，上透明釉透出红褐色胎。外壁施化妆土，再施以绿、黄相间的条状彩釉，每道条状色釉多为施釉笔锋划过之处色深，釉痕两边晕散而色浅，交界处淡成泛白色，以致局部有条隙状露胎，远观十分雅致。假圈足边刮修，底有落渣。底径7.8厘米（图五三；彩版一六，6）。

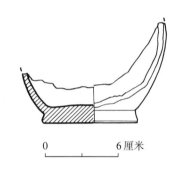

0 ——— 6厘米

图五三　T1H2出土三彩瓶 T1H2：4

豆

标本T1H2：5，豆盘残片。红胎。内外壁施化妆土，外壁施深绿、黄褐和透明（白）釉，三色流动浸润自然，釉光莹润、浑厚而秀逸（彩版二〇，3）。

标本T1H2：6，豆盘残片。红胎。平折沿。内外壁施化妆土，器表呈深褐、绿、白三色交错，白釉处个别地方周边凸起，有如结痂之初落，扪之高低不平（彩版二〇，4）。

标本T1H2：8、T1H2：102-1~2，均为豆盘残片。红胎。平折沿，圆唇。内外壁多细密的平行旋纹。内外壁均施化妆土，以黄釉和绿釉交相点染，黄色调面积大而显著，间或有透出白化妆土底色的局部点块，使深浅不一的黄、绿、白三色错综辉映（彩版二一，1）。

标本T1H2：9，豆盘残片。红胎。火候过高。平折沿。内外壁均施化妆土，折沿部施褐色釉，外壁施黄釉，釉面干涩、无光（彩版二二，3）。

标本T1H2：101，豆盘残片。红胎。内外壁施化妆土，口沿及外壁施绿、黄色釉。器表有滚釉、釉泡现象，唇沿有压釉现象（彩版二三，2）。

罐

标本T1H2：10，为同一罐体残片。白胎。小口残，鼓腹。内外壁均施蓝釉，腹部加施黄釉点染，呈丝絮状散漫分布，犹如夜幕下的火花。釉面光亮，玻化程度高（彩版二五，1）。

樽

标本T1H2：18，白胎。平唇外一周凹弦纹。内外壁敷化妆土，由唇部至器表以纵向白色、绿色宽条相间排列，界线明晰，绿色条带中间有白色圆点；白色宽条中又以二道平行黄色线条加以装饰，中间烘托出连续“十”字形蓝彩条纹，蓝彩部位周边白釉较薄。唇宽1.1、壁厚0.7厘米（彩版二六，2）。

盂

标本T1H2：100，口沿残片。粉胎。内外壁敷化妆土，器口部及外壁施白釉并交错施斑块状黄釉和绿釉，釉色光亮，色彩密而不臃，形成斑斓美丽的效果（彩版二八，1）。

俑身残片

标本T1H2：21，3片，为同一俑身残片。白胎。衣褶纹及手部施黄绿釉（彩版三六，4）。

3. 绞胎器

杯

标本T1H2：20，6片，为绞胎带柄杯残片。侈口，折唇，唇沿外有二道凹弦纹和略凸起的折棱，口沿和腹壁残片中分别有粘接环形把手的疤痕。器胎由白色和棕红色坯泥相绞而成，内外壁均施黄色透明釉，釉质莹润光亮，透明度好，内外壁绞胎的木理纹路较为密集、清晰（彩版三九，2）。

（二）素烧器

盘口瓶

标本T1H2：35，红胎。小盘口，短细颈，圆肩，深弧腹斜收，假圈足。外壁敷化妆土。通高12.2、口径5.2、底径4.8厘米（图五四，1；彩版四〇，2、3）。

军持（净瓶）

标本T1H2：27，口颈部残片。白胎。残高11、口内径1.8、口外径6.4厘米（彩版四一，1）。

罐

标本T1H2：15，红胎。卷沿，小口，圆唇，扁圆腹，假圈足。腹径大于器高。器表敷化妆土。通高9.2、口径6.2、底径7厘米（图五四，2；彩版四二，1）。

敛口壶

标本T1H2：32，红胎。高领斜直，敛口，尖唇，鼓腹，假圈足。外壁及口内侧施粉白色化妆土。通高8.6、口径4.4、底径5.4厘米（图五四，3；彩版四三，1）。

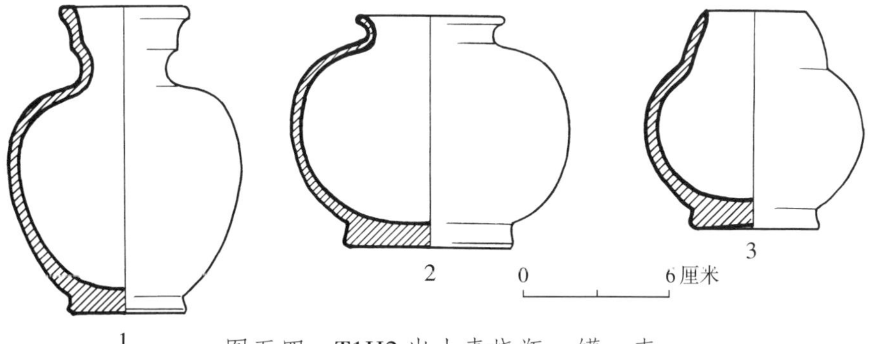

图五四　T1H2出土素烧瓶、罐、壶

1. 盘口瓶T1H2：35　2. 罐T1H2：15　3. 敛口壶T1H2：32

（三）陶器

双球形圆顶幞头男俑头

标本 T1H2：14，红陶。残高 4.5 厘米（图五五，1；彩版五七，1）。

系脚幞头俑头

标本 T1H2：16，红陶。幞头顶部呈双球形圆顶，反系二前脚于髻前中央，伸出短短的"八"字形脚头。胡人形象。残高 7.5 厘米（图五五，2；彩版六二，2）。

幞头胡俑头

标本 T1H2：39，红陶。中等俑头。残高 7.5 厘米（彩版六一，1、2）。

紧凑上拢类梳髻女俑头

标本 T1H2：79，红陶。残高 12.4 厘米（图五五，3；彩版六七，1）。

女立俑

标本 T1H2：3，红陶。头残。呈伫立状。内着开胸对襟宽袖襦衫，二条结系襟带垂下，束胸窄长裙，裙裾曳地，右臂曲置于胸前，左臂下垂，长袖口略向侧后轻甩。残高 6.6 厘米（图五五，4；彩版七六，2）。

坐俑

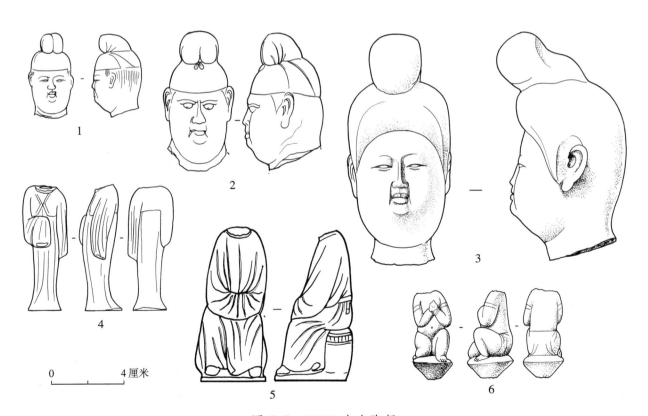

图五五　T1H2 出土陶俑

1.双球形圆顶幞头男俑头 T1H2：14　2.系脚幞头胡俑头 T1H2：16　3.紧凑上拢类梳髻女俑头 T1H2：79　4.女立俑 T1H2：3　5、6.坐俑 T1H2：17、T1H2：7

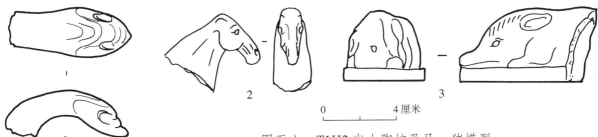

图五六　T1H2 出土陶蛇及马、猪模型
1. 镇墓兽握持之蛇 T1H2：12　2. 马 T1H2：11　3. 猪 T1H2：13

标本 T1H2：17，红陶。头残。坐姿，较小。身着圆领宽袖袍服，腰束革带，背后革带铊尾头内折垂下，左右手互插于袖中，平置于腿上，臀下坐有圆形绣墩，上置座垫，周边缀有流苏。绣墩置于长方形踏板之上，足靴踩踏板，靴头部伸出袍裾之外。残高 8.1 厘米（图五五，5；彩版七七，1、2）。

标本 T1H2：7，红陶。造型精巧。形制较小，头残。身材匀称、丰满。除下着一短裈之外，全身赤裸。双臂戴臂钏，双手残，似合掌，腕部有镯。跣足，单腿跪坐于倒圆锥体台面上，锥底残，似接柱状体。残高 4.6 厘米（图五五，6；彩版七七，4）。

镇墓兽握持之蛇

标本 T1H2：12，红陶。身首粗细相若，长眼眶中圆睛凹进，头部有列行弧线刻纹。残长 6.7、头宽 2.7 厘米（图五六，1；彩版八五，6）。

马

标本 T1H2：11，灰陶。马首残块。残高 4.4 厘米（图五六，2；彩版八七，2）。

猪

标本 T1H2：13，红陶。伏卧。高 3.9、残长 7.5 厘米（图五六，3；彩版八八，1）。

（四）模具

贴花模

标本 T1H2：26-1、2，红陶。形制、花纹相同，其中 1 件略残。外部轮廓略呈半球形，模内贴花图案略呈桃形摩尼宝珠，中心为朵花，两侧为成对卷须纹，底边卷须纹以"＝"形线条隔开，与之相对的一侧为桃尖状。模径约 4.8、厚 2.6 厘米（图五七，1、2；彩版九四，1）。

立俑模

标本 T1H2：28，红陶。为小型女立俑背面模。着高胸式衣裙，裙脚曳地，双手前拱。模外侧有合模刻槽记号。模高 9.3、厚 0.8 厘米（图五七，3；彩版九七，4）。

（五）窑具

垫圈

标本 T1H2：24，浅红色陶。呈套管环状。高 2.5、径 5、壁厚 0.9 厘米（彩版一〇八，1）。

标本 T1H2：22，红陶。圈足状，封顶，圆形顶面很平，底部内凹。顶面留有器物粘连疤

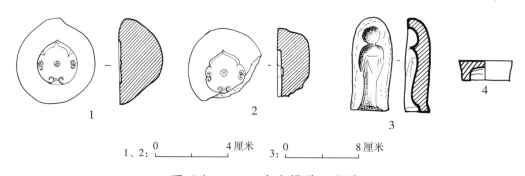

图五七　T1H2出土模具、窑具
1、2. 贴花模 T1H2：26-1、2　3. 立俑模 T1H2：28　4. 垫圈 T1H2：22

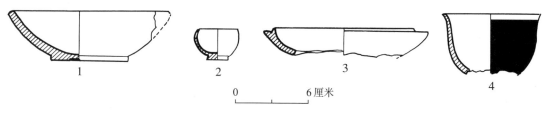

图五八　T1H2出土瓷碗、杯、盒
1. 白釉瓷碗 T1H2：2　2. 白釉瓷杯 T1H2：1　3. 白釉瓷盒 T1H2：25　4. 外黑内白釉瓷杯 T1H2：29

痕。高2.9、径4.9厘米（图五七，4；彩版一〇八，2）。

（六）瓷器

白釉瓷碗

标本T1H2：2，白胎。方圆唇，浅腹，玉璧底。高4厘米（图五八，1；彩版一一二，4、5）。

白釉瓷杯

标本T1H2：1，白瓷胎。口微敛，深腹弧壁，假圈足，足沿略外撇。内外壁均施透明釉，底足露胎。高2.6、口径3.5、底径2厘米（图五八，2；彩版一一三，2）。

白釉瓷盒

标本T1H2：25，白瓷胎。盖缺。内直口式子母口，壁斜收，底残。盒内壁施白（透明）釉，子母口及外壁不施釉。复原口径10.4、子母口外沿径13.6厘米（图五八，3；彩版一一四，5）。

外黑内白釉瓷杯

标本T1H2：29，白瓷胎。侈口，尖圆唇，深腹，直壁下弧收，底残。内壁施白釉，外壁施黑釉，唇部露白胎。口径8.1、残高4.8厘米（图五八，4；彩版一一七，3）。

（七）矿物质碎块

共发现11块，其中9块出于出自T1H2，编号T1H2：34，其余2块出自Y2火门外。这些碎块均呈深褐色或墨绿色，有的还可看出层理结构，个别附着有土锈。最大的为16.5×10.5厘米，一般在2.5×3~4.6×8.2厘米之间（彩版一二〇，2）。

三　T1H3 出土遗物标本

（一）釉陶器

1. 单色釉陶器

黄釉盘口瓶

标本 T1H3：42，红胎。浅盘口，翻沿，圆唇，短细颈略歪斜，丰肩，鼓腹，下腹缓收，假圈足，足沿略外撇，沿边刮修。内壁施红褐色釉；外壁施白化妆土，腹部以上施单色黄釉，光亮度好，釉底边缘聚釉呈褐黄色，有细密纹片。腹部一侧有粘连露胎疤痕。通高13.3、口径4.3、底径5.7厘米（图五九，1；彩版四，1）。

标本 T1H3：51，红胎。口部残（曾拼接上的小块盘口残块在搬运拍摄过程中失落）。宽圆肩，弧腹缓收，假圈足（饼足），足沿外撇，边缘修刮。外壁敷化妆土，施黄色半釉。肩腹部有粘釉疤痕，底部有筒形支座粘连疤痕。残高8.2、底径4.8厘米（图五九，2；彩版四，2）。

标本 T1H3：3，红胎。上部残。腹弧收，假圈足，足边刮修。内壁为红褐色釉；外壁施化妆土，外壁所施黄釉呈粟色，局部露胎。底径8厘米（彩版四，5）。

绿釉盘口瓶

标本 T1H3：5，红胎，略含细砂。上部残，假圈足底。内壁未施化妆土可见旋纹（轮制痕），施透明釉透出胎体的深褐色，釉薄不光滑（干涩）；外壁敷化妆土，施墨绿色釉，绿中夹杂有深褐色条斑。玻化程度高，光亮。器底有叠烧粘连痕腹疤。底径6.2厘米（彩版五，1）。

标本 T1H3：23，口沿残片。红胎，质较粗硬。外壁及口沿内侧敷化妆土，施浅绿色釉，有流釉及浓淡不一的晕染效果。器口及折棱处有脱釉现象（彩版五，4）。

酱黄釉小口瓶

标本 T1H3：46，红胎。小直口，由于火候过高，造成口部歪陷，唇为线切割产生的平唇，广肩，弧腹斜收，假圈足外撇。内壁施褐色釉，外壁在白色化妆土上施酱黄色半釉。下腹部未施釉处化妆土缩皱或脱落，器表还有粘连疤痕和落渣等

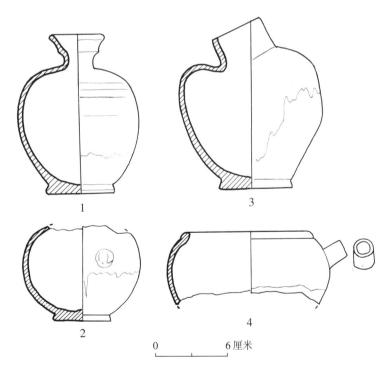

图五九　T1H3 出土单色釉陶瓶、水注
1、2.黄釉盘口瓶 T1H3：42、T1H3：51　3.酱黄釉小口瓶 T1H3：46
4.绿釉水注 T1H3：13

缺陷。通高 13.6、口径 4.6、底径 6.3 厘米（图五九，3；彩版六，2）。

黄釉罐

标本 T1H3：71、T1H3：72，红胎。口沿残片，前者为直口，后者为卷沿。内外壁敷化妆土，施单色黄釉（彩版七，1）。

红褐釉罐

标本 T1H3：74，罐腹壁残片。红褐色胎。内壁无化妆土，施褐色薄釉，无光；外壁施化妆土，红褐色釉，釉中布满金黄色泽的点状晶体，釉面光亮（彩版七，2）。

黄釉水注

标本 T1H3：12，浅红色胎。底残。敛口，圆唇，唇外有一道凹弦纹，鼓腹，腹上部一侧有管状流。外壁施化妆土，口沿至腹部施棕黄色釉，釉中有脏点，腹下部不施釉。复原口径约 9 厘米（彩版八，1）。

绿釉水注

标本 T1H3：13，浅红色胎。底残。敛口，圆唇，唇外有一道凹弦纹，鼓腹，腹上部一侧有管状流。外壁施化妆土，口沿至腹部施草绿色釉，釉中有脏点，腹下部不施釉。复原口径约 11 厘米（图五九，4；彩版八，2）。

标本 T1H3：14、T1H3：75，粉胎，坚硬。前者为口部残片，敛口，圆唇，唇外有一周凹弦纹。后者为腹部残片，鼓腹。坯体内外壁敷化妆土。器表施绿釉 （彩版九，1）。

黄釉碗

标本 T1H3：53，红褐胎，质较粗。敞口，厚圆唇，唇外有一周凹弦纹，斜壁略弧，假圈足。内壁及外壁上半部施黄釉。碗内底有三叉形支具疤痕。口径 17.5、底径 8.2、高 6.3 厘米（彩版一一，5）。

标本 T1H3：39-1~4，残片。红胎。翻沿，圆唇，弧壁。内外壁敷化妆土，内壁施黄色满釉，外壁施黄褐色半釉，下部露化妆土。釉面有棕眼及粘釉疤痕（彩版一二，2）。

绿釉碗

标本 T1H3：18-1~11，均为残片。红胎。内外壁均敷化妆土，釉色墨绿，光洁度好，玻化程度高（彩版一二，3）。

2. 三彩器

瓶

标本 T1H3：1，红胎。轮制。口残。宽圆肩，腹弧收，假圈足。内壁为红褐色釉。外壁上半部施化妆土，釉色呈粟黄，下半部未施化妆土呈茶黄色，器身有数道条状淡绿色釉纵贯下来。底有与筒状支座粘连痕，器最宽处有粘釉痕。底径 4.8 厘米（彩版一六，2）。

标本 T1H3：55，红胎。圈足，足沿外撇，边缘修刮。内壁有轮制平行施纹，施透明釉，呈现赭红色；外壁施化妆土，施浅黄色釉，腹部点缀少量绿色垂流状釉彩。底径 8 厘米（图六〇，1；彩版一六，4）。

标本 T1H3：52，红胎。口残。宽圆肩，腹壁弧收，假圈足，底缘刮修。内壁施褐色釉，显轮制痕。外壁施化妆土，釉色为粟黄、茶黄、浅绿色的条状流釉，器腹部釉中有褐斑。腹有与其他器物粘连疤痕，足底有筒状支具粘连痕。残高11、底径5.8厘米（图六〇，2；彩版一六，5）。

标本T1H3：17，肩部残片。红胎。内壁施透明薄釉，透出赭红胎色，干涩无光，外壁敷化妆土，施淡黄、淡绿薄釉。器表有釉裂和釉泡等缺陷（彩版一七，4）。

豆

标本T1H3：49，豆盘残片。红胎。内外壁均施化妆土，口沿及外壁施黄、绿釉，器表釉泡较多，破裂后疤痕处露胎，盘近底处有数处蜡泪状堆釉痕（彩版一八，3）。

标本T1H3：22、T1H3：73，豆盘残片。红胎。平折沿，圆唇，内外壁多细密的平行旋制纹理。内外壁均施化妆土，以黄釉和绿釉交相点染，黄色调面积大而显著，间或有透出白化妆土底色的局部点块，使深浅不一的黄、绿、白三色错综辉映 （彩版二一，1）。

标本T1H3：48 ，豆盘残片。红胎。平折沿，圆唇，饼状盘底。内外壁均施化妆土，外施黄、绿、白釉，三色参差错杂点染，斑驳陆离，釉面平滑光亮（彩版二三，1）。

罐

标本T1H3：4，罐壁残片10片。砖红胎。器内壁有轮制施痕，施红褐色釉，外壁施化妆土，为粟黄、浅绿、豆绿色釉，整体色调浅淡。有开釉，粘连现象（彩版二五，2）。

盂

标本T1H3：50，红胎。敛口，圆唇，唇外有一道凹弦纹，鼓腹，圈足略外撇。内壁无化妆土，施红褐色釉，外壁以绿、黄釉交错垂流晕染，光亮，近底处露胎。釉薄处显出白化妆土底色，略有缩釉或麻癫的感觉。通高8.8、复原口径10.2、底径7.7厘米（彩版二七，1）。

标本T1H3：6、T1H3：76、T1H3：77，残片。粉胎，质较粗硬。敛口，圆唇，唇外有一道凹弦纹，鼓腹。坯体内外壁均敷化妆土。口沿至外壁以间隔点染的方式交施白色和淡绿色釉汁，烧成后清新淡雅的嫩绿色釉条簇中形成浓淡不一的晕染效果（彩版二八，2）。

碗

标本T1H3：20，残，可复原。粉白胎，火候较高。圆唇，弧壁，假圈足，足沿外撇。内壁除唇部外，不施釉；外壁腹部施化妆土，然后上淡黄色透明釉，唇下饰数道窄条状翠绿色釉。底有支具粘连疤痕。底径8.4厘米（图六〇，3；彩版三〇，1、2）。

标本T1H3：19，残，可复原。红胎。敞口，翻沿，圆唇，弧壁，假圈足，足沿外撇，边缘刮修。内壁施黄色釉；外壁施黄釉、绿釉，釉呈垂流状，截釉处呈蜡泪状堆积，色泽较暗，下

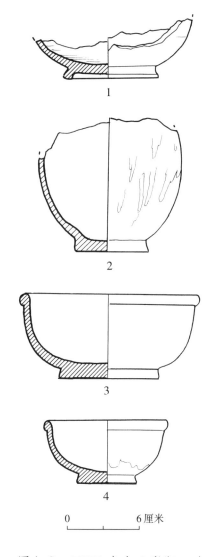

图六〇 T1H3 出土三彩瓶、碗
1、2. 瓶 T1H3：55、T1H3：52
3、4. 碗 T1H3：20、T1H3：19

腹部及底不施釉。内底有点状支烧疤痕，外壁一侧且有细条状粘釉疤痕。通高5、底径5.1厘米（图六〇，4；彩版三〇，3）。

标本T1H3：30，残。红胎。内壁及口沿处施黄釉，釉层厚，有脱落现象，外壁下腹部施透明釉，透出赭红胎色（彩版三〇，4）。

标本T1H3：2-1~6，碗口沿或腹部残片。红胎。敞口，圆唇。内外壁施化妆土，化妆土厚薄不均，制作过程中在器表留下的平行旋纹过于明显，起棱处化妆土覆盖不严而露胎色，施透明釉或浅黄色釉后，使黄白色器表中呈现出道道赭色同心圆细线或条带（彩版三一，1）。

（二）素烧器

盘口瓶

标本T1H3：59，小盘口，短细颈，圆肩，深弧腹斜收，假圈足。外壁敷化妆土。通高14.1、口径4.8、底径6厘米。（图六一，1；彩版四〇，3）。

豆

标本T1H3：28，红胎。通体敷化妆土，宽平沿面露红胎。通高8.6、口径14.8、底径7.9厘米（图六一，2；彩版四一，3）。

罐

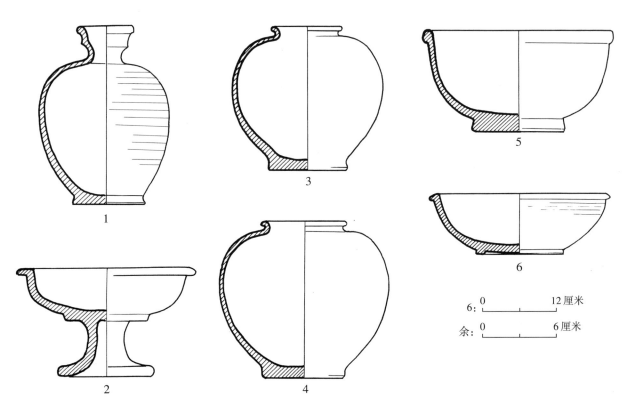

图六一　T1H3出土素烧瓶、罐、碗、盆
1. 盘口瓶 T1H3：59　2. 豆 T1H3：28　3、4. 罐 T1H3：27、T1H3：29　5. 碗 T1H3：43　6. 盆 T1H3：24

标本 T1H3：40，红胎。小口，厚圆唇，短颈，圆肩，深鼓腹，假圈足，足沿外撇，边缘修刮。器表敷化妆土。通高 22、口径 9.5、底径 11.3 厘米（彩版四二，2）。

标本 T1H3：34，红胎。小口，卷沿，圆唇，广圆肩，鼓腹，假圈足，足沿略外撇，边缘修刮。器表敷化妆土，器表轮制痕迹明显。通高 14.6、口径 8.8、底径 9.1 厘米（彩版四二，3）。

标本 T1H3：27，红胎。小口，卷沿，圆唇，宽圆肩，鼓腹，假圈足，足沿略外撇，边缘修刮。器表敷化妆土。通高 11.4、口径 5.8、底径 6.6 厘米（图六一，3；彩版四二，4）。

标本 T1H3：29，红胎。小口，卷沿，圆唇，宽圆肩，鼓腹，假圈足，足沿略外撇，边缘修刮。器表敷化妆土。通高 12.4、口径 7、底径 6.9 厘米（图六一，4；彩版四二，5）。

碗

标本 T1H3：43，红胎。厚圆唇，深曲腹，假圈足。内外壁施化妆土。口径 16.5、底径 8.5、高 7.8 厘米（图六一，5；彩版四四，4）。

盆

标本 T1H3：24，红胎，质粗硬。大敞口，折沿，曲壁，浅挖圈足，足沿略外撇。内外壁敷化妆土。口径 28.2、底径 14.2、高 9.6 厘米（图六一，6；彩版四四，6）。

佛弟子坐像

标本 T1H3：45，红胎，合模制。造型较大。头残，背部亦残。内着右衽内衣，外着斜披袒右大衣，左臂残，右臂持串珠自然下垂，右手顺置于膝部，结跏趺坐。外壁施有化妆土。残高 15.9 厘米（图六二，1；彩版四七，1）。

跪姿人像

标本 T1H3：79，砖红胎。造型小巧。额顶头发中分，梳向两侧，分别内折环绾束成双髻。身

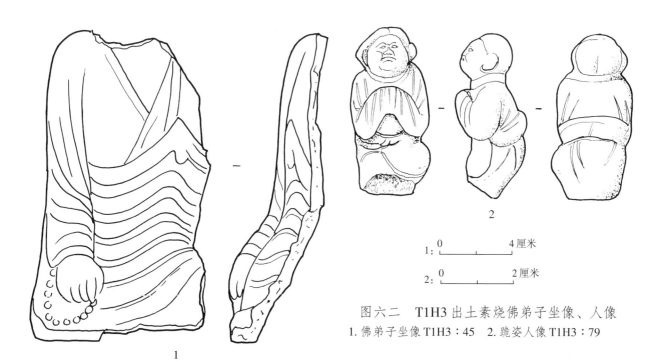

1：   0 　　　　　　 4厘米

2：   0 　　　　　　 2厘米

图六二　　T1H3 出土素烧佛弟子坐像、人像
1. 佛弟子坐像 T1H3：45　　2. 跪姿人像 T1H3：79

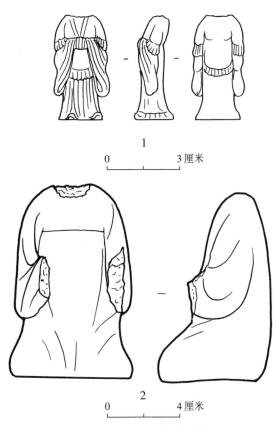

图六三　T1H3 出土陶俑
1. 女立俑 T1H3：15　2. 坐俑 T1H3：47

着圆领窄袖袍服，腰部横缠条形囊带，左胯前挂扁圆形革囊。作长跪状，折腰前倾，双手隐袖中，拱于胸际，头仰抬，蹙眉，面容愁苦，如泣如诉。膝部以下残。外表敷化妆土。残高4.5厘米（图六二，2；彩版四九，3）。

（三）陶器

女立俑

标本 T1H3：15，红陶。合模制成。小巧精制。呈拱手伫立状，头残。内着高腰及胸长裙和开胸交领短衫，裙裾下露出高头履。外套交领紧身广袖百褶衣裾短大衣，大衣的长袖上部为装饰性假半臂样式，袖口出双层花边，上层为展开式葵叶口花边，下层束成百褶花边，以呼应垂弧形衣裾上的百褶装饰，假半臂袖口下接宽长的大袖。长裙下摆两侧边裾亦做成百褶花边。残高4厘米（图六三，1；彩版七三，1、2）。

坐俑

标本 T1H3：47，属乐俑。红陶。头、手均残，身着交领对襟宽袖衫，束胸长裙，呈跪坐状。残高9.6厘米（图六三，2；彩版七七，5）

（四）模具

贴花模

标本 T1H3：32，红陶。为植物花叶模，一侧残断。叶茎叶脉清晰。高6.8、厚1.9厘米（彩版九四，2）。

立俑模

标本 T1H3：41，红陶。为小型男立俑正面模。头戴长方形笼冠，面部略偏向左前方，着圆领窄袖袍服，左肩略耸，腰束带，双臂自然下垂至腰胯两侧，立于踏板之上，左足伸出袍边之外。模外侧有合模刻槽记号。模通高11、厚1.7厘米（图六四，1；彩版九七，2）。

高髻女俑头模

标本 T1H3：36，红陶。大型女俑头正面模。头发在鬓角两侧向外梳掠极为夸张，顶部高髻部分残断，面相丰腴，下颌及颈部残。模外侧有合模刻槽记号。模残高11.8、厚2.1厘米（图六四，3；彩版一〇〇，5）。

立俑右臂模

标本 T1H3：16，红陶。为窄袖长衫俑右臂内侧模。上臂衣袖表面光滑，有凹棱，表示其内

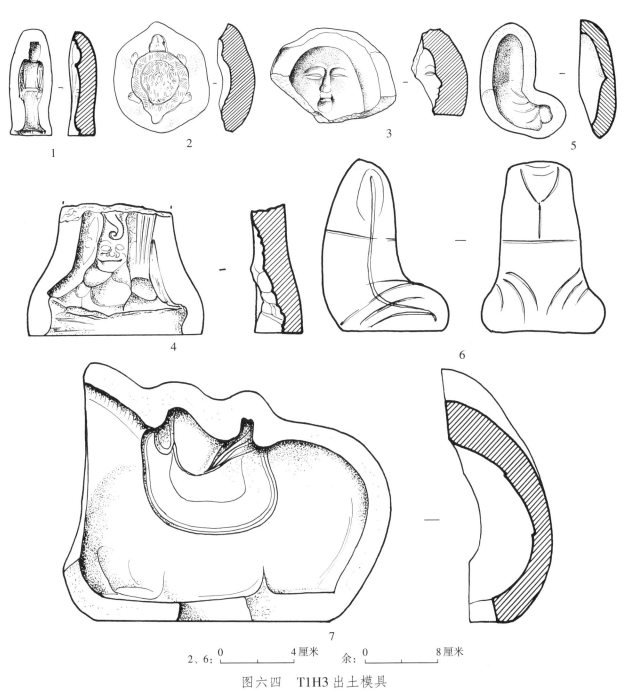

图六四　T1H3出土模具

1. 立俑模 T1H3：41　2. 龟模 T1H3：57　3. 高髻女俑头模 T1H3：36　4. 天王俑局部模 T1H3：25　5. 立俑右臂模
T1H3：16　6. 跪坐乐俑（音声俑）母模 T1H3：7　7. 鞍马背腹模 T1H3：26

衬有半臂。高 12.6、厚 1.2 厘米（图六四，5）。

天王俑局部模

　　标本 T1H3：25，红陶。天王俑足踏小鬼正面模。胫裹护腿胫甲，足踏小鬼四肢，小鬼尖首
阔鼻，吻部凸出，紧咬双唇，作痛苦挣扎状。线条清晰，刻划生动。模胫部以上残缺。残高 14.8、
厚 2.4 厘米（图六四，4；彩版一〇一，5）。

鞍马背腹模

标本 T1H3：26，红陶。大型鞍马腹背右侧模。背部披鞍鞯，造型简洁明快，腹下部留出二块平面，以便拼接分体模制的马腿，前部可拼接分体模制的马首。模外表有刻槽拼对记号。模高 27、厚 2.4 厘米（图六四，7；彩版一〇四，2）。

龟模

标本 T1H3：57，红褐陶。为龟上部背甲模。龟的头、尾、四足及背甲纹均刻划较为仔细。模具焙烧中变形。模径 5.7、厚 1.6 厘米（图六四，2；彩版一〇五，5）。

跪坐乐俑（音声俑）母模

标本 T1H3：7，为制作分体组合式跪坐乐俑（音声俑）模的母模。红陶土质地细腻，外表打磨光滑，头、手臂另制。身上阴刻出交领对襟衫，束胸长裙。跪坐状，臀后不出足尖。乐俑母模沿颈肩两侧直至膝部底面，绘有一条连续且闭合的赭红色线条，是制作分体式前后合模的半剖线标记。高 9.1 厘米（图六四，6；彩版一〇六，2）。

（五）窑具

垫圈

标本 T1H3：21，浅红色陶。圈足状，封顶，圆形顶面很平，底部内凹。顶面往往留有器物粘连疤痕（彩版一〇八，2）。

乳丁式三叉形支钉

标本 T1H3：31、T1H3：11、T1H3：78、T1H3：82，浅红色陶。叉端之间相互连线成等边三角形，底平，叉脊隆鼓成弧面，叉端凸起呈尖部向上的短小乳丁状。多数因与烧成器物粘连，在与器物分离时乳尖折损而废弃。制作较规整，有大小之分，叉背上往往留有器物焙烧过程中流淌下的釉汁。叉长 4~4.5、叉端高 2~2.5 厘米（彩版一〇九，1）。

弧刃式三叉形支钉

标本 T1H3：33，红陶。一叉稍残。三叉脊拱起，叉端着地，叉脊正面呈弧刃状，中心汇接点稍凹，叉背上往往留有釉痕。叉长 9.5、高 3 厘米（彩版一〇九，3）。

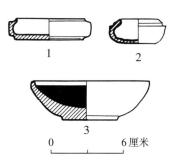

图六五　T1H3 出土窑瓷盒、碗
1、2. 白釉瓷盒 T1H3：62、T1H3：44
3. 黑釉瓷碗 T1H3：35

（六）瓷器

白釉瓷盒

标本 T1H3：62，残。白瓷胎。盖缺。内直口式子母口，盒壁直，腹浅，近底部内折，弧出平底。除子母口及底部外，内外均施白釉，釉面开片。复原口径 5.2、高 1.85 厘米（图六五，1；彩版一一四，3）。

标本 T1H3：44，白瓷胎。盖缺。内敛口式子母口，弧壁收成圈底，底心略内凹。除子母口沿及圈底处露胎外，器内外皆施白（透明）釉。口径 2.4、高 2 厘米（图六五，2；彩版一一四，6）。

黑釉瓷碗

标本 T1H3∶35，浅灰色胎，较粗糙。敞口，圆唇，浅腹，斜壁，假圈足。内壁施酱黑色釉，口沿一周及外壁不施釉。复原口径 9.8、底径 4.6、高 3.2 厘米（图六五，3；彩版一一七，6）。

四　T2H2 出土遗物标本

（一）釉陶器

1. 单色釉陶器

绿釉盘口瓶

标本 T2H2∶3，红胎。盘口残。短细颈，丰圆肩。外壁施化妆土，肩腹以上施绿釉。肩腹部有二处圆形粘釉疤痕。残高 8 厘米（彩版五，3）。

标本 T2H2∶27，红胎。口沿残片。质较粗硬。外壁及口沿内侧敷化妆土，施浅绿色釉，有流釉及浓淡不一的晕染效果。器口及折棱处有脱釉现象（彩版五，4）。

黄釉罐

标本 T2H2∶15，口沿残片。红胎。直口。内外壁敷化妆土，施单色黄釉（彩版七，1）。

绿釉水注

标本 T2H2∶35，粉胎，坚硬。敛口，圆唇，唇外有一周凹弦纹，鼓腹，器腹一侧留孔，管状流脱落。内外壁敷化妆土。器表满施绿釉，釉中有脏点（彩版九，1）。

黄釉碟

标本 T2H2∶75，红胎。敞口，圆唇，浅盘，斜壁微弧，小平底。内外壁敷化妆土，内壁施姜黄色釉，局部化妆土淡薄，透出赭褐胎色。外壁无釉，底部有粘连疤痕。复原口径 10.7、底径 4、高 4.5 厘米（彩版一三，4）。

酱黄釉方形花砖

标本 T2H2∶40，为花砖一角的残块。白胎。砖面刻阴线宝相花纹，施酱黄色釉，砖背面无戳孔（彩版一五，1）。

绿釉板瓦

标本 T2H2∶37，琉璃板瓦残片。白胎。质细密，火候高。仅在中部施绿釉，边缘与筒瓦扣合处不施釉。宽 15.8、厚 1.3 厘米（彩版一五，2）。

2. 三彩器

瓶

标本 T2H2∶74，胎呈米黄色。口残，宽圆肩，腹斜收成小平底。通体乳白色釉，翠绿色釉随意地点染肩部一周，为点状或细条状，分布稀疏。脱釉严重，釉面干涩无光泽，且有大量针眼状气孔存在。残高 8.8、底径 4.3 厘米（彩版一六，3）。

标本 T2H2∶12，红胎。残片。仅外壁施化妆土，施绿釉和黄釉，烧成后，釉面呈豆绿、烟黄色交错淋漓流淌的效果，之间釉薄处透出化妆土的白色，使流釉在变化中呈现出幻化莫测的韵律（彩版一七，1）。

标本 T2H2：13，红胎。瓶腹残片。内施透明釉，呈赭色红胎色。外壁施化妆土，先通施黄釉，然后再施绿色釉，在垂流中交相浸染，釉面光亮，有冰裂纹（彩版一七，2）。

标本 T2H2：14，红胎。瓶腹部残片。外壁敷化妆土，施绿釉和黄釉，在焙烧中垂流交错，釉薄处露白化妆土色（彩版一七，3）。

豆

标本 T2H2：8，柄足下部残。豆盘为宽折沿，弧腹，饼形底接喇叭形柄足。内外壁施化妆土，仅在豆盘外壁施釉，为黄、绿、白三色交错掩映，釉色莹丽，光亮鲜艳。复原高 8.7、口径 13.4 厘米（图六六，1；彩版一八，1）。

标本 T2H2：4 、T2H2：76、T2H2：69-1~2、T2H2：107，均为豆盘残片。红胎。内外壁施化妆土，豆盘外壁施釉，为黄、绿、白相间，黄釉为浓淡不一的茶黄色，呈泼流状，绿釉为嫩绿色，呈散点式点染，且往往与透明（白）釉相伴相映，斑斓美丽，繁而不乱（彩版一九）。

标本 T2H2：96 、T2H2：97，豆盘残片。红胎。火候高。平折沿，圆唇。内外壁均施化妆土，外壁罩一层黄、绿釉，由于火候过高等原因，釉色较深，呈褐色、墨绿色与黄白色交织缭绕的色调，胎釉结合较好，玻化程度高（彩版二一，2）。

标本 T2H2：11，豆盘残片。红胎。平折沿，圆唇，饼状盘底。内外壁均施化妆土，外施黄、绿、白釉，三色参差错杂点染，斑驳陆离，釉面平滑光亮（彩版二三，1）。

标本 T2H2：77，豆盘残片。红胎。内外壁施化妆土，口沿及外壁施绿、黄色釉。器表有滚釉、釉泡现象，唇沿有压釉现象（彩版二三，2）。

三彩水注残片

标本 T2H2：24-1~3，粉胎。质较粗硬。从残片观察，器形为敛口，圆唇，唇外有一周凹弦纹，鼓腹，有管状流。坯体内外壁均敷化妆土。口沿至外壁交错点施蓝、赭黄、绿白（透明）等斑块状釉彩。白釉处釉层覆盖稀薄，中心点处往往无釉（彩版二六，1）。

盂

标本 T2H2：22-1~2 、T2H2：70-1~2，口沿残片。粉胎。内外壁敷化妆土，交错施斑块状黄釉、绿釉和白釉，个别点缀有蓝釉斑点，釉色光亮，色彩密而不臃，形成斑斓美丽的效果（彩版二八，1）。

碗

标本 T2H2：21，蓝花加彩碗。残，可复原。粉胎，胎质较粗，坚硬。敞口，尖唇，曲腹，矮圈足。坯体内外壁敷白化妆土。先在碗内底中心及其周围以点蘸法施蓝彩梅花点花

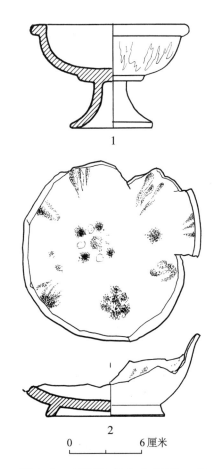

图六六　T2H2 出土三彩豆、碗
1. 豆 T2H2：8　2. 碗 T2H2：21

纹；内壁及口沿处则以蘸拖（渐行渐提笔）的方式，在一周等分间隔距离上，高低错落、聚散有致地施以条簇状蓝彩，并在蓝彩间略微点缀少许黄、绿彩点，然后再整体罩一层透明釉。以碗内壁为主的釉彩幽雅悦目，疏朗有致，器壁外侧仅在口沿下施蓝、绿及透明釉，下部及足部露化妆土。底径9.6、高6.3厘米（图六六，2；彩版二九，1）。

枕

标本T2H2∶28-1、2，长方形箱式枕枕面残片。白胎。外壁施化妆土，枕面刻印有排列整齐的小花卉，花瓣施以对称蓝釉和绿釉，花心点蘸黄釉，白色或绿色釉铺地（彩版三二，1）。

标本T2H2∶30，长方形箱式枕枕面残片。白胎，胎质细腻。外壁施化妆土，枕面印有阴线宝相花和朵花纹，花叶间分别填褐、白、黄三色，绿釉铺地（彩版三二，2）。

标本T2H2∶32-1、2，长方形箱式枕周壁转角部位残片。从残片看，枕面中部微凹，印有成排的三彩花卉。施棕黄色釉和白釉，形成豹皮般黄白相间、斑驳陆离的效果。底部不施釉。高5.8厘米（彩版三三，1）。

俑身残片

标本T2H2∶33，残损过甚。白胎。外表施黄绿釉。残高3.5厘米（彩版三六，2）。

（二）素烧器

盒盖

标本T2H2∶31。盖纽残。白胎，胎质细腻。外表不施化妆土。该器盖虽上有釉汁，但尚未焙烧就废弃了，其上留有施釉的痕迹，并且在埋藏过程中与土锈等物质结合而使痕迹得以保留。观察表明，直接在胎体表面施就的釉汁痕迹略凸起于器表，一组围绕器纽作连续叶瓣纹，叶瓣中间各一点纹，盖周边一组为密集的点状纹。口径10.2、残高3厘米（图六七，1；彩版四五）。

佛弟子坐像

标本T2H2∶10，红胎。内着袒右僧祇支，上有覆肩衣，外着斜披袒右袈裟，结跏趺坐，宽肩，胸略圆鼓。袈裟挂左肩顺左臂垂下，另一端从右肋经腹前锐折搭于左肘，褶皱复杂。双手合拢于手套筒内，自然搭置于腹股之间，袖口较宽。双膝呈八字盘曲，隐于裙内，裙裾上提，边脚披于手下。外表薄施化妆土。残高12.5厘米（图六七，2；彩版四六，2）。

青年佛弟子造像头像

标本T2H2∶29，砖红胎。颈部用化妆土绘出内衣领部形状，为施釉衬底形、底色。残高6.5厘米（图六七，3；彩版四八，1、2）。

（三）陶器

双球形圆顶幞头男俑头

标本T2H2∶39，红陶。残高6厘米（图六八，1；彩版五六，3）。

标本T2H2∶2，红陶。残高3.2厘米（图六八，2；彩版五七，4）。

附抹额幞头男俑头

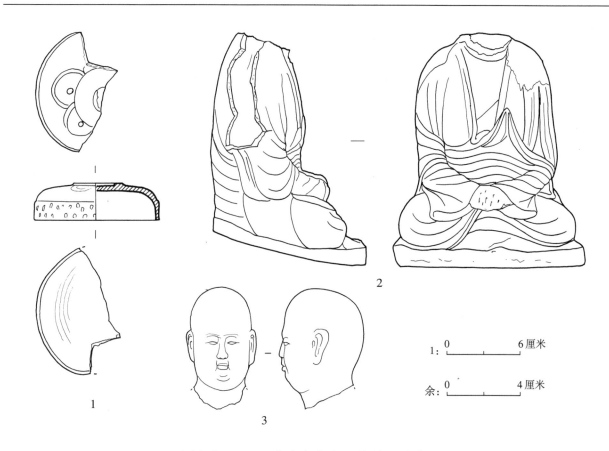

图六七　T2H2 出土素烧盒、佛弟子造像
1. 盒 T2H2：31　2. 佛弟子坐像 T2H2：10　3. 青年佛弟子造像头像 T2H2：29

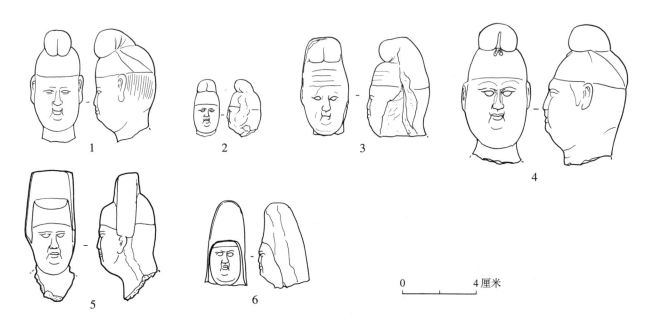

图六八　T2H2 出土陶俑
1、2. 双球形圆顶幞头男俑头 T2H2：39、T2H2：2　3. 附抹额幞头男俑头 T2H2：1　4. 系脚幞头胡俑头 T2H2：17
5. 平顶笼冠男俑头 T2H2：62　6. 覆项式风帽男俑头 T2H2：5

标本 T2H2：1，红陶。合模制成。额际幞头罗外扎缚有额带，即抹额。幞头顶部较窄，显得更加高耸。面部呈胡人形象。残高 5.4 厘米（图六八，3；彩版五八，2）。

系脚幞头胡俑头

标本 T2H2：17，幞头顶部呈双球形圆顶，反系二前脚于髻前中央，伸出短短的"八"字形脚头。胡人形象。残高 7.8 厘米（图六八，4）。

平顶笼冠男俑头

标本 T2H2：62，红陶。合模制成。戴平顶笼冠，笼冠两侧垂至耳部。残高 7 厘米（图六八，5；彩版六二，3、4）。

披幅覆项式风帽男俑头

标本 T2H2：5，红陶。戴高顶披幅覆项式风帽，帽的后部呈披幅覆项的垂弧形。额际风帽边缘下显露出额带（抹额）类头饰。似为胡人形象。鼻头部有残损。残高 4.6 厘米（图六八，6；彩版六三，3）。

薄鬓蝉翼类梳髻女俑头

标本 T2H2：18，红陶。大型。以额际发中隐约表现出的半环形衬垫为依托，两侧鬓发更加上翘，展如蝉翼，头后浓发上梳至额顶绾成一髻，结髻蓬松，髻体较长，偏抛左侧。蝉鬓后侧双耳外露。面部残损较甚。残高 15.1 厘米（彩版六六，1）。

男立俑

标本 T2H2：72，红陶。头残。身着圆领窄袖缺骻袍，腰束革带，背部左侧革带后部铊尾头折下，正面缺骻袍，左前裾下摆上提，披于腹部革带下，下部一侧露出襕袴。左手置于腰间，右臂上曲，掌心向上，与肩齐平，似承托物件，两足作"丁"字形立于长条形踏板上。残高 17.2 厘米（图六九，1；彩版七一，2）。

女立俑

标本 T2H2：7，红陶。高 15.5 厘米（彩版七五，2）。

标本 T2H2：26，红陶。头、手残。体态丰腴，内着袒胸开襟筒袖襦衫，束胸长裙曳地，高头履，头部露出裙裾之外，伫立于踏板之上。残高 16.5 厘米（图六九，2；彩版七六，1）。

标本 T2H2：16，红陶。头残。身材纤细，溜肩，呈恭立状。内着宽袖襦衫，束胸窄长裙曳地，右臂曲置于胸前，左臂贴体自然下垂。残高 6 厘米（图六九，3；彩版七六，2）。

标本 T2H2：59，红陶。头残。着男式圆领袍服，袍内似衬有半臂。腰部斜系略为松弛的革带，革带后部铊尾头折下。胯部左扭，右肩侧倾，右手曲置胸前，左臂衣袖摆拽向后，为侍奉受命的动态瞬间造型，彰显女子特有情态。残高 7.7 厘米（图六九，4；彩版七六，3、4）。

坐俑

标本 T2H2：60，红陶。头残。形状最小，袍服细节已无从表现，仅具轮廓而已，双手捧物置于胸前，双腿略盘曲，交脚。残高 3.5 厘米（图六九，5；彩版七八，1）。

标本 T2H2：61，红陶。着圆领宽袖袍服。残高 5.2 厘米（图六九，6；彩版七八，2）。

俑连袖手臂残块

标本 T2H2：25，红陶。曲臂，袖口露腕，手残。残高 6.5 厘米（图六九，7；彩版八一，4）。

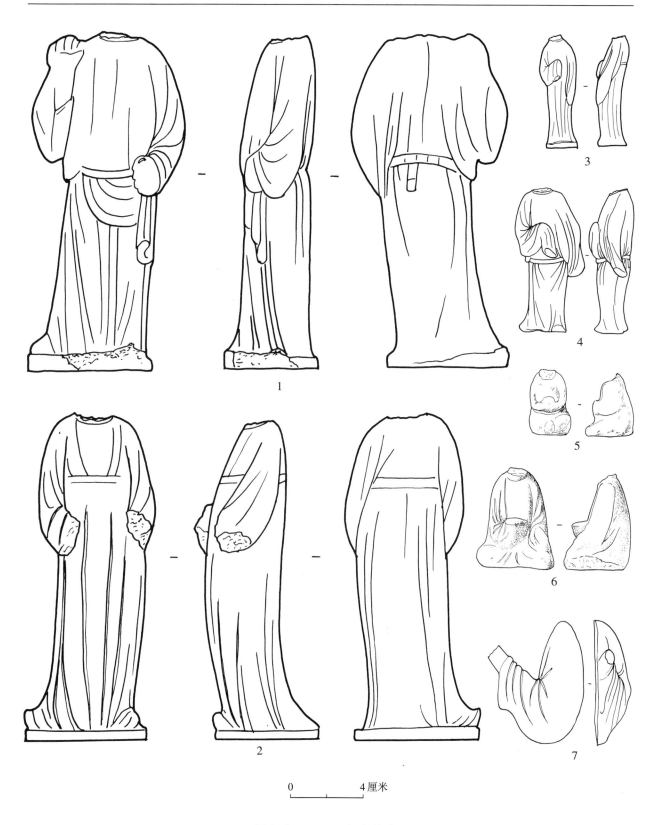

0 　　　　4厘米

图六九　T2H2 出土陶俑

1. 男立俑 T2H2：72　2~4. 女立俑 T2H2：26、T2H2：16、T2H2：59　5、6. 坐俑 T2H2：60、T2H2：61　7. 陶俑连
袖手臂残块 T2H2：25

小鬼（夜叉）残块

标本 T2H2：20，红陶。竖发上端残，耳稍短，颈部以下残。残长 10.6 厘米（图七〇，1；彩版八六，5）。

标本 T2H2：23，红陶。尖首，毛发竖立，短额长耳，眉弓粗大，眼眶深陷，眼珠凸出，塌鼻，鼻孔朝上，吻部凸出，大嘴，面容丑陋。裸身，肢体残，呈伏地屏息挣扎状。残高 15 厘米（图七〇，2；彩版八六，6）。

镇墓兽握持之蛇

标本 T2H2：64，红陶。身首粗细相若，长眼眶中圆睛凸出，头部有弧线刻纹。残长 3.8、头宽 1.6 厘米（图七〇，4；彩版八五，5）。

蛇

标本 T2H2：65，红陶。残长 6.3、头宽 3.1 厘米（图七〇，5；彩版九〇，3）。

鸡

标本 T2H2：63，红陶。头残。羽毛刻划精细，尾羽直翘，卧于椭圆形实心座上。残高 4.4、残长 6 厘米（图七〇，3；彩版九一，2）。

八瓣九蕊莲花纹瓦当

标本 T2H2：6，泥质灰陶。残缺。当轮较宽，向内一周减地联珠纹，再向内为细凸棱圆圈界栏，其内为八瓣莲花。莲瓣两头较尖，瓣面扁平，莲瓣间饰弧边三角形隔棱。瓦当中心为莲篷状花心，圆圈状界棱不明显，内饰九个凸点状莲子纹。当径 12.4、轮径 1.9 厘米（彩版九二，3）。

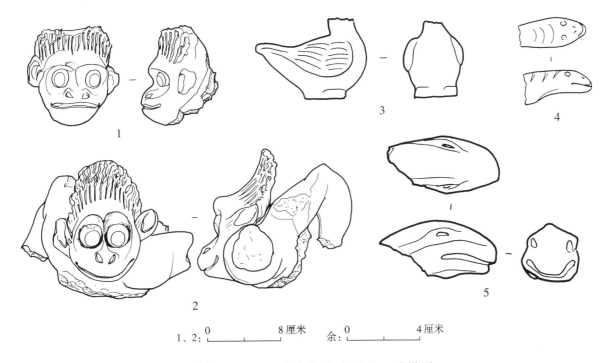

图七〇　T2H2 出土陶小鬼及蛇、鸡模型

1、2. 小鬼（夜叉）残块 T2H2：20、T2H2：23　3. 鸡 T2H2：63　4. 镇墓兽握持之蛇 T2H2：64　5. 蛇 T2H2：65

筒瓦残块

标本 T2H2：36，泥质灰陶。瓦面打磨光亮，内面有麻布衬印痕迹。厚 1.5~1.7 厘米（彩版九三，1）。

兽面砖残块

标本 T2H2：38，残。灰陶。为兽面鼻口部。阔鼻扁平，口半张露齿欲吐舌，唇下有须。残宽 14、厚 3~4.8 厘米（图七一；彩版九三，2）。

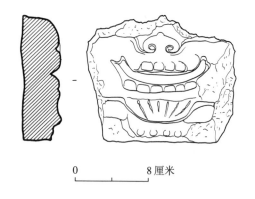

图七一　T2H2 出土兽面砖残块 T2H2：38

（四）模具

印花模

标本 T2H2：56，红陶。模轮廓为略呈椭圆形的饼形，花纹由凸起于模面的细线条构成，纹样不识。模长径 4.2、厚 0.9 厘米（图七二，1；彩版九四，4）。

立俑模

标本 T2H2：46，红陶。中型女立俑正面模。头戴高顶披幅护颈式风帽，风帽两侧的长弧形裙脚对合弯系于颌下，掩蔽双耳及颈项，仅露出面部。身着广袖袍服，腰间束带，双手含袖拱于胸前，神情肃穆。模外侧有合模刻槽记号。模高 20.8、厚 2.1 厘米（图七二，2；彩版九五）。

标本 T2H2：41，红陶。戴披幅覆项式风帽女立俑背面模。头部残。肩背部刻划出风帽弧形边底，长裙袍曳地，腰间束带。模残高 12、厚 1.3 厘米（图七二，3；彩版九六，2）。

标本 T2H2：42，红陶。戴披幅覆项式风帽女立俑背面模。头部残。肩背部刻划出风帽弧形边底，长裙袍曳地，腰间束带。模残高 12、厚 1.5 厘米（图七二，4；彩版九六，3）。

标本 T2H2：43，红陶。为中型立俑背面模。腰部以上残。袍服，腰束带。模残高 13.6、厚 1.8 厘米（图七二，5；彩版九六，4）。

标本 T2H2：49，红陶。立俑背后模。上部残。俑站立于圆形三叠式台座上，长裙袍没足，体右侧有带垂下。模残高 11.4、厚 1.5 厘米（图七二，6；彩版九六，5）。

标本 T2H2：9，红陶。女立俑正面模。头发由后向前上绾至顶部，再向两侧绕出对称的高耸双环髻，或即唐段成式《髻鬟品》中所称的"双环望仙髻"。身着褒博的衣裙，双手隐于广袖之内，拱于胸前。模外侧有合模刻槽记号。模高 9.7、厚 1.5 厘米（图七二，7；彩版九七，3）。

佛弟子像模

标本 T2H2：47，红陶。为佛弟子像正面模。光头，面目俊秀祥和，结跏趺坐，外穿袈裟，内着僧祇支。模高 18、厚 1.8 厘米（图七二，8；彩版九八，1）。

舞人俑模

标本 T2H2：48，红陶。舞人正面模，上部及右侧残。上体裸，赤膊，腰束带，裹胫，跣足，披及地长巾帛。残长 16.1、厚 1.2 厘米（图七二，9；彩版九七，6）。

半身胸像女俑模

标本 T2H2：44，红陶。半身胸像女俑正面模。头发由后向前上绾至顶部偏左束成一圆形单髻，头上扬，面相丰腴，神态自得。上、下部各残一角。模外侧有合模记号。模高 12.3、厚 1.3

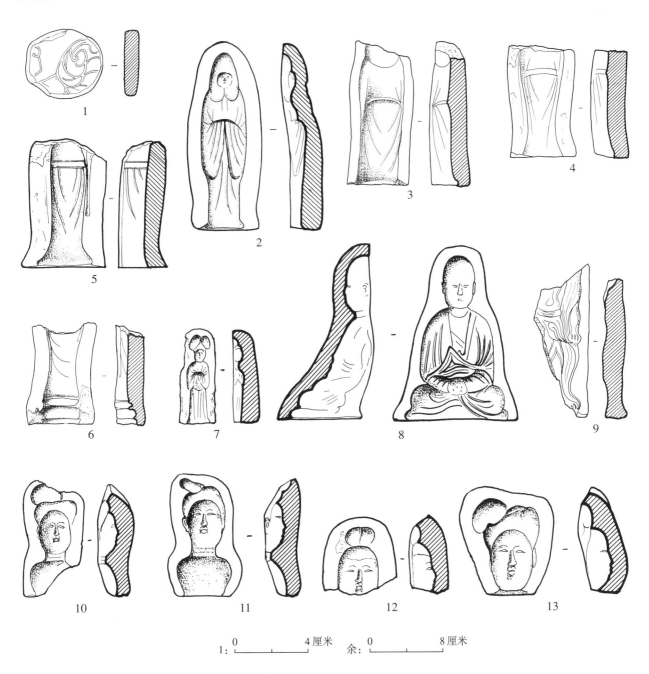

图七二　T2H2 出土模具

1. 印花模 T2H2：56　2~7. 立俑模 T2H2：46、T2H2：41、T2H2：42、T2H2：43、T2H2：49、T2H2：9　8. 佛弟子
像模 T2H2：47　9. 舞人俑模 T2H2：48　10、11. 半身胸像女俑模 T2H2：44、T2H2：45　12. 幞头俑头模 T2H2：52
13. 高髻女俑头模 T2H2：53

厘米（图七二，10；彩版九九，2）。

标本 T2H2：45，红陶。半身胸像女俑正面模。头发由后向前上绾至顶部偏左束成一前倾侧
立式单髻，头上扬，细眉长眼，肌肤丰腴，气质高贵。模外侧有合模刻槽记号。模高 13.2、厚
1.3 厘米（图七二，11；彩版九九，3）。

幞头俑头模

标本 T2H2：52，红陶。中型俑头正面模。下颌部残。戴高顶幞头，额间幞头边缘在眉宇间出有向下的弧边折角，细眼凝视上方，小口厚唇，似为女扮男妆之像。模外侧有合模刻槽记号。模残高 8.8、厚 1.7 厘米（图七二，12；彩版一〇〇，2）。

高髻女俑头模

标本 T2H2：53，红陶。中型女俑头部正面模。头发由后向前上梳至顶部左侧，绾一前倾侧垂式单髻。头上扬，面部丰圆，下颌丰满，隐然可见。模外侧有合模刻槽记号。模高 11.5、厚 1.5 厘米（图七二，13；彩版一〇〇，4）。

骆驼模

标本 T2H2：50，红陶。骆驼右侧模，下部略残。双峰驼呈昂首站立状，轮廓清晰。模高 18、厚 2.6 厘米（彩版一〇三，2）。

鸡模

标本 T2H2：51，红陶。鸡左侧模，形体较小，轮廓清晰，线条流畅。模内公鸡呈伏卧状。模外刻定位沟槽。模长 10.5、高 8.3、厚 2.1 厘米（图七三，1；彩版一〇五，4）。

马头模

标本 T2H2：55，红陶。马头右侧模。轮廓清晰，线条准确。模长 16、高 8.5、厚 2.5 厘米（图七三，2；彩版一〇四，1）。

水禽头模

标本 T2H2：54，红陶。水禽头部左侧模，羽毛刻划细腻，眼、耳、鼻、喙等准确传神。喙尖部残断。模外侧刻有定位记号的沟槽。模长 14.5、高 11.2、厚 2.2 厘米（图七三，3；彩版一〇五，2）。

（五）窑具

垫柱

标本 T2H2：78，浅红色陶。泥条盘筑。亚腰管柱状，上下贯通（彩版一〇七，1）。

标本 T2H2：85，残。红陶。形态较大，手制。呈柱状，上封口，中空。垫柱端面有与器物粘连疤痕，柱身有褐色流釉。残高 11、径 6.3 厘米（图七四，1；彩版一〇七，3）。

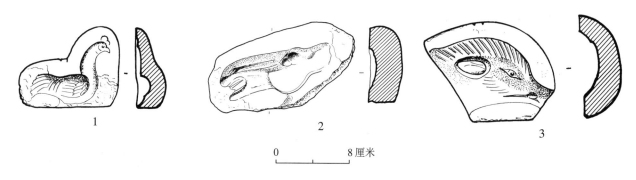

0　　　　　8厘米

图七三　T2H2 出土模具

1. 鸡模 T2H2：51　2. 马头模 T2H2：55　3. 水禽头模 T2H2：54

垫圈

标本 T2H2：90、T2H2：94、T2H2：95，红陶。圈足状，封顶，圆形顶面很平，底部内凹。顶面往往留有器物粘连疤痕。高 2.3~3.9、径 4.9~5.1 厘米（图七四，2；彩版一〇八，2）。

垫饼

标本 T2H2：34，红陶。实心圆柱形。高 3.2、径 3.4 厘米（彩版一〇八，3）。

（六）瓷器

外黑内白釉瓷敛口钵

标本 T2H2：57，灰白瓷胎。敛口，圆唇，弧腹斜收成小平底。内壁施白釉，外壁施酱黑色釉，局部釉层较薄、色淡。唇部一周露胎。口径 4.4、底径 1.3、高 2.6 厘米（图七五，1；彩版一一六，2）。

外黑内白釉瓷碗

标本 T2H2：58，侈口，曲腹，圈足。复原口径 10.4、底径 5.6、高 4 厘米（图七五，2；彩版一一六，6）。

（七）其他

坩埚

标本 T2H2：71，上部残。耐火陶土制成，青灰色。直壁，圜底。内壁附着溶渣，外壁亦有溶渣和红褐色玻璃态物质附着。口径 5.9、壁厚 0.8、残高 6.5 厘米（彩版一二〇，3）。

铜泡钉

标本 T2H2：68，铜质。锈迹斑驳。中间呈圆冠状突起，四周为四曲椭圆形，圆冠内顶正中出一钉。长径 7、短径 4.9、钉长 2.9 厘米（图七六）。

五　T3H1 出土遗物标本

（一）釉陶器

1. 单色釉陶器

蓝釉盘口瓶

标本 T3H1：44，白胎。整件器物小巧玲珑。小盘口，翻沿，圆唇，短细颈，丰肩，鼓腹，下腹缓收，假圈足，沿略外撇。仅在腹中部以上施蓝釉，釉上附着一层致密不疏的土锈。通高 7.8、口径 3.2、底径 3.6 厘米（图七七，1；彩版六，3）。

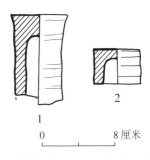

图七四　T2H2 出土窑具
1. 垫柱 T2H2：85　2. 垫圈 T2H2：94

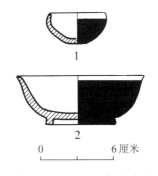

图七五　T2H2 出土瓷碗
1. 外黑内白釉瓷敛口钵 T2H2：57
2. 外黑内白釉瓷碗 T2H2：58

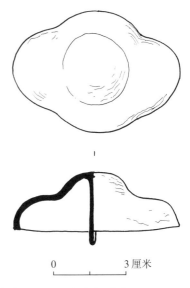

图七六　T2H2 出土铜泡钉 T2H2：68

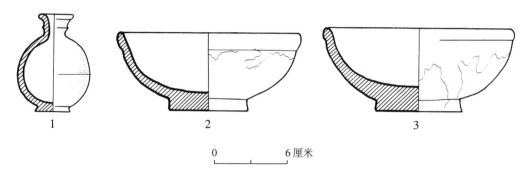

图七七　T3H1 出土单色釉陶瓶、碗
1. 蓝釉盘口瓶 T3H1：44　2、3. 黄釉碗 T3H1：8、T3H1：32

绿釉盘口瓶

标本 T3H1：69，口沿残片。红胎。质较粗硬。外壁及口沿内侧敷化妆土，施绿色釉（彩版五，4）。

黄釉罐

标本 T3H1：68、T3H1：82，罐腹部残片。红胎。内外壁敷化妆土，施单色黄釉（彩版七，1）。

黄釉碗

标本 T3H1：8，浅褐色胎。敞口，圆唇，唇外有一周凹纹，斜壁微弧，假圈足。未施化妆土，口沿内外壁施姜黄色釉，口沿外施一道赭红色釉，下露胎。内底有三叉形支具粘连疤痕。口径 15、底径 6.6、高 6.2 厘米（图七七，2）。

标本 T3H1：32，红胎。敞口，圆唇，唇外有一周凹弦纹，斜壁微弧，假圈足。内外壁敷化妆土，内壁施黄釉，外壁上部施黄釉，有流釉现象，下露胎。碗内底部有三叉形支具疤痕。口径 15.2、底径 7、高 6.6 厘米（图七七，3；彩版一一，4）。

黄釉碟

标本 T3H1：13、T3H1：73，红胎。敞口，圆唇，浅盘，斜壁微弧，小平底。内外壁敷化妆土，内壁施淡绿色釉，外壁不施釉。口沿处有烟熏缺陷。复原口径 11.5、底径 5.2、高 3.2 厘米（彩版一三，2、3）。

2. 三彩器

瓶

标本 T3H1：45，红胎。口残。细颈，丰肩，鼓腹，下部斜收，假圈足略外撇，边缘修刮。外壁施白化妆土，先在肩部蘸少许绿釉汁，然后分别以绿、褐色釉汁施以颈部，在二次釉烧中使之自然垂流，间或相与浸润，疏朗有致。底部有与支具粘连疤痕，腹部亦有粘连疤痕。残高 9.5、底径 4.7 厘米（彩版一六，1）。

豆

标本 T3H1：47，豆盘残片。红胎。火候高。平折沿，圆唇。内外壁均施化妆土，外壁罩一层黄、绿釉，由于火候过高等原因，釉色较深，褐色、墨绿色与黄白色交织，胎釉结合较好，玻化程度高（彩版二一，2）。

标本 T3H1：48、T3H1：67-1~2，豆盘残片。红胎。内外壁均施白化妆土，然后以黄绿二色釉点染，烧成后，黄、绿、白三色深浅不一，错综掩映。白彩处实为透明釉覆盖的白化妆土色，白点处釉薄，有细小釉泡点（彩版二二，1）。

标本T3H1∶5，豆盘残片。红胎。平折沿，圆唇，饼状盘底。内外壁均施化妆土，外施黄、绿、白釉，三色参差错杂点染，斑驳陆离，釉面平滑光亮（彩版二三，1）。

敛口钵

标本T3H1∶58，粉胎，质稍粗，坚硬。敛口，厚方唇，鼓腹，底残。口部有一周凹弦纹，口沿外侧有垂胆形系，应为对称双系。器表施化妆土，交错蘸施蓝、绿、黄釉，釉薄处透出点点白色化妆土色。釉面光亮，有细小开片（彩版二六，3）。

碗

标本T3H1∶6，口沿残片。红胎。敞口，圆唇。内外壁施化妆土，化妆土厚薄不均，制作过程中在器表留下的平行旋纹过于明显，起棱处化妆土覆盖不严而露胎色，施透明白釉后，使黄白色器表中呈现出道道赭色同心圆细线或条带（彩版三一，1）。

坐俑

标本T3H1∶4，白胎。为坐姿女子，形态较小。长发自鬓角处向外梳掠呈抱鬟状，顺势自两鬓梳至脑后，底边内换形成菏叶边状，头顶挽成一髻，堕向额前俯偃下垂，或称之为"倭堕髻"。着宽袖襦衫，束胸长裙，双手拱于胸前，端坐在亚腰形座上作闭目养神状。俑坯体素胎上有一层化妆土，交错点蘸施以黄、绿、白、蓝釉汁，裙下摆及座流釉未及，露出白色素地。通高7.4、宽2.8厘米（图七八；彩版三五）。

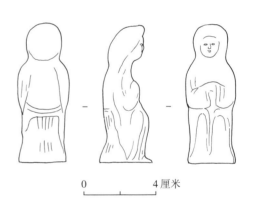

0　　　　　4厘米

图七八　T3H1出土三彩坐俑T3H1∶4

狮子残块

标本T3H1∶49，白胎。残损过甚，仅余颈部及前胸部位。颈部塑有卷鬃，粗绳项圈系铃，右前足抬起。周身饰绿釉，鬃、项圈及铃上点蘸棕黄色釉。土锈覆盖较甚。残长15厘米（彩版三四，3）。

（二）素烧器

敛口钵

标本T3H1∶3，红胎。敛口，唇向器内斜下，鼓腹，小平底。外壁敷化妆土，口部和肩部交错点施釉汁，但施釉后未及复烧。高3.1、口径2.3、底径2.4厘米（图七九，1；彩版四三，3）。

碗

标本T3H1∶23，红胎。厚圆唇，曲腹，假圈足。内外壁施化妆土，略发黄。口径16、底径7.8、高7厘米（图七九，2；彩版四四，3）。

标本T3H1∶18，红褐胎。敞口，厚圆唇，深曲腹，假圈足。内外壁施化妆土。口径14.4、

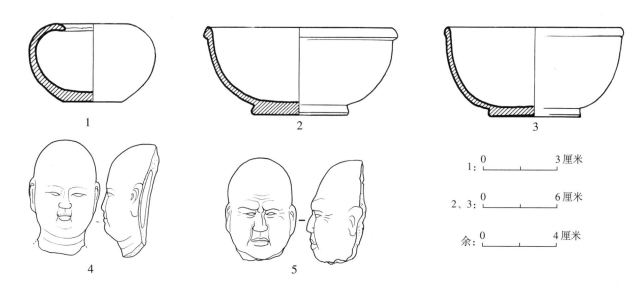

图七九　T3H1 出土素烧钵、碗及佛弟子造像

1. 敛口钵 T3H1：3　2、3. 碗 T3H1：23、T3H1：18　4.青年佛弟子造像头像 T3H1：51　5.老年佛弟子造像头像 T3H1：20

底径 7.6、高 7 厘米（图七九，3；彩版四四，5）。

青年佛弟子造像头像

标本 T3H1：51，红胎。前后合模制成。颈部残断，头后半部残。剃发。未施化妆土，据同类器 T3H3：3、T2H2：29 定为素烧器。残高 6.1、宽 3.8 厘米（图七九，4；彩版四八，4）。

老年佛弟子造像头像

标本 T3H1：20，红胎。前后合模制成。剃发，额头、眼角、嘴角均刻划有皱纹，眉头紧锁，面相愁苦。残高 5.5、宽 3.8 厘米（图七九，5；彩版五〇，1、2）

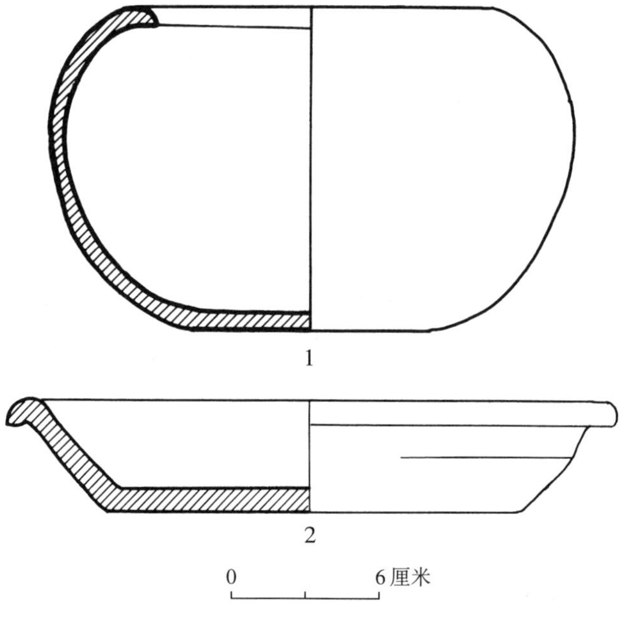

（三）陶器

敛口钵

标本 T3H1：1，红陶。敛口，唇内凹斜下，鼓腹，小平底。器壁较厚。高 13.2、口径 12.7、底径 8.5 厘米（图八〇，1；彩版五三，1）

盘

标本 T3H1：24，红陶。敞口，折沿，浅腹，斜直壁，平底。口径 24.8、底径 15.8、高 4.5

图八〇　T3H1 出土陶钵、盘

1. 敛口钵 T3H1：1　2. 盘 T3H1：24

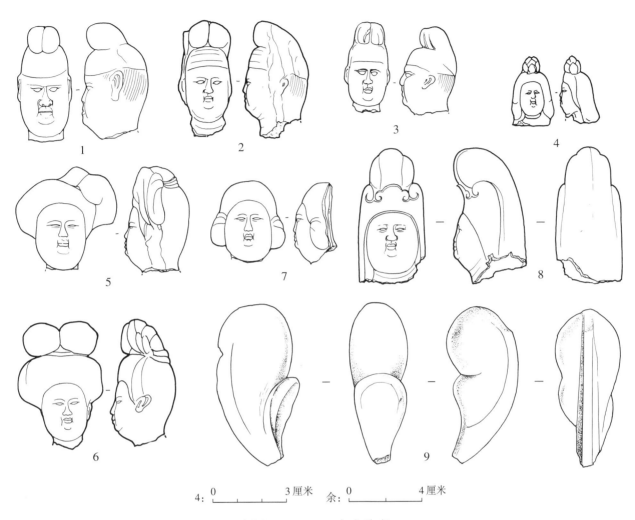

图八一　T3H1 出土陶俑

1. 双球形圆顶幞头男俑头 T3H1：55　　2. 附抹额幞头男俑头 T3H1：80　　3. 幞头胡俑头 T3H1：11　　4. 覆项披肩类梳髻女俑头 T3H1：28　　5、6. 薄鬓蝉翼类梳髻女俑头 T3H1：46、T3H1：16　　7. 中分下绾类梳髻女俑头 T3H1：21　　8. 卷檐虚帽女俑头 T3H1：19　　9. 分体高髻 T3H1：56

厘米（图八〇，2；彩版五三，6）

双球形圆顶幞头男俑头

标本 T3H1：55，红陶。残高 6.3 厘米（图八一，1；彩版五六，1）。

附抹额幞头男俑头

标本 T3H1：80，合模制成。额际幞头罗外扎缚有额带，即抹额。幞头顶部较窄，显得更加高耸。面部呈胡人形象。焙造前似未修刮合缝。残高 6.2 厘米（图八一，2）。

系脚幞头胡俑头

标本 T3H1：11，红陶。较小。残高 4.8 厘米（图八一，3；彩版六一，1、2）。

覆项披肩类梳髻女俑头

标本 T3H1：28，红陶。制作小巧。浓发覆项披肩，后部发梢内卷，形似荷叶边缘，两鬓厚发蓬松，遮耳抱颊，头顶部绾结成一前倾式圆髻。从发髻的表现方式观察，额际发中似有衬垫物，将顶部圆髻高高托起，特别之处在于头顶圆髻呈莲花形。残高2.8厘米（图八一，4；彩版六四，1、3）。

薄鬓蝉翼类梳髻女俑头

标本T3H1：46，红陶。以额际发中隐约表现出的半环形衬垫为依托，两侧鬓发更加上翘，展如蝉翼，头后浓发上梳至额顶缩成一髻，结髻蓬松，髻体较长，偏抛左侧。蝉鬓后侧双耳外露。残高5.1厘米（图八一，5；彩版六六，3）。

标本T3H1：16，红陶。两侧鬓发横展如蝉翼，后侧露出双耳，头后浓发上梳至额顶缩成并立的二个前倾式圆髻，额际发中似表现有条状衬垫物，将顶部二髻高高托起。面庞略小，神态恬静。残高6.6厘米（图八一，6；彩版六五，3）。

中分下缩类梳髻女俑头

标本T3H1：21，红陶。背面残。头发中分，向两侧梳拢，于双鬓处各缩一垂鬟髻，覆盖双耳，垂至腮旁。面相略带稚气。残高4.4厘米（图八一，7；彩版六八，2）。

卷檐虚帽女俑头

标本T3H1：19，红陶。头戴高顶披幅覆项式卷檐虚帽，帽顶呈弧尖形，且向前踏倾，鼓出三道圆弧凸棱，额前及两侧帽边折卷上翻，边缘作出朵云和卷涡纹造型，帽的后部呈披幅覆项的垂弧形。神情怡然。残高7.3厘米（图八一，8；彩版六八，3）。

分体高髻

标本T3H1：56，红陶。为分体单独制作的高髻。高髻呈前踏状，单体阴阳鱼样式，上部有一道脊棱，其左右阴阳对称，即一侧为凸弧顺滑面，另一侧带有内凹的折沟，分体制成后接粘于大型女俑头的后顶部。可能为义髻的一种。长8.6厘米（图八一，9；彩版六八，4）。

男立俑

标本T3H1：17，红陶。头残。该俑似表现男子展示力量和健美身材的动态瞬间，可归于力士一类。缺胯袍从上身脱下，系挽于腰间，双臂横展，贴身内衣掀至颈项之后，露出胸肌、腹肌等强健的筋肉，缺胯袍开衩处，露出分立的双腿，着靴。足部残，右靴筒一侧及衣袍正面底边塑有动物抓扯的爪子，推测足下应踏有怪兽。残高7.7厘米（图八二，1；彩版七二，3）。

女立俑

标本T3H1：29，红陶。合模制成。拱手伫立状，头残。内着袒胸交领右衽襦衫。长裙曳地。外套开襟、广袖宽、束腰、包边短礼服大衣，背部有衣料拼合中锋，大衣的长袖上部为假半臂样式，袖口束成喇叭状褶边，下接宽长的大袖。残高5.6厘米（图八二，2；彩版七三，1、2）。

标本T3H1：39，红陶。合模制成。拱手站立状，头残。内着交领襦衫，长裙曳地，裙外又系较为平展的前当围裙，外着开襟翻领广袖束腰大衣，衣裾与裙脚齐平。残高4.2厘米（彩版七三，3、4）。

男行俑

标本T3H1：41，红陶。头、肢体残。壮汉形象，体态魁伟壮硕，大腹便便，臀部浑圆。着一件兽皮制成的简单无袖短袍，肩部及下摆不加修饰，露毛边。赤膊，左臂系缠二道皮条。作健步行走状。残高18.5厘米（图八二，3；彩版七八，5）。

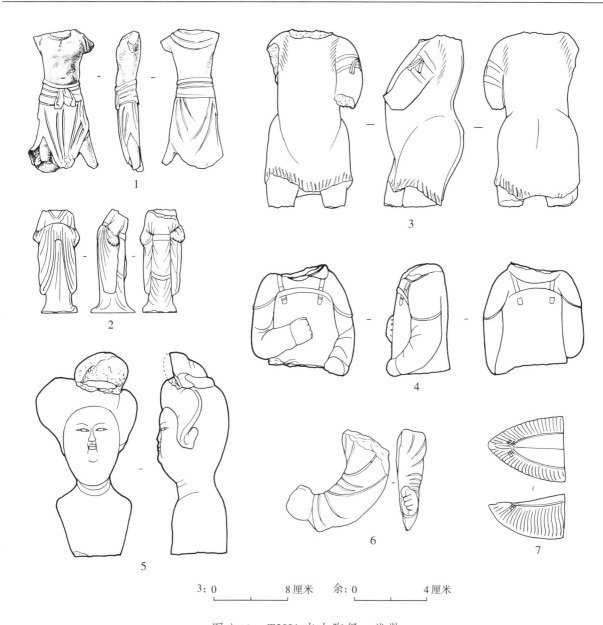

图八二　T3H1 出土陶俑、线鞋

1. 男立俑 T3H1∶17　2. 女立俑 T3H1∶29　3. 男行俑 T3H1∶41　4. 骑马俑 T3H1∶40　5. 高髻半身女俑 T3H1∶78
6. 俑连袖手臂残块 T3H1∶35　7. 俑线鞋 T3H1∶36

骑马俑

标本 T3H1∶40，砖红陶。仅见骑者残片。着窄袖袍服，两肩部覆护肩披膊，胸前背后着两合的皮制短甲，即文献中所称的"两裆"，前后两裆甲于肩部用皮带牵连。左手扶于马鞍部（残缺），右手握拳置于胸际。项部残存披幅覆项式风帽的垂弧状裙边。残高 6 厘米（图八二，4）。

高髻半身胸像女俑

标本 T3H1∶78，红陶。合模制成。面部丰满。以额际发中隐约显现的横条衬垫为依托，两侧鬓发翘展如蝉翼，头后浓发上梳至额顶挽成一前倾式髻，略偏左侧。髻顶残，蝉鬓后侧双耳外露。高 10.6 厘米（图八二，5；彩版八〇，4）。

俑连袖手臂残块

标本 T3H1：35，红陶。残长 6.5 厘米（图八二，6；彩版八一，4）。

线鞋

标本 T3H1：36，红陶。线鞋前部的横截式造型。平面呈弧边三角形，尖首，弧帮。鞋首部至鞋帮两侧用斜刀手法刻划密集的纵向平行线。鞋帮前部两侧，在对称的三道纵向平行线范围内，各刻划出二道短横线，形成"田"字形经纬线的网格，该部位正好是鞋面前部弯折部位。长 4.2、宽 3.3、高 2.5 厘米（图八二，7；彩版八一，6）

天王俑头

标本 T3H1：42，红陶。头戴仿兜鍪的皮弁式软帽，前额中部呈弧尖形，覆项式垂弧边后缘向上折翻，缘至顶部。粗眉张扬，怒目圆睁，鼻孔横张，咧嘴，切齿，作满腔愤怒状。残高 16.1 厘米（图八三，1；彩版八三）。

天王俑拳头残块

标本 T3H1：34-1~6，红陶。残长 3.4、宽 6.1、厚 2.2 厘米（彩版八四，4）。

天王俑花蕾饰件

标本 T3H1：57、59~62，红陶。天王俑双肩部装饰性饰物。花蕾由蕾、叶、茎三部分构成，其中蕾由扁橄榄形主蕾及四面凸起的蕾苞构成，四个苞突之下各衬一片花叶，其下为花茎。残高 6~6.5 厘米（图八三，3；彩版八六，1）。

天王俑珠形饰件

标本 T3H1：71、72，天王俑肩部饰物。圆珠形，其上有一至二道弧形阴线。直径 1.6~2.9 厘米（图八三，4、5）。

镇墓兽握持之蛇

标本 T3H1：33，红陶。身首粗细相若，长眼眶中圆睛凸出，头部有列行弧线刻纹。残长 8.5、头宽 2.4 厘米（图八三，2；彩版八五，4）。

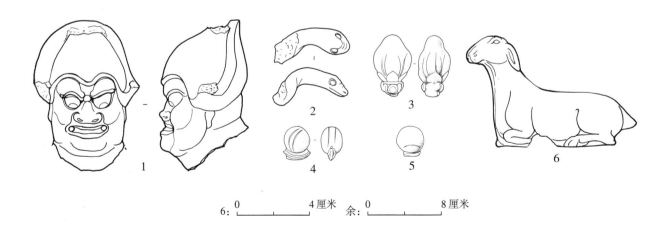

图八三　T3H1 出土陶天王俑及蛇、羊模型

1. 天王俑头 T3H1：42　2. 镇墓兽握持之蛇 T3H1：33　3. 天王俑花蕾饰件 T3H1：57　4、5. 天王俑珠形饰件 T3H1：71、72　6. 羊 T3H1：76

羊

标本 T3H1：76，红陶。卧姿，无犄角，长耳自然下垂，短尾。尚未与踏板粘合。高 6、长 9.2 厘米（图八三，6；彩版八七，6）。

（四）模具

半身胸像俑模

标本 T3H1：14，红陶。半身胸像俑背面模。顶部残。似戴幞头，脑后头发刻划清晰。模外侧有合模刻槽记号。模残高 9.9、宽 6.8、厚 1.6 厘米（图八四，1；彩版九九，4）。

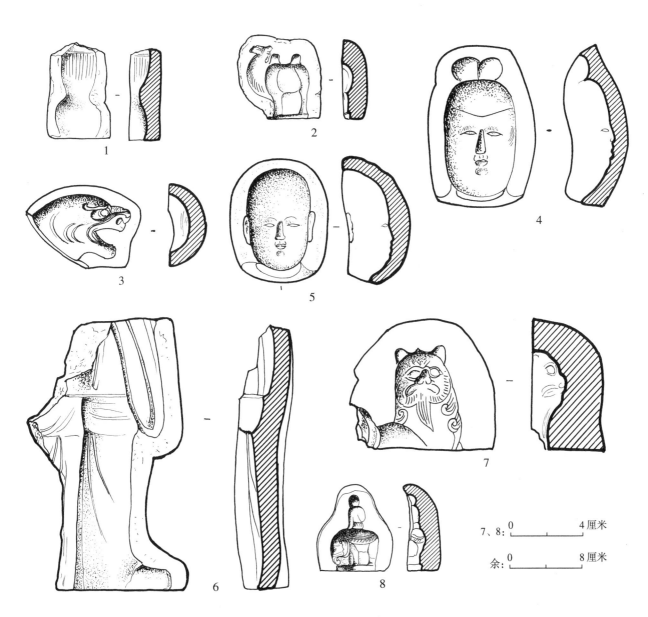

图八四　T3H1 出土模具

1. 半身胸像俑模 T3H1：14　2. 骆驼模 T3H1：53　3. 犬头模 T3H1：52　4. 幞头俑头模 T3H1：9　5. 佛弟子头模 T3H1：15　6. 俑身模 T3H1：77　7. 虎模 T3H1：54　8. 象模 T3H1：31

俑身模

标本 T3H1：77，红陶。大型立俑胸腹以下俑身正面模。左侧残。模高 28.8、厚 2.2 厘米（图八四，6；彩版九七，5）。

佛弟子头模

标本 T3H1：15，红陶。佛弟子头像正面模。光头，眉目清秀，神情庄重。模高 12.3、宽 10.3、厚 1.7 厘米（图八四，5；彩版九八，3）。

幞头俑头模

标本 T3H1：9，红陶。大型分体式俑头正面模。头戴高顶幞头，额间幞头边缘在眉宇中间稍向下折，两侧鬓发上绾于幞头巾之内。细眼小嘴，似为女扮男妆之像。出土时模内尚有坯泥揉练不精、但已烧结的缺陷俑头坯体。模外侧有合模刻槽记号。模高 17.8、厚 1.8 厘米（八四，4；彩版一〇〇，1）。

虎模

标本 T3H1：54，红陶。蹲坐虎正面上部模。模高 7.2、厚 1.9 厘米（图八四，7；彩版一〇二，2）。

骆驼模

标本 T3H1：53，红陶。骆驼右侧模，形体较小。双峰驼呈昂首站立状，线条清晰，且刻划出缕缕驼毛。模高 9.5、厚 1.3 厘米（图八四，2；彩版一〇三，1）。

象模

标本 T3H1：31，红陶。为小型骑象俑右侧模。象作低首慢行状，背部铺圆毯，毯周边有流苏，一人侧坐于象背之上，上身似裸，身体略向右倾，右臂支撑于毯上。刻划细腻，线条逼真。模高 8.6、厚 1.4 厘米（图八四，8；彩版一〇三，4）。

犬头模

标本 T3H1：52，红陶。犬头左侧模。犬头作张口狂吠状，圆眼前突，犬齿露出。颊部起皱明显，线条光滑流畅，生动传神。模长 12.5、高 8.8、厚 1 厘米（图八四，3；彩版一〇五，1）。

（五）瓷器

白釉瓷碗

标本 T3H1：37，白胎。大敞口，尖圆唇，玉璧底。高 3.8 厘米（图八五，1；彩版一一二，3、5）。

白釉瓷盆

标本 T3H1：38，白瓷胎。平折沿，圆唇，腹较浅，壁斜直。内外壁均施透明釉（图八五，2；彩版一一四，1）。

白釉瓷盒盖

标本 T3H1：30，白瓷胎。盖面近平，与盖壁交界处弧折，盖沿平。外壁施白釉，盒盖内不施釉。复原口径 14、高 3.3 厘米（图八五，3；彩版一一五，1）。

标本 T3H1：25，白瓷胎。盖面微凹，与盖壁交界处弧弯折下，盖沿平。外壁施白釉，盒盖

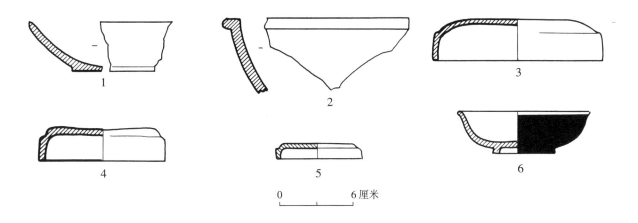

图八五　T3H1 出土瓷碗、盒盖

1. 白釉瓷碗 T3H1：37　2. 白釉瓷盆 T3H1：38　3~5. 白釉瓷盒盖 T3H1：30、T3H1：25、T3H1：26　6. 外黑内白釉瓷碗 T3H1：27

内不施釉。复原口径 10.4、高 2.6 厘米（图八五，4；彩版一一五，2）。

标本 T3H1：26，白瓷胎。盖面微凹，与盖壁交界处弧弯折下，盖壁垂直，盖沿平。外施白釉，釉不及内。复原口径 7.1、高 1.3 厘米（图八五，5；彩版一一五，3）。

外黑内白釉瓷碗

标本 T3H1：27，胎体白中泛青。侈口，尖圆唇，浅弧腹，底近平，矮圈足。内壁施白釉，釉色白中注青，釉泡密集；外壁及圈足外轮施黑釉，釉色不纯，略呈茶叶末色。唇部一周及圈足底部露白胎。口径 11.1、底径 5、高 3.2 厘米（图八五，6；彩版一一六，4）。

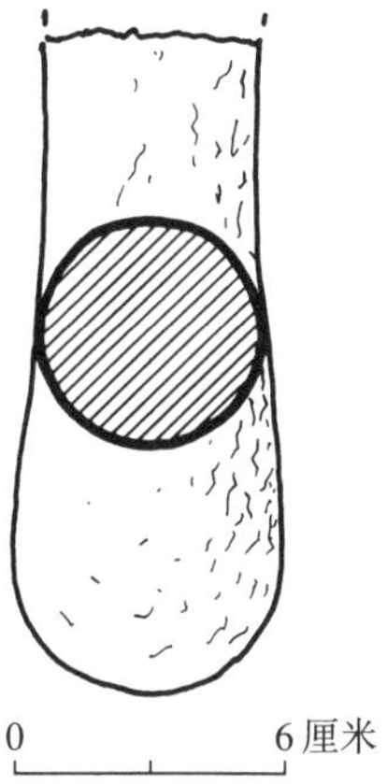

（六）其他

石杵头

标本 T3H1：50，青石琢凿而成。杵头呈悬胆状，上部略细，残断。杵头直径 5.8、残长 14.2 厘米（图八六；彩版一二〇，5）。

图八六　T3H1 出土石杵头
　　　　　T3H1：50

六　T3H2 出土遗物标本

（一）釉陶器

1. 单色釉陶器

黄釉盘口瓶

标本 T3H2：43，红胎。上部残。腹弧收成小底，假圈足稍外撇，边刮修。内壁施红褐色釉（未施化妆土）；外壁上化妆土，施粟黄色半釉，光亮，釉内有浅褐色斑点，下部露胎。器腹三面有粘连疤痕。底径6.2厘米（彩版四，6）。

绿釉盘口瓶

标本T3H2：81，小残片。红胎，绿色釉（彩版五，4）。

绿釉豆

标本T3H2：31，豆盘残片。红胎。口沿部胎呈黑色。器内外敷化妆土，外表施绿釉，因化妆土在器表平行旋纹痕迹较明显处敷层稀薄，使绿釉覆盖后在局部透出道道胎色映衬下的细线状暗褐色纹圈（彩版六，4）。

绿釉碗

标本T3H2：22，轮制。红褐色胎。敞口，翻沿，圆唇，弧壁，假圈足，足缘刮修。内外壁均施化妆土，通体施绿釉，釉层较厚，局部因化妆土缺失而釉下露胎色。口径7.5、底径3.5、高3.5厘米（图八七，1；彩版一〇，2）。

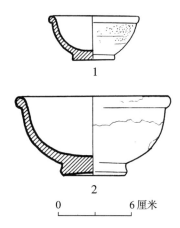

图八七　T3H2出土绿釉碗
1、2. T3H2：22、T3H2：8

标本T3H2：8，红胎。质较粗。敞口，厚圆唇，斜壁微弧，假圈足。内壁及外壁施化妆土，口沿内外均施淡绿色半釉。口径14、底径5.6、高6.5厘米（图八七，2；彩版一一，2）。

黄褐釉碗

标本T3H2：10，轮制。红褐色胎。敞口，翻沿，圆唇，弧壁，假圈足，足缘刮修。内外壁均施化妆土。通体施黄褐釉，近底处局部露化妆土，釉下局部露胎色。口径6.6、底径3.3、高3.6厘米（彩版一〇，2）。

2. 三彩器

豆

标本T3H2：29，豆盘残片。红胎。火候高。平折沿，圆唇。内外壁均施化妆土，外壁罩一层黄、绿釉，由于火候过高等原因，釉色较深，呈褐色、墨绿色与黄白色交织缭绕的色调，胎釉结合较好，玻化程度高（彩版二一，2）。

标本T3H2：80-1、2，豆盘、柄部残片。红胎。内外壁均施白化妆土，然后以黄绿二色釉点染，烧成后，黄、绿、白三色深浅不一，错综掩映，白彩处实为透明釉覆盖的白化妆土色，白点处釉薄，有细小釉泡点（彩版二二，1）。

标本T3H2：30，豆盘残片。红胎。平折沿，圆唇，饼状盘底。内外壁均施化妆土，外施黄、绿、白釉，三色参差错杂点染，斑驳陆离，釉面平滑光亮（彩版二三，1）。

盂

标本T3H2：79，口沿残片。粉胎。内外壁敷化妆土，施白釉并交错施斑块状黄釉和绿釉，个别点缀有蓝釉斑点，釉色光亮，色彩密而不臃，形成斑斓美丽的效果（彩版二八，1）。

碗

标本T3H2：12，残，可复原。粉白胎。质较粗，坚硬。敞口，圆唇，弧腹，圈足。内外壁施化妆土。先在碗底部点蘸几朵蓝釉梅花和绿釉梅花，花蕊部位点施赭黄色釉点，口沿一周饰以等分间隔的蓝釉短竖条，然后再遍施一层淡黄色透明釉，釉色清新淡雅，但亮丽的釉面被一

层沉密而不浮疏的土锈所遮；碗外壁
仅口沿部位施淡黄绿色釉，有流釉痕
依稀可辨。质地、形制、釉彩与标本
T1H1B：36 几乎相同，只是土锈附着
更为严重，釉彩花纹依稀可辨。复原
口径 16.6、底径 8.7、高 5.3 厘米（图
八八，1；彩版二九，3）。

标本 T3H2：27，碗口沿或腹部残
片。红胎。敞口，圆唇。内外壁施化
妆土，化妆土厚薄不均，制作过程中
在器表留下的平行旋纹过于明显，起
棱处化妆土覆盖不严而露胎色，施透
明釉或浅黄色釉后，使黄白色器表中
呈现出道道赭色同心圆细线或条带
（彩版三一，1）

坐俑

标本 T3H2：4，白胎。头残。盘
腿坐姿，身着窄袖袍服，束带。胸前
衣襟下垂呈"U"字形褶皱。双膝间置
一物，双手抚之。俑身表面交互点蘸
黄、绿、白釉，色调深浅不一，相互
交错浸染。膝两侧露胎。残高 4.2 厘米
（图八八，2；彩版三四，2）。

（二）素烧器

盘口瓶

标本 T3H2：48，小盘口，短细颈，
圆肩，深弧腹斜收，假圈足。外壁敷
化妆土。通高 15.9、口径 6、底径 7.5
厘米（图八九，1；彩版四〇，3）。

标本 T3H2：9，红胎。浅盘口，短
细颈，鼓腹略扁，假圈足。外壁敷化
妆土。通高 10.6、口径 5.6、底径 6.6
厘米（图八九，2；彩版四〇，3）。

水注

标本 T3H2：32，红胎。厚圆唇，

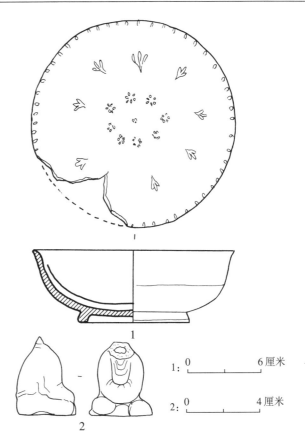

图八八　T3H2 出土三彩陶碗、坐俑

1. 三彩碗 T3H2：12　2. 三彩坐俑 T3H2：4

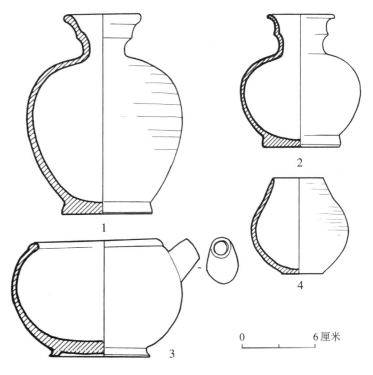

图八九　T3H2 出土素烧瓶、水注、壶

1、2. 瓶 T3H2：48、T3H2：9　3. 水注 T3H2：32　4. 敛口壶 T3H2：17

大敛口，口沿一侧有圆筒形短管状流，鼓腹，圈足浅挖，足沿外撇，边缘修刮。外壁施化妆土。通高 10、口径 9.6、足径 8.2 厘米（图八九，3；彩版四二，6）。

敛口壶

标本 T3H2：17，灰褐胎。高领斜直，敛口，尖圆唇，鼓腹，假圈足。外壁及口内侧敷化妆土。通高 7.8、口径 4、底径 3.4 厘米（图八九，4；彩版四三，2）。

碗

标本 T3H2：21，红胎。厚圆唇，深腹，曲壁，假圈足，过烧隆起。内外壁敷化妆土。口径 8.5、底径 4.4、高 5 厘米（彩版四四，2）。

（三）陶器

碗

标本 T3H2：2，灰陶。敞口，圆唇，深腹斜壁，平底。口径 19.5、底径 7.4、高 7.8 厘米（图九〇，1；彩版五三，3）。

碟

标本 T3H2：26，灰陶。敞口，斜壁微弧，小平底。口径 11.4、底径 4.3、高 3.4 厘米（图九〇，2；彩版五四，1）。

尖圆顶薄罗幞头胡俑头

标本 T3H2：5，红陶。幞头顶部较窄，呈尖圆形，额际及脑后未见刻划出系裹的幞头边际线。焙烧开裂。残高 5.1 厘米（彩版六〇，4）。

坐俑

标本 T3H2：15，红陶。合模制成。头残。盘腿端坐，上着袒胸宽袖衫，长裙高束至胸及腋下，裙幅宽大。右臂曲置腹前，左手托持钵碗，左臂自然下垂，手含袖中，搭置于左腿之上，残高 4.9 厘米（图九一，1；彩版七八，3）。

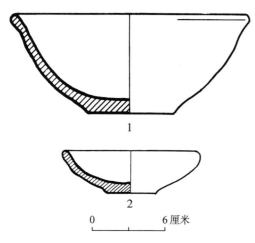

图九〇　T3H2 出土陶碗、碟
1. 碗 T3H2：2　2. 碟 T3H2：26

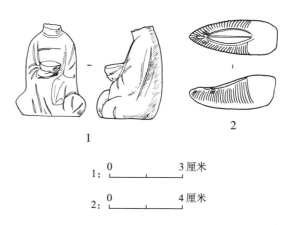

图九一　T3H2 出土陶俑、线鞋
1. 坐俑 T3H2：15　2. 线鞋 T3H2：14

线鞋

标本 T3H2：14，红陶。尖首，弧帮，呈双尖枣核形。鞋面内正中有一道纵向刻划直线，似表现鞋内着带中缝的袜子。鞋首部至鞋帮两侧用斜刀手法刻划密集的纵向平行线纹。鞋帮前部两侧，在对称的三道纵向平行线范围内，各刻划出二道短横线，形成"田"字形经纬线的网格，该部位正好是鞋面前部弯折部位，既有加固作用，又有美化的效果。弧形鞋底，素无纹饰。鞋跟部未加刻划，表面略糙，应属组合于陶俑足部的对接部位。长 4.8、宽 1.8、高 1.8 厘米（图九一，2；彩版八一，5）。

八瓣七蕊宽轮莲花纹瓦当

标本 T3H2：24，泥质灰陶。稍残。外轮较宽，向内依次为联珠纹一周、凸棱圆圈界栏、八分式单瓣莲花纹。花瓣呈豆瓣状，瓣面鼓起，花瓣间饰三角形隔棱。莲蓬状花心，为细凸棱线圈内饰七个凸点莲子纹。当径 9.5、轮宽 1.7 厘米（彩版九二，1）。

十凹瓣七蕊莲花纹瓦当

标本 T3H2：1，泥质灰陶。残缺。边轮较宽，向内为一周减地联珠纹，再向内无界栏，饰一周十瓣莲花。莲花呈凹面单瓣式，花瓣间各有一点状凸相隔。莲蓬状花心，为细凸棱圆线圈内饰点状莲子纹。当径 12、轮径 1.5 厘米（彩版九二，2）。

十六瓣莲花纹瓦当

标本 T3H2：3，泥质灰陶。残缺。边轮内依次为凹线圆圈和凸棱圆圈，接着是一周联珠纹，再向内无界栏，饰一周复瓣莲花，应有八组十六瓣，每一对复瓣均加饰"M"形凸棱边框。莲瓣呈豆瓣状，瓣面鼓起，每一对复瓣间饰有弧边三角形隔棱。中间莲蓬残缺。复原当径约 15.3、轮径 1.5 厘米（彩版九二，4）

（四）模具

天王俑局部模

标本 T3H2：16，红陶。大型天王俑胸腹甲模。胸部二个圆形护胸甲，下部为一个护胸甲，线条简练、明晰。上下部均有残损。残高 12、残宽 10.4、厚 1.4 厘米（图九二，1；彩版一〇一，3）。

标本 T3H2：19，红陶。大型天王俑腹甲模。上部残。残高 18、宽 17、厚 2.7 厘米（图九二，2；彩版一〇一，4）。

镇墓兽背部模

标本 T3H2：13，红陶。蹲踞式镇墓兽背部模。轮廓准确，线条明快，脊椎线和筋肉表现颇为传神。模高 18.3、宽 19.7、厚 2.2 厘米（图九二，3；彩版一〇二，1）。

骆驼背腹模

标本 T3H2：20，红陶。大型骆驼腹背左侧模。前部残损，背部披鞯，鞯边刻有花边。鞯顶部前后留出二块平面，以便拼接分体模制的双驼峰。模高 24.5、残长 32、厚 2.8 厘米（图九二，5；彩版一〇三，3）。

水禽头模

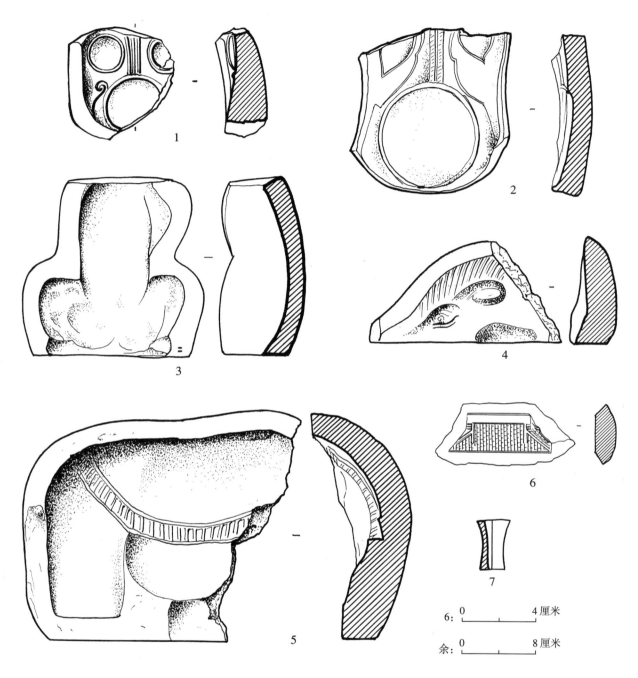

图九二　T3H2 出土模具、窑具

1、2. 天王俑局部模 T3H2：16、T3H2：19　3. 镇墓兽背部模 T3H2：13　4. 水禽头模 T3H2：28　5. 骆驼背腹模 T3H2：20　6. 房屋顶模 T3H2：23　7. 垫柱 T3H2：6

　　标本 T3H2：28，红陶。头右侧模。眼、耳及顶部羽毛清晰准确。颈部一侧残损，喙下部及颈部、身部另模分制。残长 20.5、高 10.7、厚 2.5 厘米（图九二，4；彩版一○五，3）。

　　房屋顶模

　　标本 T3H2：23，红陶。歇山式四阿屋顶模。脊、瓦线条刻划清晰。惜一半残缺。残高 3.4、残宽 7.8、厚 1.1 厘米（图九二，6；彩版一○六，1）。

（五）窑具

垫柱

标本 T3H2：6，浅红色陶，胎质坚硬。轮制。束腰（或称亚腰）形，管柱状，上下贯通。高 5.4、径 3.3 厘米（图九二，7；彩版一〇七，1）。

（六）瓷器

白釉瓷杯

标本 T3H2：46，胎体白中泛黄。侈口，圆唇，深腹，近底弧收，矮圈足，足沿略外撇，边缘刮修。内外壁均施透明釉，釉面有细小纹片，底足露胎。口径 7.6、底径 4.2、高 5.5 厘米（图九三，1；彩版一一三，1）。

白釉瓷盘

标本 T3H2：25，白瓷胎。侈口，圆唇，浅盘，斜直壁，大平底。底部边缘有一椭圆形断茬，似曾下接三足。内外壁均施白釉，底部不施釉。复原口径 18.2、底径 15.6、高 2 厘米（图九三，2；彩版一一四，2）。

外黑内白釉瓷碗

标本 T3H2：59，侈口，曲腹，圈足。口径 15.6、底径 8.1、高 5.7 厘米（图九三，3；彩版一一六，5）。

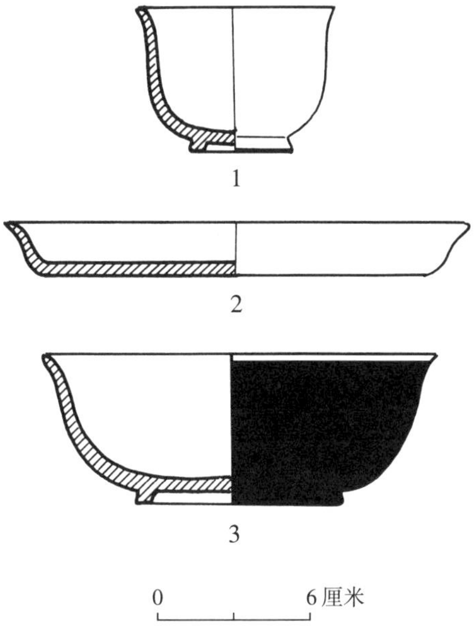

图九三 T3H2 出土瓷杯、盘、碗
1. 白瓷杯 T3H2：46 2. 白瓷盘 T3H2：25
3. 外黑内白瓷碗 T3H2：59

七 T3H3 出土遗物标本

（一）釉陶器

绞胎器

枕

标本 T3H3：6，长方形箱式枕面和直角边棱残片。器胎为白色与棕色坯料相绞而成，里外面均呈木理纹，断茬处亦层理清晰。内壁折棱处可见坯体片材经直线切割、挤压拼接的痕迹。内壁不施釉，外壁施一层或灰白或黄色的透明薄釉，干涩无光。胎壁厚 0.5 厘米（彩版三九，1）。

（二）素烧器

青年佛弟子造像头像

标本 T3H3：3，红胎。前后合模制成。剃发，面部上端残。颈部用化妆土绘出右衽内衣领部形状。残高 8 厘米（图九四，1；彩版四七，2）。

标本 T3H3：1，红胎。后部残。未施化妆土，据同类头像 T3H3：3、T2H2：29 定为素烧器。残高 8.9 厘米（图九四，2；彩版四七，4）。

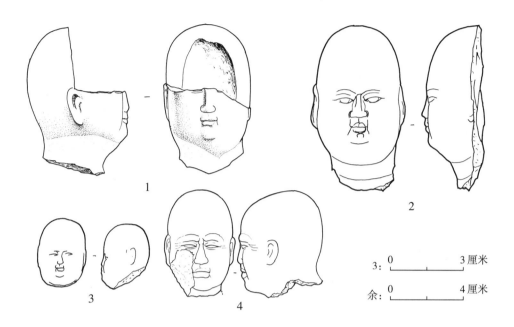

图九四 T3H3 出土素烧佛弟子造像头像
1~3. 青年 T3H3：3、T3H3：1、T3H3：5 4. 老年 T3H3：2

标本 T3H3：5，红胎。未施化妆土，据同类头像 T3H3：3、T2H2：29 定为素烧器。残高 2.4 厘米（图九四，3；彩版四九，1）。

老年佛弟子造像头像

标本 T3H3：2，红胎。前后合模制成，剃发，额头、眼角、嘴角均刻划有皱纹，眉头紧锁，面相愁苦。面颊右侧残。残高 5.7 厘米（图九四，4；彩版五〇，3）。

（三）陶器

盆

标本 T3H3：4，灰陶。卷沿，口微敛，深腹，斜壁，平底。口径 12.8、底径 5.4、高 6.2 厘米（图九五，1；彩版五三，4）。

附抹额幞头男俑头

标本 T3H3：9，红陶。合模制成。额际幞头罗外扎缚有额带，即抹额。幞头顶部尖窄。胡人形象。面部焙烧开裂。残高 5 厘米（图九五，2；彩版五八，4）。

覆项披肩类梳髻女俑头

标本 T3H3：14，红陶。脑后半边残。浓发覆项呈荷叶边，两鬓厚发遮耳抱颊，头顶绾一前倾式髻，偏抛左侧。从鬓发造型痕迹上观察，额际发中似有半环形衬垫物，环脚与两耳平齐，使两侧鬓发呈现出折棱。衬垫物的存在，保障了发型的牢固。残高 11.2 厘米（图九五，4；彩版六五，1）。

女立俑

标本 T3H3：12，红陶。合模制成。拱手站立状，头残。内着袒胸右衽交领襦衫，长裙曳地，裙裾下露出高头履。外套宽束腰式小翻领开襟大衣，衣裾与裙裾齐平。高 5.9 厘米（图九

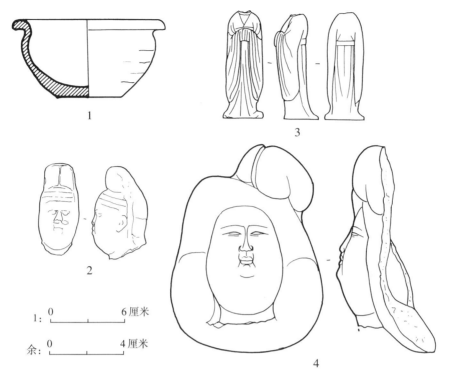

图九五 T3H3 出土陶盆、俑

1. 盆 T3H3：4　2. 附抹额幞头男俑头 T3H3：9　3. 女立俑 T3H3：12　4. 覆项披肩类梳髻女俑头 T3H3：14

五，3；彩版七三，3、4）。

天王俑

标本 T3H3：18，红陶。形体较大。焙烧过程中歪斜开裂残损。神情凶悍，瞋目阔鼻，气势逼人。头束带，前额部缀有桥形绞绳额箍，额箍上端当插饰展翅的禽鸟（残缺），髻顶部装饰高耸的禽鸟尾羽（残断）；身著明光铠，肩覆龙口吞臂式披膊，两臂残；胸腹部束甲绊，上接双肩叉带与背甲纵带扣连；腹、背甲上又有横向束带扣连；腰部再束以绳带，腰带上半露出脐腹圆护，腰带下垂膝裙，小腿部系扎胫甲，左腿抬起，脚踩小鬼。虽属残次品，仍不失威武轩昂之势。残高 36 厘米（图九六，1；彩版八二）。

镇墓兽头

标本 T3H3：15，红陶。额顶中部竖立的集束鬃发残。突眉瞪眼，眉脊处有双犄角残断痕，宽鼻翼，高颧骨，嘴唇紧抿，嘴角下撇，下颌翘起，双竖耳较小，面容狰狞凶狠。残高 19.1 厘米（图九六，2；彩版八五，1）。

标本 T3H3：10，红褐陶。表面有裂纹。残高 11.2 厘米（图九六，3；彩版八五，2）。

马

标本 T3H3：20，灰褐陶。制作粗率。立姿，腿残。马首稍短，顶部刻划有未修剪的鬃毛，健胸宽臀。残高 11.4、长 15.3 厘米（图九七，1；彩版八七，3）。

牛

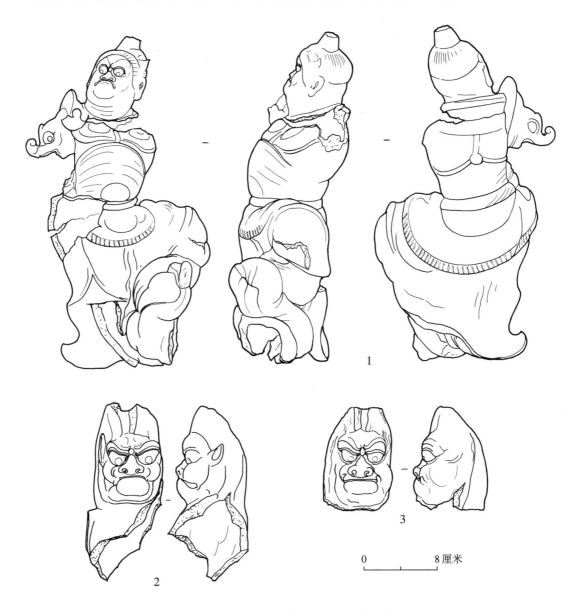

图九六　T3H3 出土陶天王俑、镇墓兽头
1. 天王俑 T3H3：18　2、3. 镇墓兽头 T3H3：15、T3H3：10

　　标本 T3H3：8，红褐陶。左右合模。制作较粗率。头宽短，凸眼圆，犄角短小，耳部不显，项下几道皱折，体较肥壮，尾巴贴身卷向左侧。头微昂，略偏向左侧卧姿。高 7.4、长 10.5 厘米（图九七，2；彩版八七，4）。

　　标本 T3H3：19，高 6.8、长 10.8 厘米（图九七，3）。

（四）模具

跪坐乐俑（音声俑）母模

　　标本 T3H3：37，为制作分体组合式跪坐乐俑（音声俑）模的母模。红陶土质地细腻，外表打磨光滑，头、手臂另制。身上阴刻出交领对襟衫，束胸长裙。跪坐状，右侧臀后有足尖伸出。

图九七　T3H3 出土陶马、牛模型
1. 马 T3H3：20　2、3. 牛 T3H3：8、T3H3：19

颈、肩部至双膝两侧底边绘有一条闭合的赭红色线条，应是制作前后合模中部剖线位置的标记。高 9 厘米（图九八；彩版一〇六，2）。

（五）其他

铜带具

标本 T3H3：16，铜质，由带扣和带銙组成，銙已腐朽无存。带扣为椭圆形环，中有一舌针，环、针皆能活动。带銙一端弧形，一端平直，中间有长方形小孔（古眼）。带扣长 2.6、宽 2.2 厘米；带銙长径 1.6 厘米（图九九，1；彩版一二二，1）。

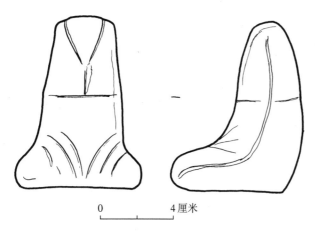

图九八　T3H3 出土跪坐乐俑母模 T3H3∶37

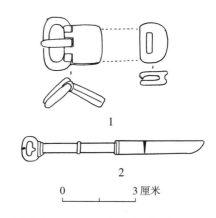

图九九　T3H3 出土铜带具、刀
1. 带具 T3H3∶16　2. 刀 T3H3∶7

铜刀

标本 T3H3∶7，造形小巧精致。环首，长柄截面扁圆，柄部两端及中间各有一道双棱箍状纹，刀背平直，直刃至顶端附近斜向刀背出锋。刀柄和刀身长度几近相当。通长 7.4 厘米（图九九，2；彩版一二二，2）。

八　T4H1 出土遗物标本

（一）骨制品

边角料

332 块。集中埋藏于 T4H1 中，坑中别无他物。这些边角料质地经鉴定均为牛骨。加工方式是先切割处理成厚约 0.4~0.6 厘米的平面骨板，然后按拟制物品的轮廓形状进行切割。这些骨制品边角料从切割样式上可分为直线切割和弧线切割两种。未发现切割工具（彩版一二一，3、4）。

1）直线切割的边角料

198 块（T4H1∶1~198），长度多在 5~7 厘米之间，个别最长的不超过 8 厘米。

2）弧线切割下的边角料

134 块（T4H1∶199~332），从切割痕迹观察，似为线锯切割方式，外侧为直角。一边较长，一般为 4~5 厘米，另一边稍短，一般为 2~3.5 厘米。

九　T4H3 出土遗物标本

（一）骨制品

骨梳

T4H3∶1，梳把为横向式，平面略呈梯形，梳把上刻有略微减地的界框，界框内沁有斑驳的土锈，或许其间曾粘贴有其他材质制成的薄贴纹样。梳背下有细密的梳齿，惜均残断，仅存留跟部。梳宽 5.7、残高 3 厘米（图一○○，1；彩版一二一，1）。

骨簪

标本 T4H3：3，簪身为圆柱体，底端纯尖，簪顶为方帽形，其上刻花纹，中心部位为同心圆纹，四周为对称的凹点纹。通长 9.6 厘米（图一○○，2；彩版一二一，2）。

标本 T4H3：4，簪身为圆柱体，一端略尖，簪顶为球冠状，素面无纹。通长 10.8 厘米（图一○○，3；彩版一二一，2）。

标本 T4H3：5，簪身为圆柱体，一端渐细，头略尖，另一端稍粗，顶部截平。通长 7.1 厘米（图一○○，4；彩版一二一，2）。

（二）其他

"开元通宝"铜钱

标本 T4H3：8，数量不详。由平罗结构的织物裹成一卷，锈结在一起，出土时断开三截。从已露出的开元钱正面和背面观察，郭肉完好，属光背开元，无月纹、星点。正面字迹清晰，笔体端庄，"开元"两字稍扁平，"通宝"二字稍瘦长。"开"字紧贴钱郭，下竖划略外扩。"元"字两横粗细相若，上横较短、平直，下划左侧略上弯挑，且两头平截。后两划起笔处的间距较小，其中第四笔弯钩处与外郭紧连。"通"字纵长与穿径相同，"甬"部上部开口较小，左侧竖划起笔略低于右侧。"宝"字纵长略大于穿径，宝盖下的笔画间架过密。直径 2.4~2.5、穿径 0.7 厘米（彩版一二二，3~5）。

玛瑙饰件

标本 T4H3：2，圆柱形，中间有一贯通小孔，色泽殷红鲜艳。直径 1.5、长 3 厘米（图一○○，5；彩版一二二，6）。

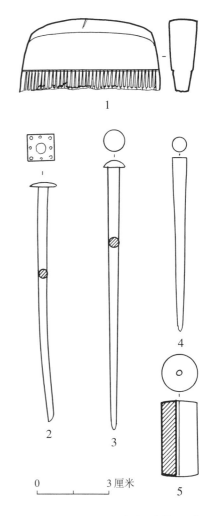

图一○○　T4H3 出土骨梳、簪及玛瑙饰件

1. 骨梳 T4H3：1　2~4. 骨簪 T4H3：3、T4H3：4、T4H3：5　5. 玛瑙饰件 T4H3：2

第三节　文化层出土遗物

（一）釉陶器

三彩器

佛弟子坐像

标本 T1④：2，为坐姿佛弟子造像左臂及膝部残件。白胎。模制，内壁有摁压指纹痕迹。

左手自然垂放在左膝部。僧衣过膝，宽袖部有多垂褶皱，交错施淡黄淡绿和白色（透明）釉彩。残高6.8厘米（图一〇一；彩版三四，1）。

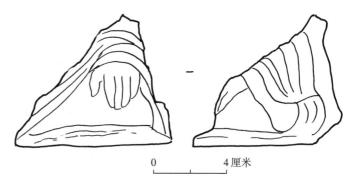

图一〇一 T1④出土三彩佛弟子坐像 T1④：2

（二）陶器

筒瓦残块

标本T1④：1，泥质灰陶。瓦面打磨光亮，内面有麻布衬印痕迹。厚1.5~1.7厘米（彩版九三，1）。

第四节 管道沟采集器物

（一）釉陶器

1. 单色釉陶器

绿釉盘口瓶

标本采：8，红陶。上部残。弧腹，圈足，足沿外撇，边缘修刮。内壁施透明釉，现赭红胎色；外壁敷化妆土，施浅绿色釉，器底部露化妆土。底径8厘米（彩版五，2）。

绿釉碗

标本采：11，白胎，略带粉色。敞口，尖圆唇，口沿微外侈，弧壁，圈足，足沿外撇，边缘刮修。内外壁均敷化妆土，施单色绿釉，外壁釉不及底。口径10.5、底径5.9、通高4.2厘米（图一〇二，1；彩版一一，1）。

绿釉女立俑

标本采：19，残片。白胎。前后合模制成。头及身后半部残缺。身着宽长袖襦衫，双手含袖中，拱于胸前。束胸长裙，裙下一侧半露足尖。颈部以下通体施绿釉。残高16.2厘米（图一〇二，2；彩版一四，1）。

绿釉筒瓦

标本采：13，白胎。内壁有麻布印痕，外壁施翠绿色釉，胎釉结合不良（彩版一五，3）。

2. 三彩器

豆

标本采：9，豆盘残片。红胎。平折沿。内外壁施化妆土，黄绿釉交错点染。盖因火候高等原因，黄色呈茶黄，绿色过烧为焦褐色、该部分釉面不光（彩版二二，2）。

标本采：10，豆盘残片。红胎。内外壁施化妆土，口沿及外壁施绿、黄色釉。器表有滚釉、釉泡，唇沿有压釉现象（彩版二三，2）。

俑身残片

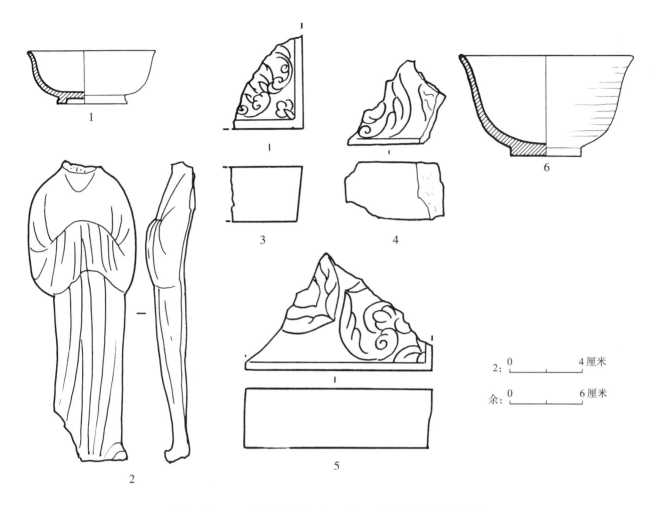

图一〇二　采集绿釉陶碗、俑，三彩陶砖及素烧碗
1. 绿釉碗采：11　2. 绿釉俑采：19　3~5. 三彩方形线刻纹砖采：21、采：22、采：23　6. 素烧碗采：12

标本采：3，女俑左前胸残片。白胎。翻领大氅施棕黄色釉，内着墨绿色襦衣，釉薄处烧成后略凹于釉面，露出点点白胎色。残长6.5厘米（彩版三六，3）。

方形线刻纹砖

标本采：21~23，粉胎，坚硬。砖面敷化妆土，刻印宝相花纹，施蓝、棕、绿、白（透明）釉，釉面光亮。厚度4.2~4.5厘米（图一〇二，3~5；彩版三八，2）。

（二）素烧器

碗

标本采：12，灰褐色。侈口，深腹，壁微弧，假圈足。口径14.4、底径5.8、高8厘米（图一〇二，6；彩版四四，1）。

方形线刻纹砖

标本采：24、25、28~30，素烧残块。粉胎，坚硬。砖面敷化妆土，刻印宝相花纹。厚度4.2~4.5厘米（彩版三八，3）。

（三）陶器

覆项披肩类梳髻女俑头

标本采：7，红陶。浓发覆项披肩，后部发梢内卷，形似荷叶边缘，两鬓厚发蓬松，遮耳抱颊，头顶部绾结成一前倾式圆髻。从发髻的表现方式观察，额际发中似有衬垫物，将顶部圆髻高高托起。眉眼细长，小鼻小嘴，嘴角窝较深，唇下小窝，面颊丰满，神态恬静安详。残高9.8厘米（图一〇三，1；彩版六四，1）。

紧凑上拢类梳髻女俑头

标本采：18，头后及两侧头发全部向上梳拢，至顶部绾结成一前倾式圆髻，双耳外露，额际发中似表现有窄小的月牙形衬垫物，将顶部圆髻高高托起。造型紧凑，显得清爽利落。面颊丰满，仪态端庄。残高9.2厘米（图一〇三，2；彩版六七，1）。

天王俑头顶禽鸟尾羽饰

标本采：17，尖部残断，羽毛中部刻一桃形纹饰。残长6.2厘米（图一〇三，3；彩版八六，3）。

蛇

标本采：1，红陶。仅塑出流线型头部，嘴部夸张。残长5.4、头宽3.9厘米（彩版九〇，4）。

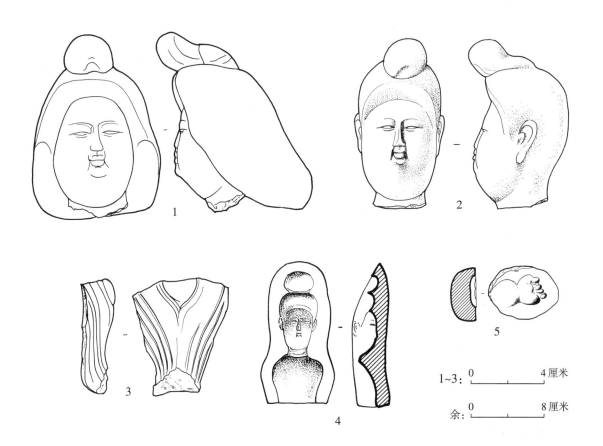

图一〇三　采集陶俑及模具

1、2.梳髻女俑头采：7、采：18　3.天王俑头顶禽鸟尾羽饰采：17　4.半身胸像俑模采：14　5.手模采：15

（四）模具

半身胸像女俑模

标本采：14，红陶。半身胸像女俑正面模。头发由后向前上绾至顶部正中束成前倾耸立式圆球形高髻。头上扬，面相丰腴，神情闲雅庄重。模外侧有合模刻槽记号。模高15.4、宽7.2、厚1.3厘米（图一〇三，4；彩版九九，1）。

手模

标本采：15，红陶。右手正面模。手呈握拳状，腕粗壮。模高5.3、长7.7、厚1.5厘米（图一〇三，5；彩版一〇五，6）。

（五）瓷器

白釉瓷盘口瓶

标本采：6，残片。白瓷胎。卷沿盘口，短细颈。内外均施白釉。口径6.2厘米（图一〇四，1；彩版一一〇，1）。

白釉瓷碗

标本采：2，白胎。大敞口，方圆唇，浅腹，壁斜直，玉璧底。内外施白釉。高5.4厘米（图一〇四，2；彩版一一二，2）。

黑釉瓷执壶

标本采：16，灰褐色胎，坚硬。下残。高领，喇叭口，厚圆唇外翻，广肩。唇下颈肩部一侧有一拱形把手。通体施黑釉。复原口径8.4厘米（图一〇四，3；彩版一一七，4）。

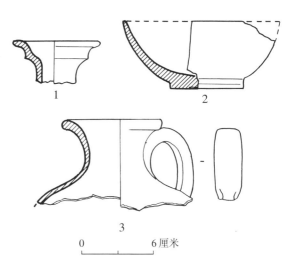

图一〇四　采集瓷瓶、碗、执壶

1.白釉瓷盘口瓶采：6 2.白釉瓷碗采：2 3.黑釉瓷执壶采：16

（六）其他

滑石带柄罐

标本采：20，整体灰褐色，其中有深浅不同的青灰色斑纹理。口微敛，唇下有一周凹槽，圆唇，似应有盖，筒形直腹微弧略斜收成平底。腹上部一侧有一横直的四棱楔状手柄。器身上部和中部各有一周由数道阴弦纹组成的装饰条带。通高16.6、口径11、底径10.3厘米，柄长5.8、宽4.1、厚3.5厘米（图一〇五；彩版一二〇，4）。

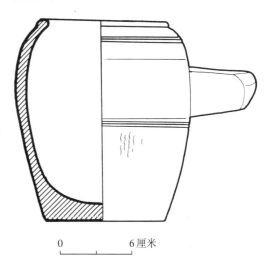

图一〇五　采集滑石带柄罐采：20

第四章　各遗迹单位出土遗物的类型学研究

本次发掘共出土遗物 13352 件（片），按质地和功能大致可分为：一，陶制品；二，制陶工具；三，窑具；四，瓷器；五，玻璃、矿物质及相关工具；六，骨器及骨制品边角料；七，其他，包括铜制品和玛瑙饰件。

出土遗物中绝大多数为生产过程中的废弃品和残次品的碎片。其中陶制品出土数量最多，达 12116 件（片）、约占出土遗物总量的 90.7%，制陶工具 58 件（片），约占出土遗物总量的 0.4%；窑具 473 件（片），约占出土遗物总量的 3.5%；瓷器 335 件（片），约占出土遗物总量的 2.5%；玻璃、矿物质类 29 件（块），约占出土遗物总量的 0.2%；骨器及骨制品边角料 336 件（块），约占出土遗物总量的 2.5%；铜制品 5 件，约占出土遗物总量的 0.05%。

第一节　陶制品

数量最多，达 12116 件（片）、约占出土遗物总量的 90.7%，包括釉陶器、素烧器和陶器（包括陶俑）残片。

一　釉陶器

釉陶类共计出土 2863 件（片），占出土遗物总量的 21.4%，在全部出土陶制品中占 23.6%。按所施釉色可分为单色釉和三彩（复色釉）两种。

（一）单色釉陶器

以器皿为主，陶俑残片仅有个别发现。

1. 器皿

出土 1533 件（片），约占出土釉陶制品和残片总量的 53.5%。其中，红胎的占绝大多数，为 1381 件（片）；白胎和粉胎的较少，为 92 件（片）；还有少量黑、灰、褐等胎色。除白胎外，其余色胎的器物均在胎的外壁或内外壁施用化妆土。

器形有盘口瓶、小口瓶、豆、罐、水注、樽、提梁罐、碗、碟等。由于多数器物标本存在不同程度的过烧等缺陷，釉的呈色不好，难以反映正常的产品釉色。多是残件（片），仅对典型器物予以简单归类分析。

盘口瓶

形制大体相同。浅盘口，翻沿圆唇，短细颈，丰肩鼓腹，下腹缓收，假圈足，足沿略外撇，沿边刮修。仅在器物的大小、高矮上略有差别。按釉色可分为黄釉、绿釉、蓝釉、透明（白）釉四类。除个别蓝釉盘口瓶标本为白胎外，其余皆为红胎（参见彩版四、五；彩版六1、3）。

小口瓶

小直口，线切割产生的平唇，广肩，弧腹斜收，假圈足外撇（参见彩版六，2）。

罐

口沿分直口和卷沿两种，有黄釉和红褐釉两种，均残片（参见彩版七）。

水注

敛口，圆唇，唇外有一道凹弦纹，鼓腹，腹上部一侧有管状流。外壁施化妆土，口沿至腹部施釉，腹下部不施釉。均残片（参见彩版八；彩版九，1）。

樽

复原1件。标本Y3外：2，由残片Y3外：2、3与T1H1：5-1～6拼对而成。白胎。质稍粗、坚硬。器身呈直筒状，直口，平唇，外壁满饰平行凹凸交错弦纹，平底下附三兽足。坯体内外壁均未敷化妆土，直接施釉，外壁施深绿色釉，内壁施姜黄色釉，釉质温润光亮，玻化程度高。均残片（参见彩版九，2）。

这类绿釉弦纹樽也有称之为奁的。如日本东京国立博物馆藏的一件完整器[1]，其造形和风格与窑址中出土的完全相同。

碗

有侈口尖唇圈足碗和敞口翻沿圆唇弧腹假圈足碗两种。圈足碗又分曲腹和斜腹两种，曲腹的整体碗型宽矮（参见彩版一〇、一一）。

其中蓝釉碗不多见。中国国家博物馆藏有一件蓝釉碗，1955年西安东郊高楼村唐墓出土，釉色、形制、尺寸大小与本次窑址所出完全相同[2]。

碟

敞口，圆唇，浅盘，平底。内外壁施化妆土，内壁及口沿施釉（参见彩版一三）。

2. 俑

这类标本发现极少，仅3件，所占比例尚不足出土釉陶制品和残片总数的0.1%，均为俑身残片（参见彩版一四）。

3. 建筑用陶

数量不多，有方形刻纹花砖和（琉璃）板瓦、筒瓦等，均为白胎，火候较高（参见彩版一五）。

（二）三彩器

出土数量为1327件（片），约占出土釉陶制品和残片总数的46.3%。三彩釉色的组合中，以黄、绿、白为常见的组合，还有一些加入了蓝色，有些甚至以蓝釉或蓝花为主，其他色彩为点缀，或可称之为蓝花加彩。从这些三彩残件（片）的胎体素地看，以红胎为主，有1165件（片），通常在外表施有白色化妆土；也有少量的胎体为白色，有87件（片）。这些三彩器器形都不大，

1）见大阪市立美术馆编《隋唐の美术》，平凡社，1978年，图8。
2）见《中华五千年文物集刊·唐三彩》（上），台北，1995年，第90页，彩版九八。

没有发现复杂的堆塑、贴花等装饰。

以器皿为主，还有少量建筑用陶、宗教用品（佛弟子造像残块）和人物俑及狮子造型的残片。作为明器的三彩俑发现数量很少，仅占出土三彩总数的0.6%。

1. 器皿

器形有瓶、罐、盂、水注、豆、碗、盅、钵、樽、器座、枕等。仅对典型器物予以简单归类分析。

瓶

均残。拣选出的口部残片均为浅盘口，但和瓶身残片无一能拼合。多见假圈足，也有圈足的（参见彩版一六）。

豆

多残。均由宽沿平底盆形豆盘和喇叭口状高圈足豆柄构成（参见彩版一八）。

罐

红胎或白胎。复原1件白胎提梁小罐，其余均为残片（参见彩版二四）。

盂

红胎、白胎或粉胎。可复原1件，其余均为残片（参见彩版二七，1）。

碗

有侈口尖唇曲腹圈足和敞口翻沿圆唇弧腹假圈足两种（参见图六六，2；图六〇，3、4；彩版二九、三〇）。

盅

和假圈足碗的造型接近，也是敞口、翻沿、圆唇、弧腹、假圈足，只是器形小而已（参见彩版三一，2）。

器座

喇叭状，平底。似是长颈瓶或塔式罐的座（参见彩版二六，4）。

枕

均是长方形箱式枕的残片（参见彩版三二、三三）。

2. 佛教造像

有佛弟子造像残块和狮子残块。

佛弟子造像残块

为坐姿佛弟子造像左臂及膝部残件。白胎。模制。内壁有摁压指纹痕迹。左手自然垂放在左膝部，僧衣过膝，宽袖部有多垂褶皱，交错施淡黄淡绿和白色（透明）釉彩。唐青龙寺遗址曾出土过类似的三彩佛弟子造像残片（参见彩版三四，1）。

3. 三彩俑

有坐俑和俑身残片（参见彩版三五、三六）。

4. 建筑用陶

仅见方形线刻纹砖残块（参见彩版三七、三八）。

（三）绞胎器

绞胎器发现数量不多，均为残片。可辨器形有三种：枕、杯、盒（参见彩版三九）。

枕

长方形箱式枕残片（参见彩版三九，1）。

盒

圆形，平底（参见彩版三九，3）。

二　素烧器

素烧器是釉陶器的半成品，指将已成型而未上釉的坯体初次进行硬化焙烧、为二次烧成作准备的器物，一般烧成温度约在800℃～1100℃之间。由于遗址中所出器物的坯体多为红胎，为使器物在二次低温釉烧时呈色鲜亮，一般都要在初次焙烧之前在器物外表施一层白色化妆土。这种外表附着白色化妆土的器物及残片，成为我们判断素烧器的一个十分显著的标志。遗址中所出素烧器残片的数量颇大，达8901件（片），约占陶制品总量的73.5%，全部出土遗物总量的66.7%。

以器皿为大宗，出土数量为8114件（片），其次为佛弟子坐像及头像残块，为487件（片）；此外还有个别人俑、狮子、筒瓦等残块。

1. 器皿

器形主要有瓶、豆、罐、水注、壶、钵、碗、盆、盒等。其中，豆1928件（片），盘口瓶987件（片），罐322件（片），盒219件（片），水注109件（片），碗101（片），敛口壶93件（片），钵47件（片），盆49件（片）。分类统计时，相当数量的素烧器皿腹部残片无法确切归入某一器形，同时，也有一些器形的几乎所有部位的残片都能明确辨认，鉴于此，为统一标准，仅选取能够辨认的各类器皿的某一个标志性部位进行器形分类统计，如选瓶口沿、豆盘、碗底、盒盖等残片分类统计。仅对典型器物予以简单归类分析。

小口细颈瓶

数量不多。为平底（参见彩版四○，1）。

盘口瓶

数量巨大。多为红胎，也有白胎的。假圈足（参见彩版四○，3）。

豆

均由宽沿平底盆形豆盘和喇叭口状高圈足豆柄构成。这种器形的残片数量在素烧器类中约占一半以上（参见彩版四一）。

罐

均卷沿、小口、圆唇、广圆肩、鼓腹、假圈足（参见彩版四二，1~5）。

水注

厚圆唇，敛口，口沿一侧有圆筒形短管状流，鼓腹，浅圈足，足沿外撇（参见彩版四二，6）。

敛口壶

红胎和灰褐胎。尖唇，鼓腹，假圈足（参见彩版四三，1、2）。

敛口钵

红胎。已施釉的素烧件，尚未二次烧成。敛口，鼓腹，小平底（参见彩版四三，3）。

碗

多为红胎，偶见灰褐胎。有敞口翻沿圆唇弧腹假圈足和侈口深弧腹假圈足两种（参见彩版四四，1~5）。

盆

红胎。敞口，折沿，弧腹，浅圈足（参见彩版四四，6）。

盒

盒盖残件。白胎，已施釉的素烧件，尚未二次烧成（参见彩版四五）。

2. 佛教造像

有佛弟子坐像、佛弟子造像头像和狮子塑像。

佛弟子坐像

依手臂形态可和衣饰分为二型。

A型　内着袒右僧祇支，上有覆肩衣，外着斜披袒右袈裟，结跏趺坐，宽肩，胸略圆鼓。袈裟挂左肩顺左臂垂下，另一端从右肋经腹前锐折搭于左肘，褶皱复杂。双手合拢于手套筒内，自然搭置于腹股之间，袖口较宽。双膝呈"八"字盘曲，隐于裙内，裙裾上提，边脚掖于手下（参见彩版四六）。

B型　内着右衽内衣，外着斜披袒右大衣，右臂自然下垂，右手顺置于膝部，右手持串珠，结伽趺坐。左臂残。姿态及衣纹式样与三彩器T1④：2接近（参见彩版四七，1；彩版三四，1）。

佛弟子造像头像

数量较多，计有482件（片），均为弟子造像颈部残断头像。泥质，前后合模制成，砖红色为主，个别呈土黄色、灰色。人物造像头部一般不施化妆土，个别头像颈部残断部分留有化妆土痕迹，也因此将此类形象均归入素烧器。形象上可分为青年弟子和老年弟子两类，均剃发。从大小上可分出三种规格，规格差别均在2厘米左右（参见彩版四七，1~3；彩版四八；彩版四九，1；彩版五〇）。

3. 俑

数量甚少，仅见2件残片。为童子头像和跪姿人像（参见彩版四九，2、3）。

4. 动物模型

仅见骆驼1种（参见彩版五一，2）。

5. 建筑用陶

筒瓦、板瓦残块和方形线刻纹砖残块（参见彩版五二）。

三　陶器

这里所说陶器是指除釉陶器和素烧器以外的陶器制品，共出土352件（片）。可分为器具、陶俑、动物模型、物件模型玩具、建筑用陶等五类。

1. 器皿

出土数量不多，共87件（片）。种类也较单调，有钵、碗、盆、盘、碟、砚、权形漏器、兽首吞腿式器足等，其中碟的数量最多，达67件。个别器物如盆等口径较大。仅对典型器物予以简单归类分析。

敛口钵

有红陶和黑皮陶两种（参见彩版五三，1、2）。

红陶敛口钵复原1件，器形接近素烧的敛口钵，敛口、唇内凹斜下、鼓腹、平底。

黑皮陶钵为口沿残件。2001年西安市长安区郭杜镇北村出土过同类器[1]，河南登封法王寺二号塔地宫也曾有出土过数件[2]。

碗

敞口，圆唇，深腹斜壁，平底（参见彩版五三，3）。

盆

大小不一，残片中最大口径近1米。卷沿，微敛口，深腹斜壁，平底（参见彩版五三，4、5）。

盘

敞口，折沿，浅腹斜壁，平底（参见彩版五三，6）。

碟

数量多，形制相同。敞口，圆唇，浅盘，平底。大小、形制均与单色釉碟相若（参见彩版五四，1）。

砚

分圆形多足砚与箕形砚两种。圆形多足砚，亦称辟雍砚。箕形砚，亦称"风"字砚（参见彩版五四2、3）。

2. 俑

出土的陶器类遗物中，人物陶俑（文献中称之为"偶人"）残件占有相当大的比例，计有220余件（片），占陶器类的6成多。不仅种类多，形象、服饰姿态各异，而且有些同类别陶俑大小不一，似成系列（彩版一二三）。这些陶俑多为分体模制、一次烧成后的残次品，绝大多数身首分离，鲜有合茬复原者。胎体呈砖红色，不施陶衣，亦未上釉或粉彩装饰。俑头按冠式或发式的不同进行分类描述；俑身则按立姿、坐姿、行姿、骑马、半身像等姿态分类。

（1）俑头

分男俑头和女俑头两类。

① 男俑头

依头戴巾、冠样式和面部形象的不同大致分为8种。

双球形圆顶幞头男俑头

数量较多，幞头形制均属双球形圆顶式，大小成系列。按由大至小分为4组（参见彩版五五、五六、五七）。

附抹额幞头男俑头

合模制成。均颈部残断。戴幞头，幞头顶有前踏式和高耸圆尖式两种，形象刻划上也有相

1）《长安瑰宝》第一辑，世界图书出版公司，2002年，73页。

2）《华夏考古》2003年第2期，封三，6。

应的区别，但均在额际幞头罗外扎缚有额带，即抹额（参见彩版五八）。

附抹额展脚幞头男俑头

形制相同。合模制成。均颈部残断。戴圆顶幞头，反系二前脚于髻前。系结后，脚头作焦叶状展向两侧。额际幞头罗外表再横束一条额带（抹额），带两端掖于髻前两侧展脚中（参见彩版五九）。

尖圆顶薄罗幞头胡俑头

幞头顶部较窄，呈尖圆形，额际及脑后未见刻划出系裹的幞头边际线，盖属表现薄如蝉翼的新潮幞头紧裹额头、不留边棱的时尚。面部均属胡人形象，显示出此新潮样式来源（参见彩版六〇）。

系脚幞头胡俑头

幞头形制相同，顶部均呈双球形圆顶，反系二前脚于髻前中央，伸出短短的"八"字形脚头。胡人面貌（参见彩版六一；彩版六二，1、2）。

幞头胡俑头

戴幞头，胡人面貌。（参见彩版六一）。

平顶笼冠男俑头

形制相同，合模制成。戴平顶笼冠，笼冠两侧垂至耳部（参见彩版六二，3、4）。

披幅覆项式风帽男俑头

均为红陶，戴高顶披幅覆项式风帽，帽的后部呈披幅覆项的垂弧形。额际风帽边缘下显露出额带（抹额）类头饰。应属骑马俑着帽样式（参见彩版六三）。

② 女俑头

依发型和头戴巾、帽样式的不同，大致分为 8 种。

覆项披肩类梳髻女俑头

据头顶发髻位置的不同分为 2 型。

A 型　头顶部绾结成一前倾式圆髻。依大小不同分为 4 组。最小的一件 T3H1：28，头顶圆髻呈莲花状，或可称莲花髻（参见彩版六四）。1988 年西安东郊韩森寨的一座唐墓中就出有大型莲花髻女立俑，现藏西安文物保护考古所[1]。另外，杨思勖墓亦随葬有莲花髻女俑[2]。

B 型　头顶绾一前倾式髻，偏抛左侧（参见彩版六五，1）。

薄鬓蝉翼类梳髻女俑头

据头顶发髻样式不同，可分为三型。

A 型　头顶一前倾式髻，略偏坠于左额角衬发之上（参见彩版六五，2）。

B 型　发式基本形状同 A 型，惟顶上结髻蓬松，髻体较长，均偏抛左侧。依大小不同分为 4 组（参见彩版六六）。

C 型　头顶绾成并立的二个前倾式片圆髻（参见彩版六五，3）。

紧凑上拢类梳髻女俑头

1）见《大唐文明展》，日本香川县国际交流科，1998 年，第 48 页，图 13-2。
2）见《唐长安城郊隋唐墓》，文物出版社，1980 年，图五一，2。

据头顶发髻样式不同，可分为三型。

A 型　头顶部高耸一前倾式圆髻。依大小不同分为 2 组（参见彩版六七，1）。

B 型　头顶部高耸二个并立前倾式片圆髻（参见彩版六七，2）。

C 型　发型梳理方式基本同 B 型，惟顶部的二簇发髻松软（参见彩版六七，3）。

中分下绾类梳髻女俑头

头发中分，向两侧梳拢，于双鬓处各绾一垂鬟髻，覆盖双耳，垂至腮旁。面相略带稚气。按大小二种规格分 2 组（参见彩版六八，1、2）。

分体高髻

为分体单独制作的高髻。高髻呈前踏状，单体阴阳鱼样式，上部有一道脊棱，其左右阴阳对称，即一侧为凸弧顺滑面，另一侧带有内凹的折沟，分体制成后接粘于大型女俑头的顶部，可能为义髻的一种（参见彩版六八，4）。此类高髻的造型见于开元二十八年（740）的杨思勖墓的随葬女俑[1]，还见于开元二十九年（741）的李宪墓[2]。

卷檐虚帽女俑头

头戴高顶披幅覆项式卷檐虚帽，帽顶呈弧尖形，且向前踏倾，鼓出三道圆弧凸梁，额前及两侧帽边折卷上翻，边缘作出朵云和卷涡纹造型，帽的后部呈披幅覆项的垂弧形（参见彩版六八，3）。

幞头女俑头

均为合模制成。大小不一。面部均刻划成细小眼的女子形象，戴男式双圆球顶幞头，额际间幞头罗边缘修饰成向眉宇间反弧出尖的样式。依大小不同分为 3 组（参见彩版六九）。

披幅护颈式风帽女俑头

戴高顶披幅护颈式风帽，顶部高耸，呈弧尖形，帽裙由顶后及两侧共三部分组成，均为垂弧形，两侧帽裙在颈下扣合，将两耳及颈项部分完全遮护起来，仅露出面部（参见彩版七〇）。

（2）俑身

按俑身姿态可分为男立俑、女立俑、坐俑、行俑、骑马俑、半身俑、裸体杂技俑等七种。

男立俑

均着袍服，根据袍服穿着方式的不同，可分为 3 型：

A 型　身着圆领窄袖缺胯袍。依据手的不同姿态，可分 2 亚型。

Aa 型　双手握拳，曲置于腹前，左手在上，右手偏下，作执物侍立状（参见彩版七一，1）。

Ab 型　左手置于腰间，右臂上曲，掌心向上，与肩齐平，似承托物件（参见彩版七一，2；彩版七二，1、2）。

B 型　身着圆领小袖长袍服。据手部姿态的不同，可分 2 亚型。

Ba 型　双臂曲向胸腹部，右臂略高，左臂稍低，握拳，似作执物状（参见彩版七一，3）。

Bb 型　双手置于袍袖之内，拱于胸际，呈恭奉状侍立状（参见图四七，1）。

C 型　似表现男子展示力量和健美身材的动态瞬间，可归于力士一类。缺胯袍从上身脱下，

1）见《唐长安城郊隋唐墓》，文物出版社，1980年，第81页，图五一，6。

2）见《唐李宪墓发掘报告》，科学出版社，2005年版，第34页，图二八，图版八，4。

系挽于腰间，双臂横展，帖身内衣掀至颈项之后，露出胸肌、腹肌等强健的筋肉，缺骻袍开衩处，露出分立的双腿，足部着靴。右靴筒一侧及衣袍正面底边塑有动物抓扯的爪子，推测足下应踏有怪兽（参见彩版七二，3）。

女立俑

衣着样式丰富，据着衣款式和搭配的不同，分为 7 型。

A 型　着襦衫、长裙、装饰性宽袖开襟短大衣（参见彩版七三，1、2）。

B 型　着襦衫、长裙、宽袖开襟长大衣（参见彩版七三 3、4；彩版七四，1、2）。

C 型　着筒袖翻领中长大衣，头戴披幅覆项式风帽（参见彩版七四，3）。

D 型　着宽袖对襟中长大衣，头戴披幅覆项式风帽（参见彩版七五）。

E 型　着襦衫、束胸宽长裙（参见彩版七四，4~6；彩版七六，1）。

F 型　着襦衫、束胸窄长裙（参见彩版七六，2）。

G 型　着男式圆领袍服（参见彩版七六，3、4）。

坐俑

据坐姿的不同，可分为五型：

A 型　坐于绣墩之上（参见彩版七七，1、2）。

B 型　两足相对盘坐，怀中抱犬 1 件（参见彩版七七，3）。这件抱犬坐像的造型与河南巩义黄冶三彩窑址出土的"抱熊人"在表现方式上异曲同工，但表现内容和所用材质明显不同[1]。

C 型　单腿跪坐（参见彩版七七，4）。

D 型　跪坐乐俑（参见彩版七七，5、6）。本遗址出土有此类乐俑的母模。乐俑的完整形象参见开元二十四年（736 年）孙承嗣夫妇合葬墓出土的乐俑[2]。

E 型　捧物盘坐。根据捧物姿态不同，分为 2 亚型。

Ea 型　双手捧物（参见彩版七八，1）。

Eb 型　右臂曲置腹前，单手托持钵碗，左臂自然下垂，手含袖中，搭置于左腿之上（参见彩版七八，2~4）。

男行俑

健步行进状（参见彩版七八，5）。

骑马俑

头戴披幅覆项式风帽（参见彩版七九，1~3）。

半身胸像俑

分幞头半身男俑和高髻半身女俑两种。高髻半身女俑又分为覆项披肩和薄鬓蝉翼两类（参见彩版八〇）。

裸体杂技俑（参见彩版七九，4）。

线鞋

均为泥质红陶。唐孙承嗣墓（736）出土的男装仕女俑所表现的线鞋，几乎与窑址所出的

1）见廖永民《黄冶唐三彩窑址出土的陶塑小品》，《文物》2003 年第 11 期，第 55 页，图一〇。

2）见《唐孙承嗣夫妇墓发掘简报》，《考古与文物》2005 年第 2 期。

陶线鞋完全相同。有理由相信该墓所出陶俑多为醴泉坊三彩窑址的产品（参见彩版八一，5~7）。

天王俑

形体较大。神情凶悍，瞠目阔鼻，气势逼人。头束带，前额部缀有桥形绞绳额箍，额箍上端插饰展翅的禽鸟（残缺），髻顶部装饰高耸的禽鸟尾羽（残断）；身著明光铠，肩覆龙口吞臂式披膊，两臂残；胸腹部束甲绊，上接双肩叉带与背甲纵带扣连；腹、背甲上又有横向束带扣连；腰部再束以绳带，腰带上半露出脐腹圆护，腰带下垂膝裙，小腿部系扎胫甲，左腿抬起，脚踩小鬼。虽属残次品，仍不失威武轩昂之势。如标本T3H3：18（参见图九七，1；彩版八二）。

3. 动物模型

陶制品中的动物形象有马、牛、羊、猪、狗、骆驼、蛇、鸡等（参见彩版八七~九○；彩版九一，1~4）。

4. 物件模型玩具

有瓜果模型和船模型（彩版九一，5、6）。

5. 建筑用陶

主要有莲花瓦当、筒瓦及兽面砖等，多为残块，数量亦不多。

莲花瓦当

有八瓣七蕊宽轮莲花纹瓦当、十四瓣七蕊莲花纹瓦当、八瓣九蕊莲花纹瓦当、十六瓣莲花纹瓦当、八瓣七蕊窄轮莲花纹瓦当、十六瓣七蕊莲花纹瓦当、十二瓣七蕊莲花纹瓦当（参见彩版九二）。

第二节　制陶工具

一　模具

用陶模具来制作俑、动物模型等，是陶制品成型工艺中的一项重要内容。本窑址发现有不少模具的残块，还发现有2件用来翻制模具的母模，弥足珍贵。

模具计58件（片）、约占出土遗物总量的0.4%，均由红陶土为原料制成，质地细腻光滑，火候较高、坚硬。

根据拟制品造型的不同特点，模具的形状和模制方式也各不相同，大体可分为单模、单体合模和分体组合套模三类。

（一）单模

有贴花模和印花模，用于器物表面的贴花或印花装饰，形态较小（参见彩版九四）。

（二）单体合模

由两半对称的模具闭合（合模）模制出一件完整造型坯体，适用于制作中小型人物俑、动物模型等。合模的接合部位往往有吻合刻槽记号，使合模时不致发生错位或错模。单体合模模具的形状根据造型对象特点的不同，分别采用前后合模、左右合模、上下合模等三种方式。其中人物多采用前后合模，动物多采用左右合模或上下合模。

1. 前后合模

包括立俑模、佛弟子像模（参见彩版九八，1、2）、舞人俑模（参见彩版九七，6）、女俑模（参见彩版九八，4）和半身胸像俑模。

立俑模

有披幅覆颈式风帽女立俑模、长脚罗幞头男立俑模和笼冠男立俑正面模等（参见彩版九五、九六；彩版九七，1~4）。

半身胸像俑模

有半身胸像女俑正面模和半身胸像幞头俑背面模（参见彩版九九）。

2. 左右合模

有骆驼模、象模和鸡模（参见彩版一〇五，4）。

骆驼模

唐孙承嗣夫妇墓出土过同类器[1]（参见彩版一〇三，1、2）。

象模

有载物大象俑模和骑象俑模。窑址中未见骑象俑，仅有模具。历年的考古发现中，骑象俑也罕见，西安唐代艺术馆中藏有2件实物，与此象模造型几乎完全相同[2]（参见彩版一〇三，4、5）。

3. 上下合模

龟模（参见彩版一〇五，5）。

（三）分体组合套模

用于制作形体较大、或形制较为复杂的器物或造型，如大型人物俑的头、手、身体以及大型动物的头、肢体、腹胸等，均采用成套分体组合模具分别制作，然后拼接粘连在一起，入炉焙烧。这类分体式组合套模部件亦采用前后合模、左右合模和上下合模三种方式制作。

1. 前后合模

有幞头俑头模（参见彩版一〇〇，1~3）、高髻女俑头模（参见彩版一〇〇，4、5）、佛弟子头模（参见彩版九八，3）、手模（参见彩版一〇五，6）、俑身模（参见彩版九七，5）、天王俑局部模（参见彩版一〇一）、镇墓兽背部模和虎模（参见彩版一〇二）。

2. 左右合模

包括立俑右臂模（参见图六四，5）、骆驼背腹模（参见彩版一〇三，3）、马头模、鞍马背腹模、马腿模（参见彩版一〇四）、犬头模和水禽头模（参见彩版一〇五，1~3）。

3. 上下合模

仅见房屋顶模一种（参见彩版一〇六，1）。

1）参见《唐孙承嗣夫妇墓发掘简报》，《考古与文物》2005年第2期，封三骆驼俑图片。
2）《唐代艺术》，陕西人民美术出版社，1991年，第80页图72。

（四）母模

制作（翻制）模具的母模，为跪坐乐俑（音声俑）的母模（参见彩版一〇六，2）。

二　石质器具

石质器具发现较少，只有滑石带柄罐和石杵二种，应属作坊用具（参见彩版一二〇，4、5）。

滑石带柄罐

1件（采：19）。这带长錾的滑石罐曾在史思礼墓（744年）出土过1件，质地、大小基本相同，惟造型上稍复杂，不仅有流，而且长柄下又附一环柄[1]。

三　彩绘颜料

为红、绿、蓝三种颜料，分别在陶、瓷器皿残片的内壁上附着。当属正品陶俑的最后一道工序，即粉彩装饰所用的颜料（参见彩版一一八）。

第三节　窑　具

本次发掘发现的窑具473件（片），约占出土遗物总量的3.5%，有两类，一类为支垫具，有管柱状的垫柱，还有垫圈和垫饼。另一类为间隔具，有三叉形支钉等。

一　支垫具

垫柱、垫圈和垫饼（参见彩版一〇七、一〇八）。

二　间隔具

仅见三叉形支钉。发现数量较多，均为手制，按叉体形制差异可分为乳丁式、折尖式和弧刃式（参见彩版一〇九）。

第四节　瓷　器

窑址出土的瓷器，共有335件（片）。主要有白瓷、外黑内白瓷，黑瓷等三种。具有代表性的标本有43件（片）。

一　白瓷

共发现128片。从中选出有代表性的标本26件（片）。器类有盘口瓶（参见彩版一一〇，1）、杯、碗、盅、盆、盘、盒、壶（参见彩版一一〇，3）、水注、军持（净瓶）等。

1）赵青：《馆藏唐代石器选介》，载《陕西历史博物馆馆刊》第9辑，第211页，彩版Ⅲ–1；日本大阪市立美术馆编《隋唐の美术》。图257，亦有一件现藏天理参考馆的唐代滑石带柄罐，称之为"温斗"。

碗

有尖圆唇矮圈足碗和敞口浅斜腹玉璧底碗。尖圆唇矮圈足碗又分直口、深弧腹壁和侈口、曲腹较浅两种（参见彩版一一一、一一二）。

杯

有侈口深曲腹矮圈足和敛口深腹假圈足两种（参见彩版一一三，1、2）。

盅

敞口、翻沿、圆唇、弧腹、假圈足，和三彩假圈足碗、盅的器形接近（参见彩版一一三，3、4）。

盘

侈口，圆唇，斜直浅腹，平底，三足残（参见图九三，2）。

盒

有内直口式子母口和敛口式子母口，前者又有腹壁浅直和腹壁斜收两种（参见彩版一一四，3~6）。

盒盖　盖面平或微凹，与盖壁交界处弧折，盖壁垂直，盖沿平（参见彩版一一五）。

军持流口

陕西历史博物馆藏有一件高陵县唐墓出土的白瓷军持完整器[1]（参见彩版一一〇，2）。

二　外黑内白瓷

共发现181片（件），可辨器形仅有钵、碗、杯三种。

敛口钵

敛口，圆唇，弧腹，小平底。唇部一周露胎，可能为对口烧所致。其中标本T1H1B：9内底残存有少许深蓝色粉末，为颜料（参见彩版一一六，1、2）。

1985年临潼庆山寺地宫出土过同类器，现收藏于西安临潼区博物馆。

碗

残片数量较多。侈口，尖圆唇，曲腹，矮圈足。碗的口径较大，碗体则相对较浅，口径与器高的比例约3：1左右，整体碗型比较宽矮。唇部及底部不施釉，露出白色胎体，可能为对口烧所致（参见彩版一一六，3~6；彩版一一七，1、2）。

西安东郊郭家滩唐天宝三年（744）史思礼墓就曾出土过1件同类器、西安东郊唐天宝十一年（752）墓出土过3件同类器。

杯

侈口，深曲腹，下残。唇部一周露胎，可能为对口烧所致（参见彩版一一七，3）。

三　黑瓷

黑瓷发现较少，共发现残片26片，其中可辨器形者8片，器类有执壶、大口罐、碗等。

---

1)《陕西历史博物馆珍藏陶瓷器》，陕西人民美术出版社，2003年，35页，图29。

执壶

残件。高领，喇叭口，厚圆唇，广肩，一侧有一拱形把手（参见彩版一一七，4）。

罐

残片。直口，厚圆唇，壁微弧。外壁半釉，腹中部以下露胎，内壁满釉。唇部一周露胎（参见彩版一一七，5）。

碗

浅灰色胎，较粗糙。敞口，圆唇，浅腹，斜壁，假圈足，内壁施酱黑色釉，口沿一周及外壁不施釉（参见彩版一一七，6）。

这种碗与铜川黄堡窑的碗在工艺上颇为相像，唐青龙寺遗址也出土过同类器。

第五节　玻璃、矿物质及相关工具

一　玻璃

玻璃碎块共17件，均出自T1H1。可分为三类（参见彩版一一九）。

A　玻璃碎块。

B　半成品或次品残块。

C　熔融不彻底的玻璃原料碎块。其特征为绿色系玻璃质物质与白色结晶矿物质共存为一体。

二　矿物质碎块

共发现11块，其中2块出于Y2火门外，其余均出自T1H2。这些碎块均呈深褐色或墨绿色，有的还可看出层理结构，个别附着有土锈（参见彩版一二〇，1、2）。

三　坩埚

1件。内壁附着熔渣，外壁亦有熔渣和红褐色玻璃态物质附着（彩版一二〇，3）。

第六节　骨器及骨制品边角料

一　骨器

骨器发现较少，仅有梳和簪二类（参见彩版一二一，1、2）。

二　骨制品边角料

332块。出于T4H1中，集中埋藏，小坑中别无他物。

这些边角料质地经鉴定均为牛骨。加工方式是先切割处理成厚约0.4~0.6厘米的平面骨板，然后按拟制物品的轮廓形状进行切割。这些骨制品边角料从切割样式上可分为：直线切割和弧线切割两种。未发现切割工具（参见彩版一二一，3、4）。

第七节　其　他

包括铜制品和玛瑙饰件。

一　铜制品

铜制品发现不多，仅有带具、小刀、泡钉和"开元通宝"铜钱等。特别是"开元通宝"铜钱，出土时数十枚穿系在一起，且成串铜钱方穿对应整齐，锈结粘连紧密，外裹平罗结构的织物（参见彩版一二二，1~5）。

二　玛瑙饰件

仅见1件（参见彩版一二二，6）。

第五章 性质与年代

一 遗迹的性质

本次发掘，共发现窑炉4座、灰坑10个。遗迹之间，没有相互叠压或打破关系。

（一）窑炉

4座残窑炉的窑床上直接叠压着第3层，显然窑炉上部已被当年修建机场时毁掉。

窑的规模不大，窑室宽不足1.6米，Y3可看出两个烟道的痕迹。对比铜川黄堡窑和河南黄冶三彩窑，其形制和规模比较接近。

火塘内外堆积有大量的陶瓷器残次品（分别编为"Y2火"和"Y2外"）。从Y1、Y2北侧扩大横①管道壁时的有限范围看，第3层的下面也有第4层的堆积，这些残次品堆积原本应是与其北侧第4层的堆积连成一片的，其包含遗物的一致性也印证了这一点。

（二）灰坑

10个灰坑均开口于第4层下。其中，T1H3和T3H2都曾在第4层下发现有围绕灰坑口的护砖痕迹，表明第4层下即是灰坑的原开口层面。

灰坑口部均为圆形，虽然大小、深浅及底部形状有所区别，但修建都很严整规矩，显然是特意修造的。

除单纯出土骨制品边角料的T4H1外，其余9个灰坑底部均有一层砂土，中下部土质细腻，呈深豆绿色，包含物极少，上半部则堆满各类陶瓷器残次品。

这些残次品的堆积性状与窑炉火塘内外的残次品堆积相同，包含遗物也与第4层出土遗物相同。灰坑下半部的深豆绿色土，致密细腻，经西北农学院的土壤专家鉴定，其成分为红黏土。至于土色为何呈深豆绿色，是否与灰坑上半部堆积物在长期埋藏环境下铜元素的溢出并下渗有关，尚难确认。

灰坑中存放较纯净的红黏土，而上述大量堆积的陶制品绝大部分都是以红黏土为胎料的，坑中存放的黏土当为制陶原料。灰坑底部的砂土层，有利于渗水。

因此，推测这些灰坑（T4H1除外）可能是制备原料的沉淀坑。

（三）窑炉与灰坑的关系

遗迹之间没有叠压或打破关系。因为纵横交错的管道沟的阻隔，两类遗迹的平面关系无法直观地看到。从其距地表的深度来看，4座窑距地表的深度约在1.25~1.44米之间，10个灰坑距地表的深度约在1.22~1.58米之间，差异不大。两类遗迹之上，都有第4层或相当于第4层的堆积；两类遗迹下面，均为生土。从两类遗迹出土遗物看，窑炉火膛内外残次品堆积相当于第4层堆积、与灰坑内出土遗物均相同。窑炉集中分布于灰坑西侧，两两相对；灰坑集中地分布在窑炉东侧。据此判断，灰坑和窑炉处在同一个平面上，是规划有序的一个空间结构，应当是互有关联的窑炉和作坊遗迹。

二 陶瓷器的性质与年代

（一）性质

1. 陶制品

本次发掘出土遗物中，陶制品出土数量最多，达12116件（片），约占出土遗物总量的90.7%。陶制品包括釉陶器、素烧器、绞胎器和（不施釉的）陶器（含陶俑）等残片，其中，素烧器是釉陶器的半成品。此外，还出土有制作陶制品坯件的模具，以及用来制作模具的母模，同时还出土有烧制陶制品的窑具。从出土遗物的品种结构上，不仅体现出产品制作程序上所具有的链条关系，也反映残次品堆积中的遗物共存关系。

这些陶制品，无论釉陶器、素烧器、（不施釉的）陶器（含陶俑），也无论窑具和模具，普遍采用当地的黏土作原料，为红胎，而釉陶器、素烧器普遍施用化妆土。

釉陶器残片数量占陶制品总量的23.6%。釉陶器类中，不少瓶、罐、水注等器物外底和碗等器皿的内底，常常留有与垫柱、垫圈或支钉粘连的疤痕。同时，不少垫柱、支钉等窑具上也往往留有二次釉烧时器表釉汁流淌滴落的釉痕。这些窑具与釉陶器类产品在烧制过程当中是配套使用的。

与釉陶器直接相关的是素烧器。遗址中所出素烧器残片的数量颇大，占出土陶制品总量的73.5%，不仅反映出釉陶器的制作在素烧阶段有着较高的残损率，也有助于进一步了解当时成品釉陶器较完整的产品类别。素烧器和釉陶器占出土遗物总量的88.1%，占出土陶制品总量的97.1%，体现出这里基本的产品定位、产品内容和产品结构。素烧器中的大宗日用器皿类器物，如盘口瓶、豆、罐、水注、敛口钵、碗、盆等，在本次发掘的釉陶类中常见，特别是一些豆、罐、盒盖等素烧器残片上，还发现有蘸有釉汁但尚未二次烧成的痕迹，这些都反映出素烧器的生产与釉陶器之间紧密的产品链条关系。遗址出土有素烧佛弟子像、三彩佛弟子像及制作这些佛弟子像的模具，体现了一条更完整的产品生产链条。另外，素烧器中的大宗日用器皿类器物的外底或内底，也常常留有与垫柱、垫圈或支钉粘连的疤痕。反映出这些窑具与素烧器类产品在烧制过程当中的配套关系。模具、窑具、素烧器、釉陶器之间不仅具有生产链条的配套关系，同时，还更清晰地反映出这些不同种类的器物间年代的一致性。

本次发掘所出的各种立俑模、半身胸像俑模、各类俑头模、天王俑局部模、舞人俑模、象模、鸡模、虎模等，大都能在所出陶俑残片中找到相对应者。

本次发掘所出红、绿、蓝三种颜料，分别在陶、瓷器皿残片的内壁上附着。当属正品陶俑的最后一道工序，即粉彩装饰所用的颜料。反映出俑类产品装饰趣味由釉彩装饰向粉彩装饰的转变。

这些既有单色釉残片、又有三彩和绞胎残片，既有素烧的器皿类残次品、也有俑类残次品，既有窑具、又有模具，既有与窑具粘连的、又有已经挂釉但尚未二次烧成的素烧器残片等各类遗物共存的堆积，看似杂乱无章，实际上正表明这里的陶制品遗物为窑业堆积而非生活垃圾。素烧器－釉陶器和（不施釉的）陶器（含陶俑）是该窑址同时生产的两个产品系列，制坯的模具和烧成的窑具是这些陶制品不同生产环节的工具。

2. 瓷器

本次发掘出土的白瓷碗（包括圈足碗和玉璧底碗）、盅、盒、敛口壶、盘口瓶、水注、军持（净瓶）、盆、盘等，除盆、盘和玉璧底碗外，均能在本次发掘的有釉和素烧类陶器找到相同的器形。

本次发掘出土有外黑内白瓷碗、钵、杯，不仅胎釉特征相同且装烧工艺一致：均白胎，外黑釉内白釉，口唇部无釉，可能为对口烧所致。碗大口、浅腹，宽圈足，相同的器形见于本次发掘出土的釉陶器。

白瓷杯的造型与外黑内白瓷杯形制相同。

在外黑内白敛口钵和白瓷盘内分别盛有彩绘陶俑用的蓝色和红色颜料。

本次发掘发现335片瓷片，仅占出土遗物总量的2.5%。在窑炉火塘外和灰坑的残次品弃置堆中均有发现，从形制的对比和将其用来盛放彩绘颜料的情况看，其与陶制品的时代大致相当，但要确认为本窑址的产品尚嫌证据不足。

（二）年代

本次发掘所在地点曾出土有纪年资料。在我们进行本次发掘之前，一位收藏家曾在紧靠Y3和Y4的横②管道沟中（属窑外残次品堆积）捡出若干三彩残片和陶俑残片，其中有一片红陶俑（镇墓兽）残片上刻有"天宝四载……祖明"等字[1]（彩版一二四），天宝四载即公元745年。

由于遗址本身没有更多的纪年资料，年代的进一步断定还要依靠与其他窑址、遗址和纪年墓葬出土资料的比对。

可比对的窑址资料主要是河南巩义黄冶窑和陕西铜川黄堡窑。但无论是大、小黄冶窑还是黄堡窑，目前均没有各自所出三彩的确切分期和年代比定。从其他遗址中的相关资料看，解放后，考古工作者在唐长安城的大明宫[2]、兴庆宫[3]、西市[4]、青龙寺[5]、实际寺[6]以及周围的华

1）关于"祖明"，在开元年间制定的《唐六典》中，列为镇墓"四神"之一。相关论述见王去非《四神、巾子、高髻》一文（《考古通讯》1956年第5期，第50~54页）。据北京大学齐东方教授见告，河南巩义市康店镇砖厂唐墓中出土的一个镇墓兽背部亦发现有清晰的墨书"祖明"二字，证实"祖明"确属左右两个镇墓兽之一。另外，《大唐开元礼》所列十二神中亦有"祖明"。

2）中国科学院考古研究所：《唐长安大明宫》，科学出版社，1959年；中国社会科学院考古研究所、日本独立行政法人文化财研究所奈良文化财研究所联合考古队：《唐长安城大明宫太液池遗址发掘简报》，《考古》2003年第11期；何岁利、雷勇：《大明宫太液池遗址出土唐三彩的初步研究》，载中国社会科学院考古研究所编《新世纪的中国考古学：王仲殊先生八十年华诞纪念论文集》，科学出版社，2005年，第757~771页。

3）马得志：《唐长安兴庆宫发掘记》，《考古》1959年第10期。

4）中国科学院考古研究所西安唐城工作队：《唐长安城西市遗址发掘》，《考古》1961年第5期。

5）中国社会科学院考古研究所西安唐城工作队：《唐长安青龙寺遗址》，《考古学报》1989年第2期。

6）刘瑞：《西北大学出土唐代文物》，《考古与文物》1999年第6期。

清宫[1]、九成宫[2] 等遗址中都曾发现有唐三彩；在东都洛阳城的含嘉仓[3]、皇城仓窖[4]、夹城[5]以及城内外的一些遗址[6] 也曾发现有唐三彩。此外，在唐代经济重镇扬州城中，也时有唐三彩的发现[7]。然而，上述遗址中的唐三彩均为残片，且出土数量不多，一般在几片至几十片之间，出土数量最多的是大明宫太液池遗址，也只有 180 余片。这些遗址出土的三彩残片中，不仅没有确认出年代明确的标型器，限于条件也没有进行细致的分期研究，不少遗址的简报资料对于数量不多的三彩残片甚至仅寥寥数笔带过，相关线图及彩版资料也发表甚少。因此，对本遗址出土遗物的断代还要更多地依靠纪年墓葬的资料。

出土遗物年代举证：

1. 本次发掘所出釉陶的各种器物，在已发掘的墓葬中很少发现，却多见于遗址当中，如大明宫、兴庆宫、西市、青龙寺、实际寺等，都发现有类似的器皿类、枕类等三彩残片。个别器物如蓝釉碗，曾在西安东郊高楼村唐墓中发现过，形制亦相同[8]，该墓无纪年墓志，一般认为属盛唐晚期（开元末到天宝年间）。

2. 与釉陶器一样，本次发掘所出素烧器中的各种器形，在已发掘的墓葬中发现极少。但也有例外，如素烧罐（标本 T1H3：27、T1H3：29）即与开元二十四年（736）唐韦慎名墓所出釉陶罐（M101：244）形制相同[9]。

3. 陶器制品中的箕形砚（标本 T1H1B：24），亦称"风"字砚，与开元二十四年（736）唐韦慎名墓所出"风"字砚（M101：248）相同。

4. 与纪年墓葬资料最具可比性的是陶俑。本次发掘出土的陶俑类型丰富，为其他窑址少见。陶俑之中，人物陶俑（文献中称之为"偶人"）残件占有相当大的比例，很多造型和样式特征屡见于纪年墓葬之中。对照西安周围的一批纪年唐墓出土的同类陶俑，我们发现，本次发掘中出土的各类别陶俑与武则天－中宗时期的同类陶俑差异较大，与玄宗开元前期[10]陶俑亦有颇多细节上的不同，而与开元后期至天宝年间的几座纪年墓葬中的随葬陶俑特征一致。如，开元二十四年（736）唐韦慎名墓、开元二十四年（736）孙承嗣墓[11]、开元二十八年（740）杨

1）陕西省文物局：《唐华清宫》，文物出版社，1998 年。

2）中国社会科学院考古研究所西安唐城工作队：《隋仁寿宫、唐九成宫 37 号殿址的发掘》，《考古》1995 年第 12 期。

3）河南省博物馆、洛阳博物馆：《洛阳隋唐含嘉仓的发掘》，《文物》1972 年第 3 期。

4）洛阳博物馆：《洛阳隋唐东都皇城内的仓窖遗址》，《考古》1981 年第 4 期。

5）洛阳市文物工作队：《1981 年河南洛阳隋唐东都夹城发掘简报》，《中原文物》1983 年第 2 期。

6）中国社会科学院考古研究所洛阳唐城工作队：《洛阳唐东都上阳宫园林遗址发掘简报》，《考古》1998 年第 2 期；中国社会科学院考古研究所洛阳汉魏故城队：《河南洛阳市白马寺唐代窑址发掘简报》，《考古》2005 年第 3 期。

7）南京博物院：《扬州唐代寺庙遗址的发现与发掘》，《文物》1980 年第 3 期；扬州博物馆：《扬州唐代木桥遗址清理简报》，《文物》1980 年第 3 期；蒋华：《江苏扬州出土唐代陶瓷》，《文物》1984 年第 3 期；扬州博物馆、扬州文物商店：《扬州古陶瓷》，文物出版社，1996 年；南京博物院、扬州博物馆等：《扬州唐城遗址 1975 年考古工作简报》，《文物》1977 年第 9 期。

8）见《中华五千年文物集刊·唐三彩》（上），台北，1995 年，第 90 页，彩版九八。

9）详见《唐长安南郊韦慎名墓发掘简报》，《考古与文物》2003 年第 6 期。

10）玄宗开元时期共有二十九年，大致以开元十一年（723）为界，分为开元前期和开元后期。开元前期墓葬中的三彩俑的艺术水准达到登峰造极的程度，如开元十一年（723）的鲜于庭晦墓（见《唐长安城郊隋唐墓》，文物出版社，1980）、与之年代相当的中堡村唐墓（见《西安西郊中堡村唐墓清理简报》，《考古》1960 年 3 期）等。而从开元十二年（724）起，墓中随葬三彩之风陡降，如开元十二年（724）的惠庄太子李㧑墓（见《唐惠庄太子李㧑墓发掘报告》，科学出版社，2004 年）、同年的唐金乡县主墓（见《唐金乡县主墓》，文物出版社，2002 年）、开元十六年（728）薛莫墓（见《西安东郊唐墓清理记》，《考古通讯》1956 年第 6 期），这些高、中等级墓葬都未见三彩俑群随葬，或许这与开元十年开始陆续制定《唐六典》和《大唐开元礼》有关。作为开元后期才出现的窑址，所出的俑类，自然已不复见有开元前期那样的三彩装饰。

11）陕西省考古研究所：《唐孙承嗣夫妇墓发掘简报》，《考古与文物》2005 年第 2 期。

思朂墓[1]、开元二十九年（741）李宪墓[2]、天宝三载（744）史思礼墓[3]、天宝三载（744）王守言墓[4]、天宝四载（745）雷府君夫人宋氏墓[5]、天宝四载（745）苏思朂[6]、天宝七载（748）张去逸墓[7]、天宝十载（751）陆振之墓[8] 等。这些墓葬随葬陶俑的共同特征是：不施色釉，几乎全是红陶俑。僮仆类和音声类俑成为主体，仪仗类俑较少见；半身胸像俑、生肖俑流行。上述纪年墓中出土陶俑的种类、细部特征和风格与本次发掘出土的陶俑基本吻合。

1）一种女俑头头顶圆髻呈莲花状（或可称为莲花髻）（标本 T3H1：28）。开元二十八年（740）杨思朂墓亦随葬有莲花髻女俑[9]。

2）分体式高髻的造型（标本 T3H1：56）见于开元二十八年（740）杨思朂墓的随葬女俑[10]；还见于开元二十九年（741）的李宪墓随葬女俑[11]。

3）跪坐乐俑（标本 T1H3：47、Y4 火：6），其完整形象可见于开元二十四年（736）孙承嗣夫妇合葬墓出土的乐俑。

4）孙承嗣墓出土的男装仕女俑与本次发掘所出的女立俑（标本 T2H2：59）的艺术表现方式相同，该男装仕女俑所表现的线鞋[12]，几乎与本次发掘所出的陶线鞋（标本 T3H1：36、Y3火：13、T3H2：14）完全相同。该墓所出陶俑有可能多为醴泉坊三彩窑址的产品。

5）半身胸像俑（标本 Y2 火：5、Y2 火：6、T3H1：78）与开元二十八年（740）杨思朂墓所出的半身胸像俑相同[13]，该墓所出陶俑可能多为醴泉坊三彩窑址的产品。

6）与本次发掘所出外黑内白瓷碗的相同的器物，西安东郊郭家滩天宝三载（744）史思礼墓就曾出过 1 件[14]；西安东郊一座唐天宝十一载（752）的墓中亦曾出土过 3 件[15]。

7）外黑内白瓷敛口钵，1985 年临潼庆山寺地宫遗址曾出土 2 件，形制与本次发掘发现的相同。

8）1989 年陕西省西安市东郊西北国棉五厂住宅小区 M29 唐开元二十年（732）墓葬出土有一件外黑内白瓷铛[16]，亦口唇无釉，胎釉特征与本次发掘出土的外黑内白瓷器相同。

8）目前最早的玉璧底碗的纪年资料为唐宝应二年（763）邓俊墓所出白瓷玉璧底碗[17]。本次发掘所出玉璧底碗，玉璧底为饼足浅挖，显然是玉璧底碗的比较原始的形态，其年代应不晚于 763 年。

1）中国社会科学院考古研究所编著：《唐长安城郊隋唐墓》，文物出版社，1980 年，第 65~86 页。

2）陕西省考古研究所编著：《唐李宪墓发掘报告》，科学出版社，2005 年。

3）王仁波：《西安地区北周隋唐墓葬陶俑的组合与分期》，载《中国考古学研究论集—纪念夏鼐先生考古五十周年》，三秦出版社，1987 年，第 428~456 页。

4）同注 3）。

5）同注 3）。

6）陕西省考古研究所：《西安东郊苏思朂墓清理简报》，《考古》1960 年第 1 期，第 30~36 页。

7）同注 3）。

8）同注 3）。

9）见《唐长安城郊隋唐墓》，文物出版社，1980 年，第 81 页，图五一，2。

10）见《唐长安城郊隋唐墓》，文物出版社，1980 年，第 81 页，图五一，6。

11）见《唐李宪墓发掘报告》，科学出版社，2005 年，第 34 页，图二八，图版八，4。

12）该俑线鞋细部特写照片见《文明》2004 年第 9 期，第 121 页。

13）见《唐长安城郊隋唐墓》，文物出版社，1980 年，第 81 页，图五〇，2，图五一，5。

14）同注 3）。

15）王九刚：《西安东郊唐天宝十一年墓出土的瓷器》，《考古与文物》1992 年第 5 期。

16）陕西省考古研究所、西安市文物管理处：《陕西新出土文物集萃》，陕西省旅游出版社，1993 年。

17）益阳县文化馆：《湖南益阳县赫山庙唐墓》，《考古》1984 年第 1 期。

9）石质器具中的滑石带柄罐，仅见于本窑址（标本采：19）。这种类型的带长錾滑石罐曾在史思礼（744 年）墓出土过 1 件，质地、大小基本相同，惟造型上稍复杂，不仅有流，而且长柄下又附一环柄[1]。

通过以上对本次发掘出土遗物的共存结构分析和分类年代比较，本次出土的陶制品、模具、窑具，白瓷中的圈足碗、盅、盒、敛口壶、盘口瓶、水注、军持（净瓶），外黑内白瓷的钵、碗、杯，年代指向较为集中在开元后期至天宝年间，陶制品的上限年代未超出开元二十四年（736）。由此判断，本次发掘遗址的全盛时期大致在玄宗开元后期至天宝年间，也就是 8 世纪 30 年代后期至 50 年代中后期。

本次发掘中，与大多数出土遗物相比，白瓷玉璧底碗的年代略偏晚。目前最早的纪年资料为宝应二年（763）邓俊墓所出，但本次发掘所出白瓷玉璧底碗的玉璧底形态原始，年代应不晚于 763 年。这样，本次发掘出土遗物的下限，应在 8 世纪 60 年代前期。

三　遗迹的年代

本次发掘出土的遗物，主要堆积在窑炉火塘内外和灰坑中。前文已经判断，除 T4H1 外，其他九个灰坑为沉淀制陶原料的沉淀池，也就是属于作坊内的遗迹。因此，不管是窑炉火塘内还是灰坑内的堆积，显然都是在遗迹废弃后堆积的。而两类遗迹内各类遗物交错分布，杂乱无章，也显示其内的残次品堆积应是同时形成的，即两类遗迹是同时废弃的。因此，至少可以判断，遗迹废弃的下限当不晚于 763 年。

至于遗迹使用的年代，窑业堆积产生的过程，同时也是窑炉和作坊使用的过程；堆积过程终止，意味着与堆积物品相关的窑炉和作坊功能的废弃。由此初步认定，窑炉和灰坑的年代与窑炉火塘内外和灰坑内残次品堆积的年代相当。

1）赵青：《馆藏唐代石器选介》，载《陕西历史博物馆馆刊》第 9 辑，第 211 页，彩版 Ⅲ–1；日本大阪市立美术馆编：《隋唐の美术》中，亦载有一件现藏天理参考馆的唐代滑石带柄罐（图 257），称之为"温斗"。

第六章　相关问题讨论

第一节　醴泉坊三彩窑址的规模及产品结构

　　唐长安醴泉坊三彩窑的创立取决于两个因素,即坊内和坊外两种诱因。就坊内的因素而言,玄宗登基初年,醴泉坊存在两个较大的势力,一是居住于坊内东南区域的皇族成员势力,包括申王李撝和陕王李亨;另一个势力是坊内西北区域以醴泉寺为主的宗教集团。前者的生活重心在于政治权力的角逐,其居所的变更集中趋向位于唐长安城东北角的大明宫附近;而作为前朝遗寺的醴泉寺,当务之急则是在于壮大寺产从而扩大其影响。随着开元中期前后坊内皇族阶层的逐渐淡去[1],坊内的政治空间色彩随之减退,相关礼仪性和制度性的束缚很快地松弛和瓦解,醴泉寺从此一跃而成为坊内最大的势力,其发展获得了难得的空间和体制上的机会和便利。

　　从醴泉坊外的周边环境来说,醴泉坊紧临繁华街市——人流量和物流量最大的金光门－春明门大街,以及商品交易品种最多最全的西市,加上天宝初年坊域南侧漕渠的开通[2],其手工业商品就地制造和运输、存储的区位优势和成本优势十分明显,也使整个坊域及其周边潜在的工商业价值迅速地凸现出来。在这种强大的经济引力之下,一俟有合适的时机(皇族势力的消弭),在坊内略显寂寞和窘困的醴泉寺便难以抑制现实利益的驱动,迎来了壮大寺产、伴随着商品生产冲破坊墙局限的最佳机遇。

　　唐三彩曾经作为明器中的一种特殊的高档消费品,它昂贵的制造成本和铅釉制品本身硬度较低、容易磨损且富含铅毒的固有缺陷,使其在初始阶段无法直接进入现实生活的消费品行列,同时,也正是由于三彩明器的昂贵和稀缺,它一经出现,就迅速地与丧葬的等级体系挂上了钩,被当作另一繁华世界的标识性指代符号,成为显示奢侈与地位的一种极其新颖的载体。这时的墓葬中,具有佛教艺术因素的天王俑取代武士俑;随葬品逐步以三彩釉加以装饰并且大型化,其过程,与武则天逐渐从操纵政权到执掌政权的过程是同步的[3],这种惯性在后武则天时代的中宗、睿宗和玄宗时期不仅得到了延续,而且还由于开元年间经济发达、社会富足而得以进一步发展、完善并达到艺术高峰。

　　尽管如此,唐三彩在李唐正统的官给丧葬品系列中,地位始终是暧昧的,官方从未给予正式的命名和记载。开元二年(714),玄宗曾发布诫厚葬敕,重申"冥器等物,仍定色数长短大

---

1) 参见本报告第一章第三节相关内容。
2) 相关研究见辛德勇《古代交通与地理文献研究》,中华书局,1996年,第172~176页。
3) 姜捷:《武则天时代的考古学观察》,《考古与文物》2002年第6期,第74~79页。

小，……凡诸送终之具，并不得以金银为饰"[1]。这里所谓"色数"，即数量大小按官品有不同的标准，明器的质料除了不准"金银为饰"以外，仍为包括三彩釉装饰在内的其他种类的明器外表修饰留下了很大的发挥空间。由于唐朝规定明器之属按品级实行"别敕葬者供，余并私备"[2]的原则，这就为高档三彩艺术品的生产和交易提供了丰厚市场利润的可能，以至终于出现像开元十一年（723）鲜于庭诲墓出土的那样精美的三彩俑群[3]。

在市场周围的里坊中设立窑场及手工业作坊，无论从哪一方面看，都是一种非常便宜的作法。事实上，在长安城内外，穿掘为窑，专事烧造建材等并不是罕见的事情，大明宫内含元殿遗址中就曾发现有就地烧造的21座砖瓦窑[4]。这些窑应属官窑，直接为大明宫的修建提供建材。在城内坊间的一些寺院如青龙寺、慈恩寺等遗址内亦发现过窑址，多与建寺有关[5]。但这种事情过多过滥，则难免劳民伤财，且有碍城市观瞻。开元十九年（731）六月，玄宗曾敕令："京洛两都，是惟帝宅，街衢坊市，固须修筑，城内不得穿掘为窑，烧造砖瓦"[6]。这表明，在城内就地建窑造烧砖瓦已呈普遍之势，以至有必要烦劳皇帝亲自敕令禁止，但所禁烧的是否包括唐人语意中的"瓦器"，尚有考量的余地。从本次发掘所出陶俑与纪年唐墓比对的情况看，尚未发现早于开元二十四年（736）的证据。显然，醴泉坊三彩窑是在这道敕令颁布之后不久出现的。是应运而生？抑或逆流而动？尚难以看出其间是否存在相关性，但三彩窑的出现本身似乎对此疑问已经给出了注解，证明它的出现和存在与原料和燃料用量巨大的砖瓦窑无关。

开元后期至天宝年间，新的消费方式和花样在社会矛盾、供需矛盾以及流行风尚的基础上酝酿产生。醴泉坊三彩窑是顺应社会商品需求，在一个恰当的时机和合适的地点产生的。开元中后期，醴泉坊的居住结构中，除胡汉杂居为特点的个人住宅外，尚有偏居西北隅的祆祠、西南隅的妙胜尼寺和三洞女冠观，而位于坊内"十字街北之西"的醴泉寺不仅离十字街北之东的窑址最近，而且在中晚唐一跃而为京城具有重要影响力的名寺。其崛起的经济基础，使人很难不将其与开元后期至天宝年间出现的近在咫尺的手工业作坊联系在一起，尤其是窑址产品中有不少与寺院的宗教用品相关。

对比开元中期和开元后期墓葬随葬三彩情况的变化，开元后期醴泉坊窑场建成之时，唐三彩明器艺术登峰造极的时期已然成为过去，窑址中出土了许多大型人俑和大型马、骆驼等分体组合式陶模，但并未发现相应的三彩残片，表明了醴泉坊三彩窑在创烧之初，随葬三彩之风已经急转直下，成为明日黄花。此前长期与三彩争奇斗艳、并行发展的彩绘，也仅成为少数特殊消费对象的特例性明器装饰，而绝大多数官吏死后的随葬明器连彩绘装饰也少见，其间缘由耐人寻味。

我们注意到，自开元十年（722）年以后，朝廷陆续开始对礼仪典章进行规范性的大规模制定和修改。开元二十年（732）和开元二十七年（739），唐代开元时期的两部重要的法典先后

1）《旧唐书》卷八《玄宗本纪》，中华书局标点本，第174页。

2）《白孔六帖》卷六十六"明器"条，文渊阁四库全书本。

3）中国社会科学院考古研究所编著：《唐长安城郊隋唐墓》，文物出版社，1980年，第56~65页。

4）中国社会科学院考古研究所西安唐城工作队：《唐大明宫含元殿遗址1995~1996年发掘报告》，《考古学报》1997年第3期。

5）中国社会科学院考古研究所西安唐城队：《唐长安青龙寺遗址》，《考古学报》1989年第2期，第231~262页。

6）《唐会要》卷八十六"街巷"条，中华书局，1955年，下册第1575页。《册府元龟》和《全唐文》中的相关记载与之略有出入。

颁布，一是《大唐开元礼》（即《大唐新礼》）[1]，另一部为《唐六典》[2]，这两部仪注性的法典都对丧礼和丧葬品的配置标准给予了更为明确的规定。我们还注意到开元二十九年（741）颁布的一条"禁丧葬违礼及士人干利诏"[3]，玄宗皇帝传令天下，严禁厚葬，缩小墓地，降低坟高，削减明器数目，并且"皆以素瓦为之"。对葬事有不依礼法者，要求"委所由州县并左右街使严加捉搦，一切禁断"[4]。口气之严厉，态度之坚决，责任之明确，措施之具体，是唐朝建立以来少有的。在这种厉行丧葬品标准化和等级化的官方压力和明器商品市场准入条件严酷化的情况下，顺应时事变迁，进行产品结构的变更和转换，就成为从事相关商品生产者的唯一可供选择的生机。

醴泉坊三彩窑址是在这种情况下应运而生的。窑址发掘面积虽然有限，获得的残次品碎片的类型却很丰富，各个类别的遗物更突出反映的是一定时期内产品结构上的内容和变化，这种变化朝着两个方向进行。

其一，是三彩制品的日用器皿化。这些三彩制品的消费主体应该并非普通城市居民，而是以寺院和官府为主，用于其日常供祭、建筑和起居，如青龙寺、庆山寺、实际寺等都曾出土有三彩器皿、三彩佛教造像及狮子等残片，大明宫的太液池等也发现有三彩枕、盒等起居用品残片。同时，本窑址中出土的绞胎枕、盒、杯以及白瓷和外黑内白瓷的钵、碗等，特别是佛弟子造像和托钵供养人坐像，也多发现于上述遗址中，也应与特殊社会群体有关。作为建筑材料的三彩刻花方砖，是一种十分新颖的装饰材料，其消费群体也不会是普通居民。应该指出的是，窑址目前出土的遗物均属被废弃的残次品，可能在种类和质量上与正品相去甚远，窑址中出土的有限和残破的物品并非完全能够代表该窑场真正的烧造水准，在比较研究中应当有所顾及，但其产品结构的基本方向和基本内容还是一目了然的。

其二，是随葬用明器（主要是陶俑）的生产趋向规范化和序列化（彩版一二三）。最显著的变化是不施釉（彩绘另当别论，窑址中出土的残次品无论如何是进入不到成品的彩绘程序当中的，况且当时明确要求明器"皆以素瓦为之"，大多数明器已素胎化）。显然，明器生产的规范化应该确实受到了来自官府依据新近颁布的法典的监督或指导，俑类等明器的三彩釉装饰基本被杜绝，不得不寻求对丧葬以外日常生活的陈设和祭祀等用品进行三彩釉装饰的出路。

另外，窑址中还发现有一定数量的白瓷、外黑内白瓷、玻璃原料以及经鉴定为牛骨的骨制品边角料等，它对我们理解这里手工业生产的种类和规模可以提供有益的参考。

窑址的规模由于发掘面积的局限，难以准确地判断。2001年，陕西省考古研究所在距窑址以北30米处又发现有2座唐代残窑遗迹；另据我们在发掘现场的走访调查，当地居民回忆说，上世纪50年代，在窑址以北约80米处的洒水车场内也曾发现过成排的残窑。仅从这样有限的信息来看，窑场的南北跨度至少也有近百米，如果加上被密集楼群破坏殆尽的部分，窑址的规模应该是颇为可观的。本次发掘出土的窑炉、作坊（灰坑）遗迹和窑业堆积，或许只是冰山一角。

1）东京大学东洋文化研究所藏公善堂本《大唐开元礼》，汲古书院昭和四十七年（1972年）影印版。池田温解说。

2）《唐六典》，陈仲夫点校本，中华书局，1992年。

3）《唐会要》卷三十八《葬》，北京中华书局，1955年，第693~694页；李希泌主编：《唐大诏令集补编》卷二十六，上海古籍出版社，2003年，第1256页。

4）《册府元龟》卷一百五十九《帝王部》，文渊阁四库全书本。

第二节　关于唐三彩的工艺

唐三彩属低温铅釉陶器，它的出现，取决于胎质和色釉技术两个方面的进步。从胎质角度看，能够选择白胎，当然是最佳的条件。在白色的胎体上施以色釉，呈色明丽鲜亮；相反在有色胎体上直接施以色釉则会呈色深暗，难以衬托出色釉纯正明快的色泽。随着长安地区官僚贵族阶层对三彩随葬品需求的高涨，制作三彩的优质白色黏土（高岭土）原料成为紧俏的资源。

由于长安附近不产白色黏土，这就需要从外地输送。已有的测定数据表明，长安地区及其附近出土的白胎三彩制品所用的白色黏土原料可能多来自于洛阳巩义一带，稍次一些的白色黏土原料则可能来自陕西铜川[1]。原材料的长距离输送，必然带来三彩制作成本的提高。三彩制品笨重且易破碎，因地制宜，在当地进行烧造无疑是明智和有利可图的。

化妆土的应用，较早的例子可追溯到三国两晋南北朝时期的浙江婺州窑[2]，这项技术可能在隋代传入北方，北方的青瓷和白瓷随之采用，质量迅速提高。长安地区在制作三彩的红胎或灰胎胚体上因地制宜使用化妆土，其作用，不仅使比较粗糙的坯体表面显得光滑整洁；而且也使坯体较深的色泽和杂质黑点等得以覆盖，为利用劣质原料制作三彩器找到了路子，这样就扩大了三彩的原料范围，解决了白色黏土资源不足的困难，节省了成本。在此基础上，彩色釉被衬托得鲜艳绚丽，从形式上达到了与白胎三彩相同的艺术效果。用作化妆土的原料是含铁量很低的白色黏土，虽然这种原料仍然有可能来自洛阳等地的外来输送，但比起全部使用白色黏土制作三彩坯体来说，成本的节省和效益的提高是显而易见的。从醴泉坊三彩窑址出土的三彩残片来看，尽管绝大多数为红胎，但仍然有一些的白胎三彩制品，如一些精致的提梁小罐、碗、樽、枕、佛弟子造像、狮子、人物俑等。这些白胎三彩器残次品在窑址中的存在，说明本窑址在一定程度上存在着对洛阳等地的原料需求，但并没有证据证明这些白胎三彩器的残次品也直接由外地输入，其残次产品的特性可能正说明醴泉坊三彩窑只是利用了外地输入白色黏土原料，有选择地烧制少量白胎三彩器产品，以满足部分消费群体对三彩内在品质的特殊要求。

在三彩的成型工艺上，基本的成型方法有轮制、模制和捏塑，按照三彩器的复杂程度，可单独使用一种制作方法，或二三种制作方法同时使用。尚未发现具有异于其他三彩产地的特色性成型工艺。需要指出的是，这里的各类陶模，均为红陶，与河南巩义一带出土的灰白陶模和粉红陶模判然有别[3]，也是由于采用了本地的红黏土所致。其中伎乐（音声）俑躯干母模的发现，在唐代同类窑址中尚属首次，在陶模本身成型工艺的研究上，是极其珍贵的资料。

从色釉的施用技法上看，主流的釉色为深浅不同的黄、绿、白三种色系，其中黄、绿釉的呈色分别来自釉汁中加入了氧化铁和氧化铜的缘故，而白色的呈现则在于釉汁中的着色金属氧化物含量极其微小，实际上是三彩的基础釉，即无色透明釉质映现出的白色素地。这三种釉汁

1）见本报告附录一。

2）中国硅酸盐学会主编：《中国陶瓷史》，文物出版社，1982年，第150页。

3）河南省巩义市文物保护管理所编著：《黄冶唐三彩窑》，科学出版社，2000年，第9~13页；刘洪森、廖永民：《黄冶窑唐三彩制品的模具与模制成型工艺》，《华夏考古》2001年第1期，第65~79页。

往往组合交叉使用，或以点蘸的方式形成淋漓的彩点，具有洒滴的效果；或以笔绘的方式形成二方连续的单元图案，如网格形、朵花形等富有韵律的构图；还有一些是以连珠和宽带相间、组合成对称的条状纹样；更多的是利用铅釉的流动性或在器物的上部点施厚釉，在釉烧中任其自上而下地流淌，并在垂流中向左右漫散浸染，形成参差错杂、缭绕变幻、千状万态的奇妙色彩；或是在器物表面交错涂沫片状、条状或点状的各色釉汁，烧成后形成色彩交错掩映、浓淡晕散、深浅相间、斑斓美丽的效果；还有些是以浸釉或刷釉的技法形成单色釉彩，以莹润明亮的纯色釉衬托饱满的器物造型。

除上述黄、绿、白三种色釉外，引人注目的是蓝釉，其成分为氧化钴。这种釉料在施用方式上主要有四种方式。一种以浸釉的方式在器内外壁遍施蓝釉；第二种是以点蘸的方式与透明釉汁同时交错点蘸于器物上部，在釉烧中任其向下自然垂流，形成蓝白相间的效果；第三种是与绿釉组合，分别以点状蓝斑和点状绿斑的形式均匀疏朗地施于器表，然后再在器物整体罩上一层透明釉，显得清新雅致；第四种可称之为蓝花或蓝花加彩（本窑址出土的蓝花加彩碗，白胎，图案造型与巩义黄冶窑的蓝花加彩碗如出一辙），是先在碗内壁上以蓝釉或蓝绿釉组合点蘸出一组梅花组成的圆形花朵圈，其中每朵梅花的花蕊部位点施赭黄色釉点，近口沿一周以等分间隔施以或长或短的竖条状蓝釉，然后整体罩一层透明釉。蓝釉的这几种主要施釉技法表明，钴蓝呈色技艺已经得到很好的掌握和运用，"釉中彩"或"釉下彩"的技术业已出现，蓝彩独立构成简易图案也已初显风采。

由于本次发掘中出土的与三彩有关的残片，绝大多数为有缺陷的素烧器残片，显示出三彩器的生产在素烧阶段，次品率还是相当高的。这类次品的表现形式有粘连，如器物之间的粘连、器物与窑具的粘连等；生烧，即欠烧，胎体硬度较差，表面的化妆土色发黄；过烧，即焙烧温度过高，造成制品局部或全部膨胀变形，表面化妆土灰暗、起皱或脱落；裂纹和胎泡，应属胎体含水量不均匀，在烧制过程中胎体产生开裂或凸起空心泡，有些裂纹可能属于出窑之际"惊风"造成的开裂；另外，还有一部分属于碰摔等搬运中的意外残损。在素烧的残次品淘汰的基础上，二次釉烧后的三彩残次品数量大为减少，这也是窑址中三彩残片数量相对较少的重要原因之一。因而，窑址中被废弃的釉烧后的三彩残次品，可能种类和质量上与正品相差甚远，在相关比较研究中应当有所顾及。釉烧后的残次品主要表现为器与器间的釉层粘连；釉面起泡、落渣，还有些釉色整体焦黑干涩、甚至器物走形，显然为过烧所致；还有个别属胎釉结合不佳的剥片状脱釉残次品以及碰撞的破损品。实际上，三彩制作程序繁杂，举凡在选料、洗练、制坯、模制组合、干燥、化妆土的浆刷、素烧、上釉、釉烧、开窑、搬运等一系列的过程中，有一个环节控制和操作不当，就可能造成有疵瑕或缺陷的残次品出现。这些残次品存在，真实地记录了精美三彩艺术品生产的代价，为我们深入了解唐三彩的烧制过程和工艺技术水准提供了不可多得的资料。

第三节　关于窑址出土的玻璃

本次发掘中，在与窑址相关的灰坑中发现有17件玻璃残块，可分为无造型的玻璃残块、次品或半成品样态玻璃残块以及未被完全熔融的玻璃原料碎块等三类。国内以往出土的玻璃，多呈完整或打碎的成品的形式，而本次出土的三类玻璃碎块，与以往的发现不同，很可能反映的是玻璃制造在成品之前空间和时间上的一些重要信息，因而弥足珍贵。

发掘出土的这几类玻璃碎块，透明度较高，有淡绿、翠绿、橙色、棕黄、浅紫、紫等颜色，其中部分残块甚至呈现出吹制失败或模压变形的玻璃器半成品或残次品的样态和形状。同时，样品的成分测定结果表明，这批玻璃多数不含铅金属氧化物，总体应属钠钙玻璃系统[1]。

这些特征，首先排除了冶炼金属过程中产生的玻璃态熔渣的可能。我们知道，熔炼含铅类金属的过程中，十分容易生成含铅的低熔点玻璃态组成物的熔渣。但本次发掘中出土的玻璃并不含铅。同时，从出土的未被完全熔融的玻璃原料碎块来看，它主要是结晶态的石英粉末与非结晶态的无机物玻璃的混合烧结块，与金属冶炼过程中形成的玻璃态组成物的熔渣毫无关系。

其次，这些钠钙系玻璃碎块与三彩所用的低温铅釉在成分和工艺上也有相当大的距离，表明二者的用途并不相同。

显然，这些玻璃碎块所显示的是专门用来制作玻璃制品的原料或半成品原料。那么，在烧制三彩和陶质明器等物品的窑址中，同时出现熔制玻璃器的原料遗物，似乎意味着窑场及其相应的作坊具有多元化产品的结构和生产功能，同时也意味着这些玻璃原料的来源问题将成为一个新的研究课题。

从考古学的角度研究玻璃实物，通常是从玻璃实物的器形、工艺、纹饰、成分等方面进行比较研究，但这批出土于窑址的非成品玻璃残块表明，它们尚未完成器形、工艺和纹饰的加工，呈现出的是一种加工过程中断并废弃的情形，也就是说，它仍未超越广义的原料形态。目前这批玻璃碎块可以确定的属性有三项，除了上述专用制作玻璃制品的属性外，在年代属性上，我们认定其在所出灰坑共出遗物的年代跨度之内。在玻璃的成分属性上，几乎所有出土的玻璃碎块都进行了测试取样，经测定，几乎所有测试样品中都含有氧化钠、氧化镁、氧化硅、氧化钙、氧化锌等氧化物；此外，一些样品中还含有氧化锰、氧化铁、氧化铝、氧化铬等氧化物，但样品中均不含铅、钡，显然这批玻璃碎块与铅系玻璃无关，而属于钠钙系玻璃。

钠钙玻璃的历史比铅玻璃要长，古代埃及和两河流域最初生产的玻璃都属于钠钙玻璃。在我国，公元4世纪以前尚无充分证据说明已经能够生产钠钙玻璃[2]。但此后铅玻璃的生产在中国得到持续的发展则是公认的。魏晋南北朝时期的不少墓葬都曾出土过钠钙玻璃，如南京两座六朝墓出土的三件玻璃残片、湖北鄂城西晋墓出土的磨花玻璃、汉蔡甸六朝早期墓出土的玻璃残片、辽宁北票北燕冯素弗墓出土的玻璃钵、河北景县北魏封氏墓群出土的玻璃碗、杯等，经测定，均属钠钙玻璃。据安家瑶教授研究，"这些玻璃器都不是典型的中国器型，在国外玻璃制造中心多能找到类似产品，其成分也与罗马玻璃、萨珊玻璃大致相同，很可能都是进口品"[3]。

隋唐时期的一些墓葬中，铅玻璃制品与钠钙玻璃制品同出，如西安隋代李静训墓和湖北陨县唐李泰墓就是分别同出有两种不同成分的玻璃制品。对于这一时期的钠钙玻璃，宿白先生曾

1）见本报告附录三、四。

2）安家瑶：《我国古代玻璃研究中的几个问题》，载《中国考古学研究——夏鼐先生考古五十年纪念论文集》，文物出版社，1986年，第337～345页。

3）安家瑶：《我国古代玻璃研究中的几个问题》，载《中国考古学研究——夏鼐先生考古五十年纪念论文集》，文物出版社，1986年，第343页。

从器形以及文献研究的角度证明当时国内已经能够生产[1]。醴泉坊三彩窑址中出土的玻璃碎块所具有的三个属性，为这一论点提供了进一步的证明。

应该指出的是，中古时期，我国钠钙玻璃的原料看来是相当有限的，高铅玻璃的生产是此后发展的主流。就现有的材料而言，钠钙玻璃在隋唐时期得以在本土少量生产，似乎有着特殊的历史背景，醴泉坊处于唐长安城内胡人聚居的核心地带[2]，可能自境外的钠钙玻璃原料输入及其少量本土化生产，或即与此背景密切相关。

第四节　关于窑址出土的骨制品边角料

骨制品边角料集中出土于T4H1中，坑很小，坑内除填满骨制品边角料外，别无他物。这些骨制品边角料有直线切割边角料和弧线切割边角料。该灰坑应属专为处理骨器制作的剩余边角料而设，与窑业堆积无关。

本次发掘的窑炉遗迹附近曾有唐代刻纹骨饰片的发现，或许与这些骨制品边角料有某种联系[3]。这似乎也意味着这里及其周围具有多元化产品的结构和生产功能。

第五节　本次发掘的收获和意义

唐长安醴泉坊三彩窑址的发现和确认，证实了长期以来学术界很多学者都曾有过的一个猜测，即长安城附近应该有烧制三彩的作坊窑址。这是继河南巩义大小黄冶窑以及陕西唐代黄堡窑之后，唐三彩窑址的又一重大发现。

（一）本窑址特点

1）窑址地层简单而明确，遗物时代特征清晰，年代能够大体框定在8世纪30年代中后期至60年代前期，时间跨度在30年左右。值得注意的是，8世纪50年代后期至60年代初，正值长安城遭"安史之乱"剧烈冲击和破坏的时期，这或许是这处遗址走向衰败并最终废弃的根本原因。

2）窑址的三彩产品，主要为非随葬用的日用产品。

3）出土物丰富，除了三彩器外，还出土了大量的三彩半成品——素烧器，其内涵已大大超出单纯三彩制品的范围。

4）窑址所出土的三彩，以红黏土为主体原料，特征显著，与其他窑址三彩器的原料判然有别。

5）在与其他窑址的联系上，其整体风格似乎和河南黄冶窑的关系更近。这当与唐代两京之间频繁的政治、经济、文化的互动往来密切相关。

1）宿白：《中国古代金银器和玻璃器》，《中国文物报》1992年5月3日第3版。

2）韩香：《唐代长安中亚人的聚居及汉化》，《民族研究》，2000年第3期，第63~72页。

3）王望生：《唐长安醴泉坊镶嵌刻纹骨饰片的发现与研究》，《考古与文物》2005年第5期。

（二）收获和意义

本次发掘，具有十分重要的学术价值和意义。

1）在唐三彩窑址的年代序列研究上，确立起一个时段上的标尺。它不仅为窑址本身的性质以及许多相关课题的讨论提供了一个年代学上的有力支撑，而且也为各个窑址之间进行横向比较研究提供了一个具有年代可比性的基础性坐标。

2）窑址所处空间的丰富背景资料，为确立窑址的性质和理解产品结构的变化提供了依据。它不仅使我们对整个唐三彩演变历程的认识将更加全面、更加清晰，而且为研究城市手工业生产布局的变化提供了资料。

3）本次发掘中丰富多样的出土品，为我们重新认识唐长安西市及其周边坊域的机能构造状况和活动内涵提供一个新的、实物基础上的着眼点，同时对研究唐长安城内手工业作坊的产品种类和规模也具有重要的参考价值。

4）由于窑址与寺院在时空上的关联，为今后深入的研究和了解长安城内寺院经济的发展变化，提供了一个新的可能性视角。

5）本次发掘中出土的各类器物和品种丰富、且可看出一定程度系列化的陶俑（彩版一二三）等，不仅可以验证和深化既有的盛唐时期的唐墓分期，而且对了解判断西安周围唐墓随葬明器的产地、窑址生产明器的使用对象、流布范围等问题提供新的对比样本。

6）醴泉坊三彩窑址的建立，是唐代三彩制品在其演变过程中出现产品结构性转折时期的产物。同时，在长安城的东市范围内，可能属于初唐窑址的陶俑残次品也有所发现[1]，它提示我们，以墓葬随葬的三彩俑为主要产品的窑址还有待发现，因此对于在唐长安城内外寻找更多的三彩窑，仍然存在着较大的可能性。

本次发掘，是在十分被动和困难的条件下进行的。城市考古所面临的遗址被工程建设大规模破坏的情形已屡见不鲜，而在管道沟的夹缝中从事抢救发掘，在考古发掘中是极其少见的现象。面对复杂的发掘环境和狭促零散的发掘空间，致使作坊的位置、形制、范围以及器物的制备设施及过程都无从了解，留下深深的遗憾。它也提示着我们，重视和加强唐长安城这一世界上占地面积最大的国家级重点文物保护单位的文物保护工作，探索行之有效的保护途径，仍然任重道远。

1）冰山：《太乙路发现隋唐窑址作坊，出土 600 余件陶俑》，《西安晚报》2004 年 6 月 7 日；张国柱：《碎陶片中的大发现——西安又发现唐代古长安三彩窑址》，《收藏界》2004 年第 8 期，第 23~26 页。

附录一

唐长安醴泉坊三彩窑址出土唐三彩
的中子活化分析和研究*

雷勇

（故宫博物院）

冯松林　冯向前　徐清

（中国科学院高能物理研究所）

姜捷

（法门寺博物馆）

一　引言

唐三彩是我国盛行于唐代的多彩铅釉陶器的总称，它因器物上光亮的黄、绿、白等多种釉色而得名。在造型、装饰、色釉或烧制工艺等方面，唐三彩都代表着我国唐代鼎盛时期陶瓷手工业发展的一个内容。目前，全国已出土的唐三彩器物很多，主要集中在陕西和河南地区。但是，大量出土唐三彩的产地仍不清楚，和已发现的唐三彩窑址的关系也不明。目前，已出土的唐三彩窑址不多，除了长安醴泉坊唐三彩窑址以外，主要有河南巩县黄冶窑[①]、陕西铜川黄堡窑[②]和河北内丘邢窑[③]几处规模较大的唐三彩窑址（图1）。对唐长安醴泉坊三彩窑址和其他唐三彩窑址出土唐三彩的科学分析，可以明确这些窑址出土唐三彩的成分特征。未知产地唐三彩与窑址出土唐三彩成分的对比研究，有助于唐三彩产地问题的解决。因此，这些窑址出土唐三彩的科学分析实际上是为唐三彩产地的判别提供了数据库和参考标准。

中子活化分析技术（NAA）最早应用于考古研究是在20世纪50年代[④]，它具有分析灵敏度高、准确度高、无需定量分离、基体效应小等优点。到了70年代，当这种方法与计算机统计分析技术结合以后[⑤]，它逐渐成为一种成熟的研究手段。到目前为止，在古器物痕量元素分析中，此方法被认为是最有价值的分析手段[⑥]。

我们采用仪器中子活化分析技术（INAA）分析了唐长安醴泉坊三彩窑址出土的唐三彩胎，并将分析数据与其他窑址出土唐三彩胎的数据进行对照研究，总结了唐长安醴泉坊三彩窑胎料的类别，探讨了其他唐三彩窑和长安醴泉坊唐三彩窑之间工艺的承继关系。

二　样品准备

我们选取了唐长安醴泉坊三彩窑出土的唐三彩残片共85片，按照胎色我们将这些唐三彩样

* 院知识创新（KJCX-N04）、国家自然科学基金（10075060，10135050）、LNAT（K-80）和BSRF资助项目。

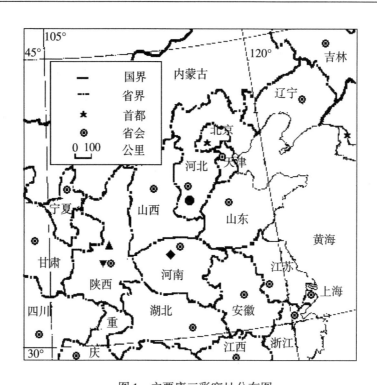

图1　主要唐三彩窑址分布图

▼长安醴泉坊唐三彩窑址，▲陕西铜川黄堡窑址，◆河南巩义黄冶窑址，●河北内丘邢窑

品分为红、米黄、粉红、灰黑、白共五类样品。将所选唐三彩样品的胎切取足够量，并进行研磨至粒度接近200目。

三　样品辐照与分析

称适量样品，用高纯铝箔包裹，在200℃下烘干约4个小时。然后将样品和化学标准及标准参考物一起送入反应堆中接受中子辐照，照射时间为8h，中子注量率为$5.0 \times 10^{13} n/cm^2 \cdot S$。活化后的样品经一定冷却时间（第一轮为7-9天，第二轮为18-19天）后，拆去铝箔，将样品转入塑料小瓶中，用ORTEC公司生产的带高纯Ge探测器（GEM-20180-T型）的多道探测系统进行测量。采用SPA解谱程序对数据进行分析,检测出30多种元素。

四　数据处理与讨论

分析实验共检测出Na、K、Fe、Ba、La、Sm、U、Ce、Nd、Eu、Yb、Lu、Hf、Ta、Th、Tb、Sc、Cr、Co、Rb、Cs共21种元素（表1）。红胎和灰黑色胎的成分比较接近，而其与其他颜色胎的成分差别较大。与河南黄冶唐三彩、陕西黄堡唐三彩相比，唐长安醴泉坊三彩窑址出土唐三彩的红、灰黑、米黄色胎的Ba、Co、Fe、Na、K的含量偏高，而Ce、Hf、La、Sc、Ta、Th、U含量偏低；与河北内丘邢窑唐三彩相比，唐长安醴泉坊三彩窑址出土唐三彩的红、灰黑、米黄色胎的Ba、Co、Cr、Fe、Na、K含量偏高，Ce、Hf、La、Lu、Sc、Ta、Th、U、Yb的含量偏低。

表 1 唐长安醴泉坊三彩窑址出土唐三彩胎的中子活化分析结果

样品按胎色分类	样品数量	Fe	Na	K	Ce	Nd	Eu	Tb	Yb	Lu	Hf	Ta
		%			μg/g							
红	38	4.22 ± 0.15	1.11 ± 0.04	2.86 ± 0.82	85.4 ± 3.8	41.6 ± 3.4	1.53 ± 0.07	1.08 ± 0.10	3.73 ± 0.39	0.494 ± 0.031	6.88 ± 0.51	1.29 ± 0.10
米黄	27	3.44 ± 0.20	1.18 ± 0.05	3.25 ± 1.14	70.9 ± 4.4	35.5 ± 2.6	1.32 ± 0.08	0.912 ± 0.087	3.03 ± 0.48	0.438 ± 0.034	6.24 ± 0.53	1.14 ± 0.12
粉红	3	1.73 ± 0.02	0.39 ± 0.02	3.19 ± 0.09	179 ± 3	91.0 ± 4.5	2.66 ± 0.06	1.61 ± 0.16	5.35 ± 0.08	0.590 ± 0.029	10.3 ± 0.2	1.84 ± 0.10
灰黑	7	4.44 ± 0.06	1.25 ± 0.03	2.06 ± 1.04	87.7 ± 3.4	42.0 ± 3.2	1.54 ± 0.13	0.988 ± 0.080	3.87 ± 0.17	0.481 ± 0.033	6.71 ± 0.20	1.30 ± 0.11
白	7	0.73 ± 0.14	0.28 ± 0.04	2.10 ± 0.54	183 ± 38	65.7 ± 7	1.24 ± 0.14	0.797 ± 0.109	3.77 ± 0.46	0.528 ± 0.044	12.4 ± 1.1	1.64 ± 0.17

样品按胎色分类	样品数量	Th	Sc	Cr	Co	Rb	Cs	Ba	La	Sm	U
		μg									
红	38	16.6 ± 1.1	15.8 ± 0.5	98.5 ± 9.7	16.5 ± 1.3	150 ± 7	10.2 ± 0.5	672 ± 40	54.8 ± 2.6	7.77 ± 0.37	3.78 ± 0.44
米黄	27	12.9 ± 0.9	13.1 ± 0.8	79.0 ± 7.7	13.2 ± 0.8	110 ± 12	7.22 ± 0.62	627 ± 61	44.9 ± 2.8	6.73 ± 0.43	3.74 ± 0.39
粉红	3	32.8 ± 0.3	19.0 ± 0.1	77.2 ± 1.8	6.03 ± 0.37	106 ± 6	6.63 ± 0.21	678 ± 51	110 ± 1	17.0 ± 0.2	9.29 ± 0.14
灰黑	7	17.4 ± 0.7	16.3 ± 0.2	98.1 ± 1.8	16.5 ± 0.2	156 ± 9	9.95 ± 0.50	717 ± 53	57.2 ± 1.82	7.64 ± 0.28	3.87 ± 0.31
白	7	24.6 ± 2.4	19.2 ± 0.8	77.3 ± 7.1	2.65 ± 0.7	75.8 ± 7.0	5.06 ± 0.42	467 ± 80	119 ± 24	8.01 ± 0.72	4.67 ± 0.87

将上表中的 Ce、Cs、Nd、Eu、Tb、Yb、Lu、Hf、Ta、Th、Sc、La、Sm、U 共 13 种元素进行因子分析，因子 1、2 涵盖了 88% 的信息，表明因子 1、2 能基本反映这 13 种元素中大多数信息。主因子分析与前面的分析一致，红胎与灰黑胎唐三彩分布在 a 区域中（图 2）表明这些唐三彩胎的成分相近，可能是采用了相同的原料，不同的烧制工艺。灰黑胎的唐三彩应当是在还原性气氛下烧制的，而红胎唐三彩是在氧化气氛下烧制的。b 区域中主要分布着米黄胎唐三彩，表明这些唐三彩与其他胎色的唐三彩成分差别明显。白色胎的唐三彩按成分可分为两类，分别分布在 c 和 d 区域中（图 2），表明它们间胎料产地的不同。

将以前已分析的黄冶、黄堡窑址出土唐三彩胎和唐长安醴泉坊三彩窑址出土唐三彩胎中 Ce、Cs、Eu、Nd、Tb、Yb、Lu、Hf、Ta、Th、Sc、La、Sm、U 共 13 种元素进行因子分析，因子 1、2 涵盖了 77% 的信息，表明因子 1、2 也能基本反映这 14 种元素中大多数信息。主因子分析散点图中（图 3）四个窑址的唐三彩主要分布在 A、B、C、D 四个区域内，表明它们的成分差别明显，选用了不同的制胎原料。唐长安醴泉坊三彩窑址出土唐三彩的主要类型（红胎、米黄胎、灰黑胎唐三彩）与其他窑址出土唐三彩胎成分有明显差别，少量白胎唐三彩中的一部分与黄冶唐三彩胎的成分接近，另一部分与黄堡唐三彩胎的成分接近。这表明长安醴泉坊唐三彩窑主要选用了当地的黏土作为唐三彩的制胎原料，同时少量地、分别采用了与黄冶、黄堡窑成分相似的高岭土作为唐三彩的制胎原料。

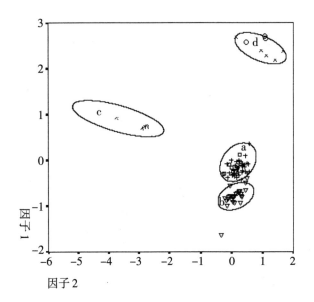

图2　唐长安醴泉坊三彩窑址出土唐三彩胎元素的因子分析散点图
＋铁红色胎，▽米黄色胎，○浅红色胎，□灰黑色胎，×白胎色胎

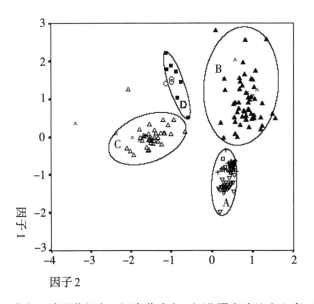

图3　唐长安醴泉坊三彩窑、陕西黄堡窑、河南黄冶窑、河北邢窑遗址出土唐三彩胎化学成分的因子分析散点图
△ 河南黄冶窑址出土唐三彩　▲陕西黄堡窑址出土唐三彩　■河北邢窑遗址出土唐三彩
唐长安醴泉坊三彩窑址出土唐三彩：＋铁红色胎，▽米黄色胎，○浅红色胎，□灰黑色胎，×白胎色胎

五　结论

　　唐长安醴泉坊三彩窑所烧制唐三彩的胎按照胎色可以分为红、米黄、粉红、灰黑、白共五类。在这五类当中灰黑和红胎的唐三彩所采用的原料应当是一致的，但烧制工艺上有差别。这五类样品胎中的Fe的含量除了灰黑和红胎一样以外，都是有差别的。制胎原料中Fe的含量和烧制工艺很大程度上决定了唐三彩胎的颜色。

陕西黄堡窑、河南黄冶窑、河北邢窑遗址出土的唐三彩之间胎成分差别明显，与唐长安醴泉坊三彩窑址出土的大多数唐三彩（红胎、灰黑胎、米黄胎）胎成分上有显著的差别。这表明长安京畿地区出产的唐三彩主要采用当地的黏土制胎。唐长安醴泉坊三彩窑址很少量的制作了一些白胎唐三彩，选用的是和黄冶窑或黄堡窑唐三彩成分相似的制胎原料。这表明唐长安醴泉坊三彩窑址与黄堡窑、黄冶窑可能存在工艺技术上的联系。

注　释：

① 河南省巩义市文物保护管理所：《黄冶唐三彩窑》，科学出版社，2000 年。

② 陕西省考古所：《唐代黄堡窑址》，文物出版社，1992 年。

③ 内丘县文物保管所：《河北省内丘县邢窑调查报告》，《文物》1987 年第 9 期。

④ Sayre, E. V. and R. E. Dodson, Neutron activation study of Mediterranean potsherds, *Amerian Journal of Archaeology*, 1957, 61: 35-41; Sayre, E. V. A. Murrenhoff and C. F. Weick, Non-destructive analysis of ancient pot sherds through neutron activation, *Report BNL*-508, Upton, N. Y, Brookhaven National Laboratory, 1958.

⑤ Harbottle, G. Activation analysis in archaeology, *Radiochemistry£¨*1976, 3: 33-72; Wilson, A. L. Elemental analysis of pottery in the study of its provenance: A review. *Journal of Archaeological Science£¨*1978, 5: 219-36.

⑥ M. Balla, G. Keomley, Gy. Rosner, Neutron Activation Analysis for Provenance Studies of Archaeological Ceramics. *Journal of Radioanalytical and Nuclear Chemistry, Articles,* Vol. 141, No. 1(1990): 7-16.

附录二

唐长安醴泉坊三彩窑址出土彩绘颜料分析

夏寅

（秦始皇兵马俑博物馆）

　　唐长安醴泉坊三彩窑址出土的彩绘颜料，从视觉上区分有四种颜色：红、绿、棕红和蓝色。为了判别颜料的成分，我们采用偏光显微粉末法进行鉴定。

一　成分分析

1. 仪器和材料

Leica DMLSP 偏光显微镜；Leica Wild 体视显微镜；Meltmount™ 固封树脂；巴斯德滴管；直头和弯头钨针；异物镊；载玻片；ϕ12 盖玻片；加热台；擦拭纸；无水乙醇，甲醇，丙酮；黑色油性笔。

　　取样制样过程：用丙酮擦拭载样面；再用黑笔在背面标出载样区域；借助体视显微镜，用洁净的钨针取样至载样区域；根据样品的离散状况，滴加少量丙酮、无水乙醇或甲醇至样品边缘后，用钨针研匀样品直至溶剂完全挥发；镊取盖玻片放于样品上，加热至 90~100℃；同时，吸取固封树脂沿盖玻片一侧缓慢渗满整个盖玻片；待冷却后，即可在偏光显微镜下观察。

2. 分析过程

　　通过偏光显微粉末法，初步断定了红色颜料为朱砂，棕红色颜料为铁红、绿色颜料为石绿、蓝色颜料为石青，为了进一步判别结果的可靠性，笔者又对红色颜料进行了化学显微分析和能量弥散（EDX）元素分析，过程如下：

　　A. 化学显微法：在试样上滴加按 3：1 混合的浓盐酸和浓硝酸溶液，并使加热过程缓慢进行，镜下可见生成的白色树枝状晶体（为 $HgCl_2$ 晶体）（彩版一二六，2）；在平行试样上滴加稀硝酸，使其缓慢蒸发，镜下未见有高折射率的八面体透明晶体 $Pb(NO_3)_2$，再滴加少量的蒸馏水，并加入一颗非常小的 KI 固体，未观察到有黄色扁平六边形 PbI_2 晶体。

　　通过化学显微法证实了红色颜料含朱砂，但对铅丹并未检出。

　　B. 能量弥散（EDX）元素分析：由于样品较少，故采用 PHLIPS EDAX 能谱仪对颜料进行了微区分析，排除分析结果中的土质元素，仍然发现少量的铅元素，故红色朱砂颜料中掺加有少量的铅丹也是可能的。

样品名称	颗粒大小	形状	折射率	具体描述	结果
红色颜料	最大颗粒可达30μm,大颗粒在5~10μm,小颗粒约为1μm	有贝壳状断口,良好的晶体形状	>>1.662	样品主要由红色晶体构成,一些大的红色晶体折射率远大于1.662,正交偏光下大部分呈现火红色,具有橘红到黄的多色性质,并有标准的四次突变消光性质,为明显的朱砂性状;另外,还有大小约20~40μm的云雾状黄褐色和红色集团,正交偏光下显示出均质体性(全消光,暗红色),应为铁红	朱砂+铁红 HgS+Fe₂O₃ (彩版一二五,1)
绿色颜料	最大的颗粒40~70μm,小的颗粒约为10μm,颗粒大小分布程度似于市售的石绿2	长方形晶体,良好的晶体形状	n1≈1.662 n2>1.662	最大的晶体70×20μm,大颗粒晶体内有纤维状条纹;插入一个λ的补偿镜观察小颗粒,晶体显示出一级红、二级蓝;显示出明显的石绿性状	石绿 CuCO₃·Cu(OH)₂ (彩版一二五,2、3)
棕红色颜料	多为≤1μm的小颗粒以及由小颗粒聚集而成的集合体	无良好的晶体外形,凝胶状颗粒	>1.662	多为≤1μm的小颗粒和由小颗粒聚集而成的集合体,凝胶状颗粒,正交偏光下显示出均质体性(全消光,暗红色),应为铁红;另有大量的石英20~50μm	铁红 Fe₂O₃ (彩版一二六,1)
蓝色颜料	多为20~60μm之间,最大的约为90μm	有良好的断口和岩石状形状	>1.662	蓝色晶体颗粒,单偏光下色调根据颜料的薄厚从淡蓝到深色亮蓝变化,多为表面不平的岩石状,也有些非常好的扁平镜面晶体;正交偏光下显示出明显的四次消光现象;另外有大约10%石绿,多与石青相结合的形式出现;还有少量的铁红;主要成分为石青	石青+石绿 2CuCO₃·Cu(OH)₂ +CuCO₃·Cu(OH)₂ (彩版一二七,1、2)

二　结果与讨论

本次实验明确分析出了朱砂、石绿、铁红和石青四种颜料。

我国先秦时期的红色颜料多采用朱砂,偶尔混有少量的铅丹的情况。同样,在十四五世纪西方的油画创作中,为了调节颜料在油中的干燥速度,也采用了混合朱砂铅丹的方法。鉴于铅的化合物在唐三彩表面釉形成过程中的重要性,以及能量弥散法测得少量铅元素的数据结果,推测红色颜料朱砂中可能混有少量的铅丹。当然由于微区分析在此项工作中本身的不足,还应采用其他方法加以佐证。

参考文献：

① 耿谦:《硅酸盐岩相学》,中国轻工业出版社,1994年。

② 张志军:《秦始皇陵兵马俑文物保护研究》,陕西人民教育出版社,1998年。

③ R.L.Feller and M.Bayard, Terminology and Procedures Used in the Systematic Examination of Pigment Particles with the Polarizing Microscope. *Artists' Pigments*, vol.1, Oxford, 1986.

④ W.C.McCrone, The Microscopical Identification of Artists' Pigments. *IIC-CG*, vol.7, Nos. 1&2, 1982.

附录三

唐长安醴泉坊三彩窑址出土玻璃残块样品
扫描电镜－能谱分析结果

时间：2002 年 10 月

送样人：安家瑶（中国社会科学院考古研究所）

检测人：潜伟（北京科技大学冶金与材料史研究所）

检测项目：成分分析

检测方法：有标样，能谱分析，所有样品三个点分析后取平均值。

检测仪器：扫描电镜－能谱分析（CAMBRIDGE LINK–AN10000），20kV

表 1　实验室编号含义

实验室编号	出土地点	外观颜色	检测部位
G18	西安老飞机场唐代西市遗址	玫瑰色料器	内部截面
G19	西安老飞机场唐代西市遗址	淡黄色透明薄片	内部截面
G20	西安老飞机场唐代西市遗址	无色透明薄片原料	内部截面
G21	西安老飞机场唐代西市遗址	淡绿色透明薄片原料	内部截面
G22	西安老飞机场唐代西市遗址	白色半透明薄片	内部截面

表 2　玻璃样品检验结果（单位：重量 %）

	G17	G18	G19	G20	G21	G22
SiO_2	56.56	60.86	65.20	63.46	44.34	93.85
CaO	4.95	6.47	8.54	10.40	33.45	1.12
MgO	1.65	n.d.	3.82	n.d.	n.d.	n.d.
Na_2O	6.17	1.72	16.78	16.68	n.d.	2.09
Al_2O_3	2.49	4.68	n.d.	2.98	13.67	n.d.
K_2O	1.19	20.97	0.85	0.94	6.29	3.24
CuO	0.05	n.d.	n.d.	n.d.	0.52	n.d.
Fe_2O_3	2.36	0.51	0.48	n.d.	0.59	n.d.
PbO	24.01	2.88	n.d.	n.d.	n.d.	n.d.
ZnO	n.d.	0.85	0.85	5.36	0.12	n.d.
MnO	0.03	n.d.	1.37	0.18	1.02	n.d.
CoO	n.d.	n.d.	n.d.	n.d.	n.d.	n.d.
BaO	0.33	n.d.	n.d.	n.d.	n.d.	n.d.
Sb_2O_5	0.21	n.d.	2.11	n.d.	n.d.	n.d.
P_2O_5	n.d.	1.06	n.d.	n.d.	n.d.	n.d.

注：n.d.即未检出。

几点说明：

G18–G22为一组样品，共同点是镁、铜、铁都比较低。G18富含钾元素（由于器物不透明，可能更像是一种矿物质），铅导致是玫瑰色的因素；G19是钠钙玻璃，含有锑元素作为着色剂；G20也有钠钙元素，而且还富含锌，有可能作为玻璃的半成品或原料；G21不是玻璃，含有较多的铝和钙，颜色可能和铜、铁离子有关；G22不是玻璃，基本上是石英质的矿物。

（表1出土地点西安老飞机场唐代西市遗址即为唐长安醴泉坊三彩窑址。样品G18不包括在本报告发表的17块玻璃残块标本之内——编者注）

附录四

唐长安醴泉坊三彩窑址出土玻璃残块样品能谱分析结果

杨军昌、赵西晨

（陕西考古研究院）

熊樱菲

（上海博物馆）

编　号		1	2	3	4	5	6	7	8
颜　色		淡绿	橙色	棕黄	棕黄	浅紫色	紫色	翠绿	褐黑色
氧化物百分比（%）	Na_2O	7.8	8.9	9.4	8.9	9.7	9.4	8.9	0.5
	MgO	–	0.8	1.3	1.1	1.3	1.2	0.9	0.9
	Al_2O_3	2.9	–	–	–	–	–	–	8.3
	Si_2O_3	52.8	66.4	64.3	64.6	67.9	68.8	70.6	30.6
	K_2O	–	–	–	–	–	–	–	4.5
	CaO_2	10.4	12.0	8.9	9.0	10.2	10.7	11.4	42.9
	TiO_2	–	–	–	–	–	–	–	1.3
	MnO	–	–	2.7	2.4	2.2	2.3	–	8.7
	FeO	–	–	5.0	5.0	–	–	–	2.4
	Cr_2O_3	–	0.5	–	–	–	–	–	–
	ZnO	26.1	1.3	8.5	8.7	8.7	7.8	8.2	–
	ZrO_2	*	–	–	–	–	–	–	–
备注		透明	透明	透明	透明	透明	透明	透明	不透明

注："–"：表示未检测到的氧化物；"*"：表示其氧化物含量小于0.1%。

编后记

1999年唐长安醴泉坊三彩窑址的田野考古工作历时近二个月,这期间得到陕西省文物局、陕西省考古研究所各级领导、各部门同志的大力支持;同时,空军某部驻西安基地等单位的领导也给予了鼎力帮助、密切合作,并派士兵参与了田野发掘工作,终于使几近破坏殆尽的窑址得到抢救发掘。

唐长安醴泉坊三彩窑址考古队由韩伟任队长;田野发掘工作由姜捷主持,刘峰、高盼参加;报告的资料整理工作由姜捷全面负责;报告的撰写由姜捷执笔完成;孔昱协助完成稿件的打字、线图和照片的编排及核对工作。

报告绘图由姜捷、赵赋康承担;摄影由张明惠负责完成;出土陶片标本的成分测定工作由雷勇、冯松林等完成;彩绘颜料的成分测定工作由夏寅完成;玻璃成分的测定工作由杨军昌、熊樱菲、赵西晨完成;英文提要由孔军翻译、中国社会科学院考古研究所的曹楠审校;日文提要由日本国学院大学大学院高野晶文翻译、中国社会科学院考古研究所的朱岩石审校。禚振西、安家瑶、袁靖、何文全、李健超、孙新民等先生都给予我们许多专业上的慷慨帮助。张国柱先生为本报告提供了珍贵的纪年铭刻陶片照片。日本奈良橿原考古学研究所的河上邦彦先生和大阪市立东洋陶瓷美术馆的伊藤郁太郎先生分别代表各自单位,为报告的整理和编写提供了部分资助。

写作过程中,时常感到功力不济带来的困顿,宿白先生对本报告稿件提出了十分详细的修改建议,焦南峰所长、韩伟先生不断给予鼓励和支持,使我感铭在心。

文物出版社谷艳雪编辑为报告的出版不懈努力,付出了辛勤劳动和智慧,为本报告增色不少。

在此谨向上述各位领导、老师、专家同仁与朋友表示衷心的感谢!并以此报告作为向陕西考古研究院建院(所)五十周年的献礼。

编　者
2008 年 10 月

The Kiln Site of Tricolor-Glazed Pottery at Liquanfang

in Chang'an Capital City of Tang Dynasty

(Abstract)

The kiln site is located to the south of Fenghao Street, west of Laodong South Road, north east of former Xi'an Airport runway. It is now dormitory building of Northwest Aviation Administration Bureau. It is 3.5 kilometers from Bell Tower.

The range of middle and northern parts of the former airport runway, was the Liquanfang in the Sui and Tang period (A.D. 581-907) capital city. The Northwest Aviation Administration Bureau constructed dormitory district here in 1999, and found residual and defective fragments of pottery made in the Tang Dynasty kiln site in the process of construction. Shaanxi Provincial Institute of Archaeology (SPIA) excavated this site and did the rescue work, from May to July, 1999. There are total 4 kiln sites, 10 ash pits. The excavated area is 140 square meters. The recovered objects includes 10 thousands of different kinds of tri-color glazed pottery, porcelain fragments, and residual glass chunks and remains of bone tools. Mr. Jiang Jie, research fellow of SPIA, presided over the program of whole excavation and material compilation.

The 4 kiln sites, are distributed close with same outer features. For example, no.2 kiln's surface shows hoof appearance with westward kiln mouth is composed of fire gate, burning chamber, kiln bed and funnel. The kiln bed is 1.56 meters at its widest place. The funnel did not exist due to serious damage. Therefore, the length should be 2 meters by inference. The upper structure of kiln was destroyed. From survived shape and form, we deduce this kiln is a Bun-shaped kiln.

In the inner and outside of kiln and ash pits around, lots of fragments and defective pieces of pottery, porcelain and tri-color wares were found, as well as kiln tools with spacer and residual chunks of model, using for molding wares.

There are two main kinds of residual and defective fragments of pottery. The first kind is articles for daily use including life necessities, pillow, ink stone, and Buddhist figurine and building materials. It reveals that the application of tri-color glazed pottery has changed. The second kind is funerary objects including human figurine, animal figurine and guard god figurine etc. These figurines did not apply tri-color decoration, which showed the end of tri-color glazed pottery application in tomb and funeral.

The porcelain fragments mainly have white porcelain and porcelain with outer black and inner white.

The glass pieces are divided into non-shape glass chunks, semi-finished products or defective and residual chunks found in pits around kiln sites. These categories of glass reflect important message from different stages among the process of glass making. The glass does not comprise lead oxide and belongs to Na-Ca glass. It is reveal that Na-Ca glass making exactly existed in the Tang Dynasty.

Leftover bits of cattle bone, used for wares, are also unearthed at a small pit in sites. Cattle bones were firstly cut into long thin pieces, and then these pieces are used to make wares. One kind of these pieces was forming by straight line cutting, another is arc line cutting. No cutting tools were found.

The above findings show that many kinds of hand-made products were made and produced around market in Chang'an capital city in the Tang Dynasty.

Regarding the times of kiln sites, we judge that the era is in A.D. 745 because the characters of "*Tianbao sizai... Zuming* 天宝四载……祖明" were carved on a fragment piece of guard beast unearthed in kiln sites. Comparing products of kiln sites to burial accessories with tomb chronicle, we refer that the era of kiln site is between A.D.735-765. The kiln lasted 30 years.

In addition, the discovery of kiln sites certify that there have kiln sites of making tri-color glazed pottery in Chang'an city. This finding supplies another new and important material to research on the procedure of tri-color glazed pottery making and its development and changes in the Tang Dynasty.

唐長安城醴泉坊三彩窯跡

（内容要旨）

　窯跡は西安市の西門外の豊鎬路の南の草陽村及び労働南路より西側で、元来、西安民航飛行場の滑走路の北側のやや東より、現在は西安民航局の家族楼区にあたる。西安市中心の鐘楼からの直線距離は約3.5kmである。

　元々、西安民航飛行場の中央部と北側は、まさに往年の隋唐（西暦581〜907年）長安城の中における醴泉坊にあたる。1999年西北民航局はこの場所に住宅地区の建設工事中、唐代の窯跡焼成品の破片を発見した。1999年5月から7月、陝西省考古研究所はこの一遺跡における緊急の記録保存による発掘調査を実施した。全部で唐代の破損した窯跡が4基、土坑が10ヶ所発見された。発掘面積は140㎡、唐三彩を含む各種の土器片が一万点近く、ならびにガラス製品の残塊、骨角器の破片などの文物が出土した。全ての発掘及び資料の整理作業は陝西省考古研究所の研究員の姜捷を中心として進められた。

　発見された4基の破壊された窯跡は集中して一緒に分布しており、形態も類似している。例えば第2号窯跡の平面形態は馬蹄形を呈しており、主軸を東西方向にとっている。窯は西向きに開口しており、焚き口・燃焼室（火膛）・焼成室（窯床）と煙出しから構成される。焼成室の最大幅は1.56mで、ひどく破壊されているために煙出し部分は既に存在しておらず推測であるが、窯跡全体の長さは2m前後である。窯跡の上部構造も破壊を受けているが、残存状況から見ると「半倒焔饅頭窯」の形態に属する。

　窯の内外及び周囲の土坑からは大量の土器・磁器・三彩の残存破片、また焼成品を支えるための窯道具や型作り用の型の残片も発見されている。

　土器の劣等品の破片は主に二種類あり、一種目は生活用品で、日用品や枕・硯台・仏教関連の人物像・建築用部材等であり、唐三彩が応用され変化が発生しており、寺院の祭祀活動と官府での儀式中に使用されはじめていることを表している。二類目は副葬用の明器であり、人物俑・動物俑と鎮墓天王俑などである。これらの明器の特徴は、三彩釉の装飾を使用しないことであり、唐三彩が墓内で使用されることが基本的に終焉したことを表している。

　磁器の破片は主に白磁と内白の黒磁の2種類があり、多くは寺院及び官府の日用容器である。

　窯跡の周囲の土坑内からは大量のガラス塊が発見されており、ガラス材料の残塊、半製品或いは劣等品のガラス塊、並びに融点に達せずに完全に熔けきっていないガラス原料の三類に分けることができる。この数種類のガラス製品の残片はガラス製品が出来上がる前の異なった段階の重要なデータを反映している可能性がある。このガラス製品には鉛金属の酸化物は含まれておらず、ソーダガラスに属しており、唐代に確実にソーダガラス生産が行なわれていたことを証明している。

遺跡内のある小土坑からは牛骨製品の製作にともなう骨片も発見されている。牛骨はまず薄く細長い剥片にされ、その後、さらにその牛骨の剥片を利用して骨角器を製作する。切断された骨片には二種類あり、一種は直線的に切断されたもの、もう一種は弧状に切断されたものである。切断に用いた工具はまだ発見されていない。

以上の考古学上の発見は、唐代の長安市の市場の周囲において手工業生産品の製造工場が数多くあったことが証明した。

窯跡の年代は、窯跡中から出土した鎮墓獣の破片上に「天宝四載…祖明」の刻字から、西暦745年の生産品であることが分かる。窯跡の出土品と紀年銘を持つ墓誌を出土した墓の副葬品とを対比すると、この窯跡の年代が西暦735年～765年の間であることが証明され、その期間は約30年ぐらいである。

この窯跡の発見は、即ち長安城が三彩を焼成する工房窯跡を有していたであろうとする、学会が長期にわたり有していた推測を実証した。この発見は、唐三彩の生産と発展変化過程の研究に対して、一つの新たな重要な資料を提供した。

1. 9618 号住宅楼前空地（北—南）

2. 9618 号住宅楼东侧空地
及纵①管道沟（南—北）

唐长安醴泉坊三彩窑址发掘地点

1. Y2、Y3、Y4（东—西）

2. Y2（南—北）

窑炉遗迹

1. Y3（北—南）

2. Y4（北—南）

窑炉遗迹

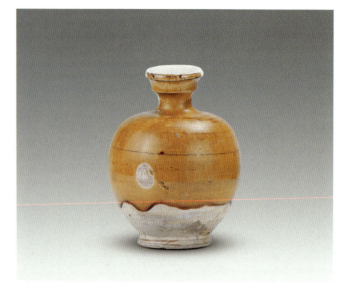

1. T1H3：42

2. T1H3：51

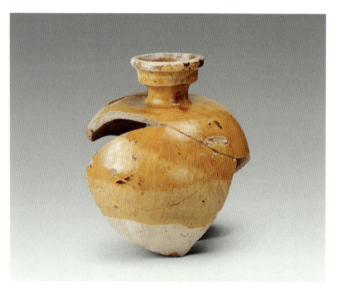

3. T1H1A：8

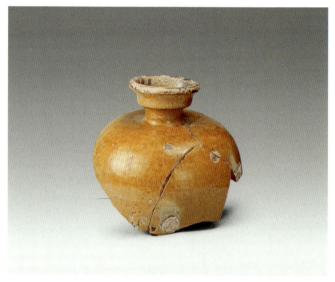

4. T1H1A：10

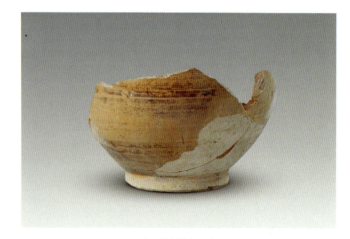

5. T1H3：3

6. T3H2：43

黄釉盘口瓶

1. T1H3：5

2. 采：8

3. T2H2：3

4. ① T2H2：27、② T1H3：23、③ T1H1A：77、④ T3H2：81、⑤ T1H1A：76、⑥ T3H1：69

绿釉盘口瓶

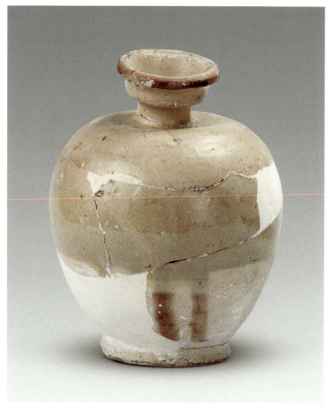

1. 白釉盘口瓶 T1H1A：11

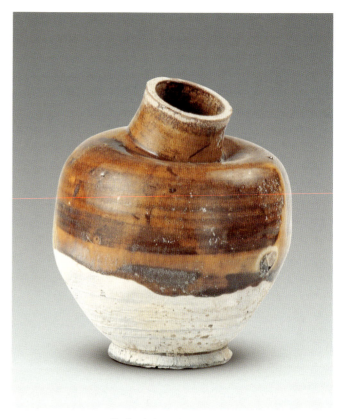

2. 酱黄釉小口瓶 T1H3：46

3. 蓝釉盘口瓶 T3H1：44

4. 绿釉豆 T3H2：31

单色釉瓶、豆残片

1. 黄釉罐①T2H2：15、②T1H3：71、③T1H3：72、④T3H1：68、⑤T3H1：82、⑥T1H2：76

2. 红褐釉罐①T1H2：23、②T1H3：74、③T1H1A：69

单色釉罐残片

1. 黄釉水注 T1H3：12

2. 绿釉水注 T1H3：13

单色釉水注

1. 绿釉水注①T2H2：35、②T1H1B：62、③T1H3：14、④T1H2：103-1、⑤T1H2：103-2、⑦T1H3：75，
   绿釉提梁罐⑥T1H1B：73

2. 绿釉樽 Y3外：2

单色釉水注、提梁罐及樽残片

1. 绿釉碗 T1H1B：47

2. 绿釉碗 T3H2：22、黄褐釉碗 T3H2：10

单色釉碗

1. 绿釉碗 采：11

2. 绿釉碗 T3H2：8

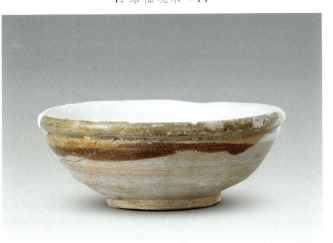

3. 黄釉碗 T1H1A：12

4. 黄釉碗 T3H1：32

5. 黄釉碗 T1H3：53

6. 蓝釉碗 T1H1A：6

单色釉碗

1. 黄釉碗 T1H2：19

2. 黄釉碗 T1H3：39-1~4

3. 绿釉碗 T1H3：18-1~10

单色釉碗残片

1. 绿釉碟 T1H1B：45

2. 黄釉碟 T3H1：13

3. 绿釉碟 T3H1：73

4. 黄釉碟 T2H2：75

5. 绿釉碟①T1H1B：31-1、②T1H1B：31-2、③T1H1B：31-3、④T1H1A：1、⑤T1H1B：67

单色釉碟

1. 绿釉女立俑采：19

2. 黄褐釉男立俑 Y2 火：38

3. 酱黄釉俑身残片 Y3 外：4

单色釉俑

1. 酱黄釉方形花砖 T2H2：40

2. 绿釉板瓦 T2H2：37

3. 绿釉筒瓦 T1H1A：9、采：13

单色釉砖瓦残片

1. T3H1：45

2. T1H3：1

3. T2H2：74

4. T1H3：55

5. T1H3：52

6. T1H2：4

三彩瓶

1. T2H2：12

2. T2H2：13

3. T2H2：14

4. T1H3：17

三彩瓶残片

1. T2H2：8

2. T1H1B：68

3. T1H3：49

三彩豆

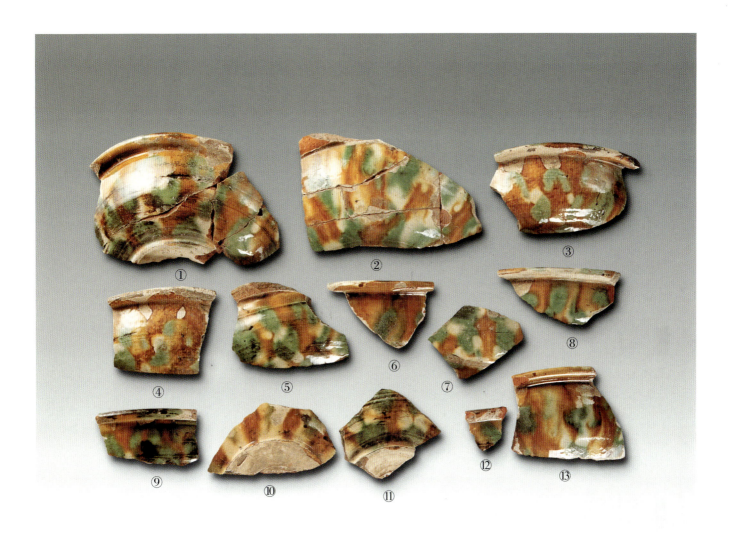

①T1H1B：42、②T2H2：4、③T1H1B：41-1、④T1H1B：41-2、⑤T1H1B：41-3、⑥T1H1B：56-1、⑦T1H1B：56-2、⑧T1H1B：56-3、⑨T2H2：76、⑩T2H2：69-1、⑪T2H2：69-2、⑫T1H1B：93、⑬T2H2：107

三彩豆残片

1. T1H1B：60

2. T1H1B：40

3. T1H2：5

4. T1H2：6

三彩豆残片

1. ① T1H1B：61、
   ② T1H1A：42、
   ③ T1H2：8、
   ④ T1H1A：13、
   ⑤ T1H2：102-2、
   ⑥ T1H3：22、
   ⑦ T1H2：102-1、
   ⑧ T1H3：73

2. ① T2H2：96、
   ② T2H2：97、
   ③ T3H1：47、
   ④ T3H2：29

三彩豆残片

1. ① T3H1：48、② T3H1：67-1、③ T3H1：67-2、④ T3H2：80-1、⑤ T3H2：80-2

2. 采：9

4. T1H1B：69

3. T1H2：9

5. T1H1B：86

三彩豆残片

①T1H3：48、②T1H1B：39、③T2H2：11、④T3H1：5、⑤T3H2：30、⑥Y2外：38、⑦T1H1B：92

2.①T1H1A：14、②T2H2：77、③T1H2：101、④采：10

三彩豆残片

三彩提梁罐 T1H1B：46

1. T1H2：10

2. T1H3：4

三彩罐残片

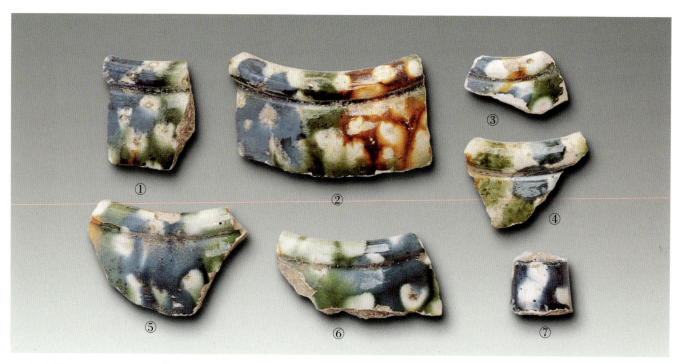

1. 水注①T1H1B：37-1、②T1H1B：37-2、③T1H1B：37-3、④T1H1B：37-4、⑤T2H2：24-1、⑥T2H2：24-2、⑦T2H2：24-3

2. 樽 T1H2：18

3. 敛口钵 T3H1：58

4. 器座 T1H1B：57

三彩水注、樽、钵残片及器座

1. T2H2：21

2. T1H1B：36

3. T3H2：12

三彩碗

1. T1H3：20

3. T1H3：19

2. T1H3：20

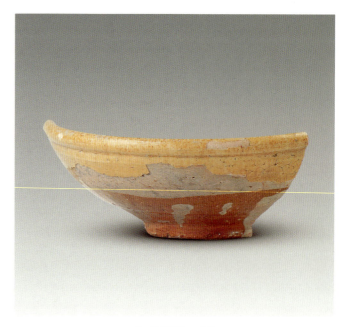

4. T1H3：30

三彩碗

1. 碗①T3H2：27、②T1H3：2-1、③T3H1：6、④T1H3：2-2、⑤T1H3：2-3、⑥T1H3：2-4、⑦Y2火：39-1、⑧Y2火：39-2、⑨T1H3：2-5、⑩T1H3：2-6

2. 盅 T1H1B：18、T1H1B：48、T1H1B：49

三彩碗残片、盅

1. ① T1H1B：33、② T1H1A：81-1、③ T1H1A：81-2、④ T1H1A：81-3、⑤ T2H2：28-1、⑥ T2H2：28-2

2. ① T2H2：30，余为 Y2 火：56

三彩枕残片

1. ① T1H1B：32-1、② T1H1B：32-2、③ T2H2：32-1、④ T2H2：32-2

2. Y2 火：57

三彩枕残片

1. 佛弟子坐像 T1④：2 　　　　　　　　　　　　　2. 坐俑 T3H2：4

3. 狮子 T3H1：49

三彩佛弟子坐像、坐俑及狮子残件

三彩坐俑 T3H1：4

1. Y3 火：4

2. T2H2：33

3. 采：3

4. T1H2：21

三彩俑残片

1. 正面

2. 背面

三彩线刻纹方砖残块 Y2 外：77

1. 三彩砖 Y3 火：35

2. 三彩砖采：23、采：21

3. 素烧砖
　　①采：24、
　　②采：25、
　　③采：28、
　　④采：29、
　　⑤采：30

三彩及素烧线刻纹方砖残块

1. 枕 T3H3：6

2. 杯 T1H2：20

3. 盒 T1H1B：34

绞胎枕、杯残片及盒

1. 瓶 T1H1A：19

2. 盘口瓶 T1H2：35

3. 盘口瓶①T1H3：59、②T3H2：48、③T3H2：9、④T1H2：35

素烧瓶

1. 军持 T1H2：27

2. 豆 Y3 火：6

3. 豆 T1H3：28

4. 豆 Y3 火：2

素烧军持、豆

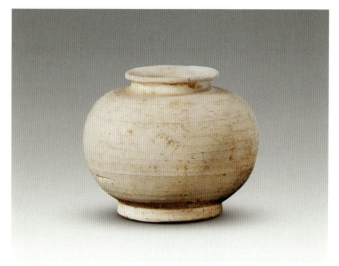

1. 罐 T1H2：15

2. 罐 T1H3：40

3. 罐 T1H3：34

4. 罐 T1H3：27

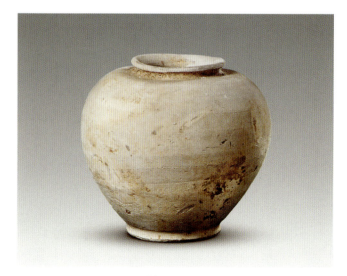

5. 罐 T1H3：29

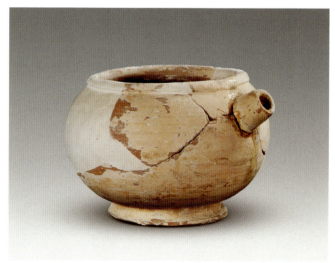

6. 水注 T3H2：32

素烧罐、水注

1. 敛口壶 T1H2：32

2. 敛口壶 T3H2：17

3. 敛口钵 T3H1：3

素烧壶、钵

1. 碗采：12

2. 碗 T3H2：21

3. 碗 T3H1：23

4. 碗 T1H3：43

5. 碗 T3H1：18

6. 盆 T1H3：24

素烧碗、盆

素烧盒盖 T2H2：31

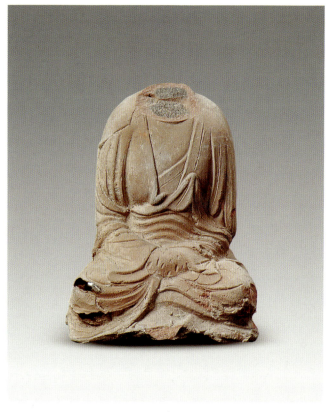

1. Y3 火：29

2. T2H2：10

3. T1H1B：76

4. Y3 火：27

素烧佛弟子坐像

1. 坐像 T1H3：45

2. 头像 T3H3：3

3. 头像 Y3 火：7

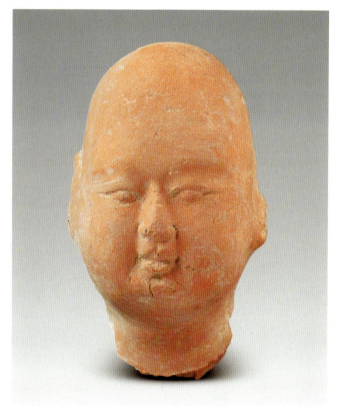

4. 头像 T3H3：1

素烧佛弟子坐像、青年佛弟子造像头像

1. T2H2：29

2. T2H2：29 侧面

3. Y2 火：9

4. T3H1：51

素烧青年佛弟子造像头像

1. 青年佛弟子造像头像 Y3 火：33、T3H3：5

2. 童子头像 Y2 火：37

3. 跪姿人像 T1H3：79

素烧青年佛弟子造像头像、童子头像、跪姿人像

1. T3H1：20

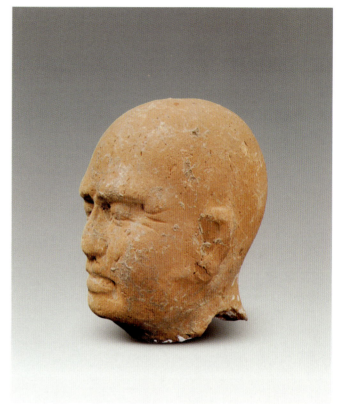

2. T3H1：20 侧面

3. T3H3：2、T1H1B：23

素烧老年佛弟子造像头像

1. 狮子 Y3 火：9

2. 骆驼 T1H1A：31

素烧狮子、骆驼

1. 筒瓦 Y2 外：48-1~3

2. 板瓦 Y2 外：48-4~7

素烧瓦

1. 敛口钵 T3H1：1

2. 敛口钵 T1H1B：11

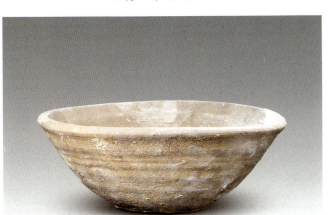

3. 碗 T3H2：2

4. 盆 T3H3：4

5. 盆 Y2 外：58

6. 盘 T3H1：24

陶钵、碗、盆、盘

1. 碟 T3H2：26

2. 圆形多足砚 T1H1B：25

3. 箕形砚 T1H1B：24

4. 权形漏器 T1H1A：16

5. 兽首吞腿式器足 Y2 火：35

6. 兽首吞腿式器足 Y2 火：35 侧面

陶碟、砚、漏器、器足

1. Y2 火：22

2. Y2 火：11

3. Y2 火：44

4. Y3 火：44

陶双球形圆顶幞头男俑头

1. T3H1：55

2. T1H1B：58

3. T2H2：39

4. Y2火：40

陶双球形圆顶幞头男俑头

1. T1H2：14

2. T1H1B：65

3. Y3 火：15

4. T2H2：2

陶双球形圆顶幞头男俑头

1. Y3 火：18

2. T2H2：1

3. T1H1B：5

4. T3H3：9

陶附抹额幞头男俑头

1. Y2 火：8、Y2 外：14、Y2 火：1

2. Y2 火：8 侧面

陶附抹额展脚幞头男俑头

1. Y2 外：6

2. Y3 火：20

3. Y2 外：4

4. T3H2：5

陶尖圆顶薄罗幞头胡俑头

1. Y3火：1、T1H2：39、T3H1：11

2. Y3火：1、T1H2：39、T3H1：11侧面

陶幞头胡俑头

1. 系脚幞头胡俑头 T1H1B：44

2. 系脚幞头胡俑头 T1H2：16

3. 平顶笼冠男俑头 T2H2：62、T1H1B：30

4. 平顶笼冠男俑头 T2H2：62

陶系脚幞头胡俑头、平顶笼冠男俑头

1. T1H1B：87

2. Y3 火：11

3. T2H2：5

4. T1H1B：50

陶披幅覆项式风帽男俑头

1. 采：7、T1H1B：14、T1H1B：43、T3H1：28

2. T1H1B：43

3. T3H1：28

陶覆项披肩类梳髻女俑头

1. 覆项披肩类 T3H3：14

2. 薄鬟蝉翼类 Y3 火：12

3. 薄鬟蝉翼类 Y2 火：12、T3H1：16

陶覆项披肩类、薄鬟蝉翼类梳髻女俑头

1. T2H2：18

2. Y2 火：19

3. T3H1：46

4. Y3 火：14

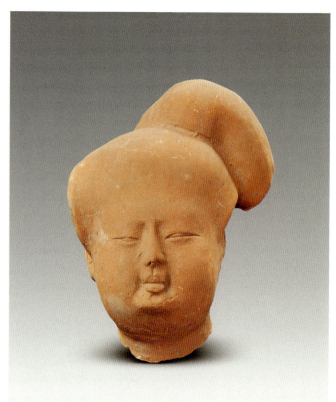

5. Y2 外：28

陶薄鬓蝉翼类梳髻女俑头

1. T1H2：79、采：18

2. Y2 外：20

3. Y2 火：50、Y2 外：3

陶紧凑上拢类梳髻女俑头

1. 中分下绾类梳髻女俑头 Y2 火：46

2. 中分下绾类梳髻女俑头 Y2 火：28、T3H1：21

3. 卷檐虚帽女俑头 T3H1：19

4. 分体高髻 T3H1：56

陶中分下绾类梳髻女俑头、卷檐虚帽女俑头和分体高髻

1. Y3 火：22

2. T1H1B：22

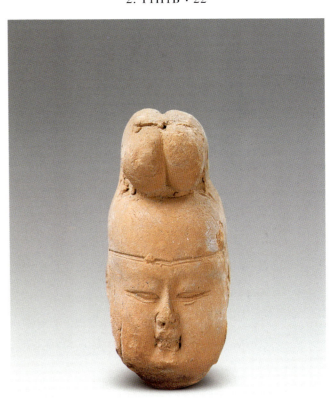

3. Y3 火：23

陶幞头女俑头

1. Y2 外：36

3. Y2 外：42

2. Y2 外：39

4. T1H1B：10

陶披幅护颈式风帽女俑头

1. Y2 外：15

2. T2H2：72、Y2 外：30

3. Y2 外：34、Y2 火：62

陶男立俑

1. Y2 外：57

2. Y2 外：8

3. T3H1：17

陶男立俑

1. T3H1：29、Y2 火：21、T1H3：15

3. T3H1：39、T3H3：12

2. T3H1：29、Y2 火：21、T1H3：15背面

4. T3H1：39、T3H3：12背面

陶女立俑

1. T1H1A：26

2. T1H1A：26 侧面

3. T1H1B：7

4. Y3 火：40

5. Y3 火：40背面

6. Y2 外：23

陶女立俑

1. Y2 外：19

2. T2H2：7

陶女立俑

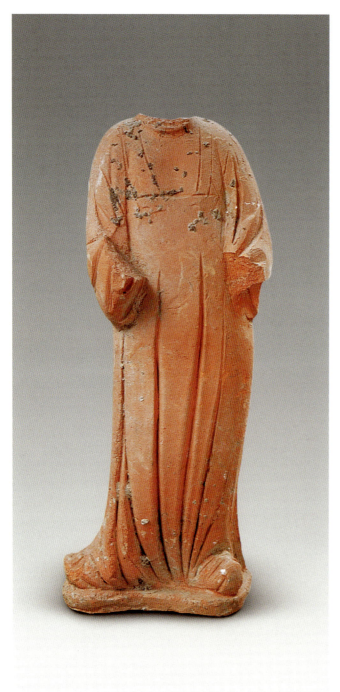

1. T2H2：26

2. T2H2：16、T1H2：3

3. T2H2：59

4. T2H2：59 背面

陶女立俑

1. T1H2：17

2. T1H2：17 侧面

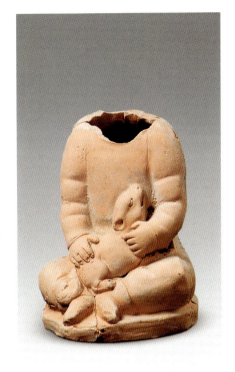

3. Y2 外：13

4. T1H2：7

5. T1H3：47

6. Y4 火：6

陶坐俑

1. 坐俑 T2H2：60

4. 坐俑 Y3 火：17

2. 坐俑 T2H2：61

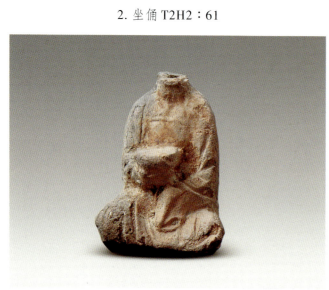

3. 坐俑 T3H2：15

5. 男行俑 T3H1：41

陶坐俑、男行俑

1. 骑马俑 T1H1A：4

2. 骑马俑 T1H1B：13

3. 骑马俑 Y3 火：8

4. 裸体杂技俑 T1H1B：17

陶骑马俑、裸体杂技俑

1. 男俑 Y2 外：11

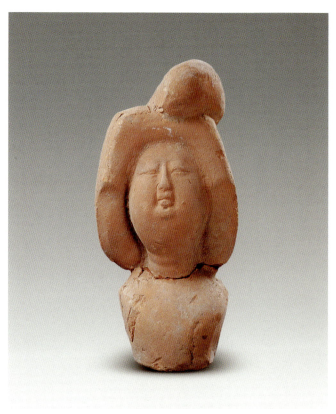

2. 女俑 Y2 火：6

3. 女俑 Y2 火：5

4. 女俑 T3H1：78

陶半身胸像俑

1. 手 T1H1B：52

2. 手指 Y2 外：41

3. 手 Y2 火：31

4. 连袖手臂 T3H1：35、T2H2：25

5. 线鞋 T3H2：14

6. 线鞋 T3H1：36、Y3 火：13

7. 线鞋 T1H1B：75

陶俑手指、手臂、线鞋

陶天王俑 T3H3：18

陶天王俑头 T3H1：42

1. 披膊 Y2 火：24

2. 披膊 Y2 火：23

3. 连袖手臂 Y2 火：32、Y2 火：63、T1H1B：77

5. 胫甲 Y2 火：27

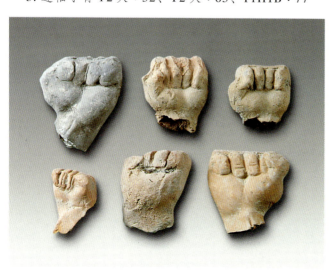

4. 拳头 T3H1：34-1~6

陶天王俑残件

1. 镇墓兽头 T3H3：15

2. 镇墓兽头 T3H3：10

4. 蛇 T3H1：33

5. 蛇 T2H2：64

3. 镇墓兽头 Y2火：49

6. 蛇 T1H2：12

陶镇墓兽头、镇墓兽握持之蛇

1. 天王俑花蕾饰件①T3H1：57、②T3H1：59、③T3H1：60、④T3H1：61、⑤T3H1：62

2. 天王俑鹞尾花饰①Y2 火：25、②T1H1B：59，镇墓兽爪甲③Y2 火：66-1、④Y2 火：66-2

3. 天王俑头顶禽鸟尾羽饰①Y2 火：33、④采：17，镇墓兽象耳饰②Y2 外：69、③Y2 外：67

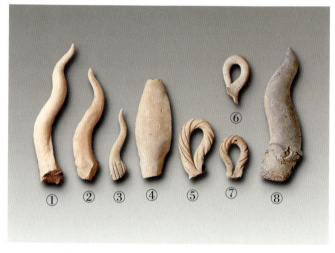

4. 镇墓兽鬃毛①Y2 外：81、②Y2 外：84、③Y2 外：83、⑧Y2 外：82，天王俑盔顶舌形饰④Y2 外：88，天王俑腰带结环⑤Y2 外：86、⑥Y2 外：87、⑦Y2 外：85

5. 小鬼 T2H2：23

6. 小鬼 T2H2：20

陶天王俑、镇墓兽饰件，小鬼

1. 马 Y4 火：5

2. 马 T1H2：11

3. 马 T3H3：20

4. 牛 T3H3：8

5. 羊 Y3 火：24

6. 羊 T3H1：76

陶马、牛、羊

1. 猪 T1H2：13

2. 猪 Y2 外：18

3. 狗 T1H1B：60

4. 狗 Y2 火：64

5. 狗 Y2 火：52

陶猪、狗

1. Y2 火：18

2. T1H1B：19

3. T1H1B：70

陶骆驼

1. T1H1B：71

2. T1H1B：63

3. T2H2：65

4. 采：1

陶蛇

1. 鸡 T1H1B：29

2. 鸡 T2H2：63

3. 鸡 Y2 火：30

4. 鸡（俑）Y3 火：50

5. 瓜果 Y2 火：34

6. 船 Y3 火：43

陶鸡、瓜果、船

1. T3H2：24

2. T3H2：1

4. T3H2：3

3. T2H2：6

6. T1H1B：72

5. T1H1B：64

7. T1H1B：55

陶莲花纹瓦当

1. 筒瓦 T2H2：36、T1 ④：1

2. 兽面砖 T2H2：38

陶筒瓦、兽面砖

1. 贴花模 T1H2：26-1、2

2. 贴花模 T1H3：32

3. 贴花模 T1H1B：26

4. 印花模 T2H2：56

贴花模、印花模

立俑模 T2H2：46

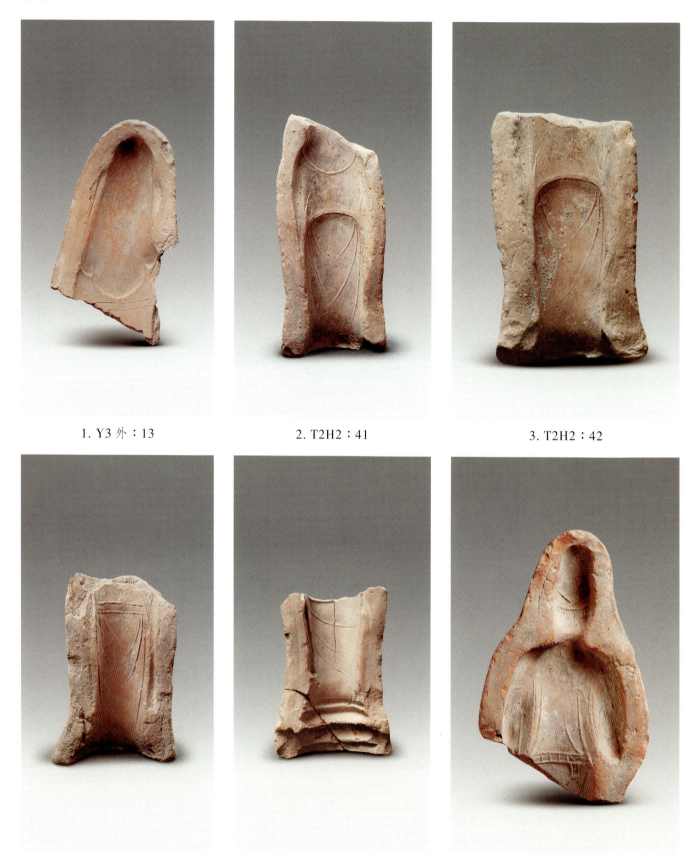

1. Y3 外：13　　　　　2. T2H2：41　　　　　3. T2H2：42

4. T2H2：43　　　　　5. T2H2：49　　　　　6. T1H1B：20

立俑模

1. 立俑模 T1H1A：41

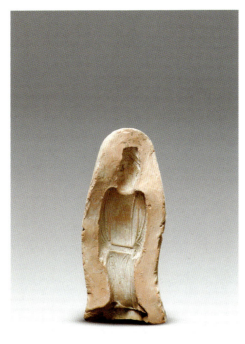

2. 立俑模 T1H3：41

3. 立俑模 T2H2：9

4. 立俑模 T1H2：28

5. 俑身模 T3H1：77

6. 舞人俑模 T2H2：48

立俑模、俑身模及舞人俑模

1. 佛弟子像模 T2H2：47

2. 佛弟子像模 T1H1B：79

3. 佛弟子头模 T3H1：15

4. 女俑模 Y2 外：51

佛弟子像模、头模及女俑模

1. 采：14

2. T2H2：44

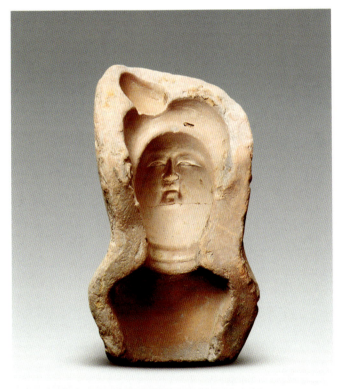

3. T2H2：45

4. T3H1：14

半身胸像俑模

1. 幞头俑头模 T3H1：9

2. 幞头俑头模 T2H2：52

3. 幞头俑头模 Y3 外：21

4. 高髻女俑头模 T2H2：53

5. 高髻女俑头模 T1H3：36

1. 龙口吞臂式披膊模 T1H1B：81

2. 右臂模 T1H1B：15

3. 胸腹甲模 T3H2：16

4. 胸腹甲模 T3H2：19

5. 足踏小鬼模 T1H3：25

6. 小鬼头部模 Y3 外：5

天王俑局部模

1. 镇墓兽背部模 T3H2：13

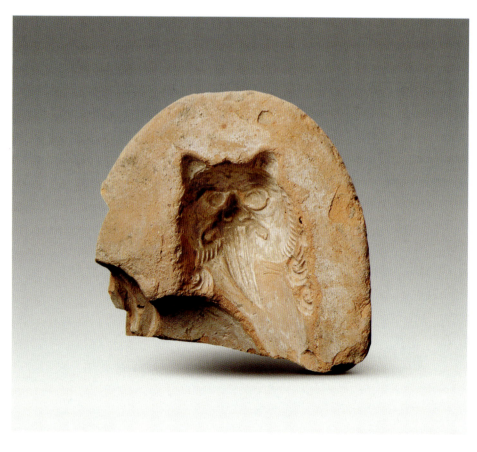

2. 虎模 T3H1：54

镇墓兽模、虎模

1. 骆驼模 T3H1：53

2. 骆驼模 T2H2：50

3. 骆驼背腹模 T3H2：20

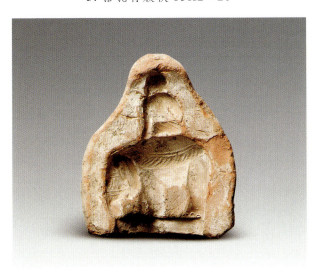

4. 象模 T3H1：31

5. 象模 Y4 外：13

骆驼模、象模

1. 马头模 T2H2：55

2. 鞍马背腹模 T1H3：26

3. 马腿模 T1H1B：16

4. 马腿模 Y3 外：28

马模

1. 犬头模 T3H1：52

2. 水禽头模 T2H2：54

3. 水禽头模 T3H2：28

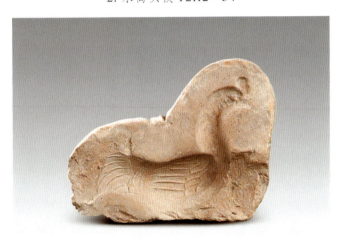

4. 鸡模 T2H2：51

5. 龟模 T1H3：57

6. 手模采：15

犬头模、水禽头模、鸡模、龟模、手模

1. 房屋顶模 T3H2：23

2. 跪坐乐俑（音声俑）母模
　T3H3：37、T1H3：7

房屋顶模、跪坐乐俑（音声俑）母模

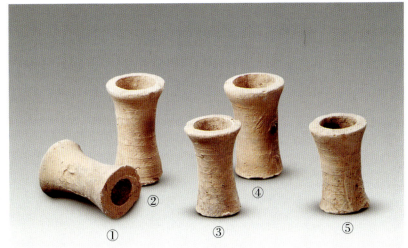

1. ① Y3 火：10、
　② Y4 火：23、
　③ T3H2：6、
　④ T2H2：78、
　⑤ Y3 火：16、

2. ① Y2 火：65、
　② Y3 火：19、
　③ Y4 火：48、
　④ Y2 外：93、

3. T1H1B：27、
　T2H2：85

垫柱

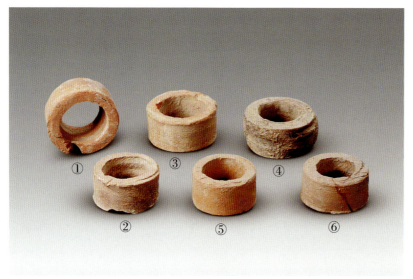

1. 垫圈
　　① T1H1B：66、
　　② T1H2：24、
　　③ Y2 火：41-1、
　　④ Y2 火：41-2、
　　⑤ Y2 火：41-3、
　　⑥ Y2 火：41-4

2. 垫圈
　　① T1H2：22、
　　② T1H1A：3、
　　③ T1H1A：15、
　　④ T1H3：21、
　　⑤ T2H2：90、
　　⑥ T2H2：94、
　　⑦ T2H2：95

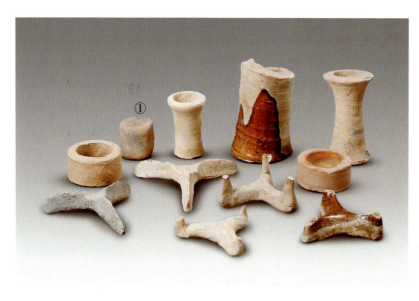

3. 垫饼
　　① T2H2：34

垫圈、垫饼

1. 乳丁式三叉形支钉
　　①Y2火：59、
　　②T1H3：31、
　　③T1H3：11、
　　④T1H3：78、
　　⑤T1H3：82、

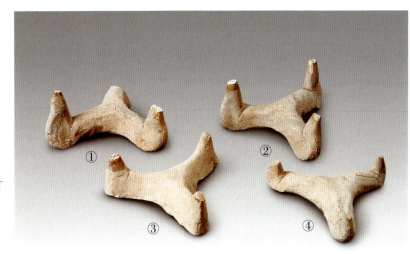

2. 折尖式三叉形支钉
　　①Y2火：45、
　　②Y3火：3、
　　③T1H1B：21、
　　④Y2火：47

3. 弧刃式三叉形支钉
　　①T1H3：33、
　　②T1H1B：28、
　　③Y2火：43、
　　④T1H1A：79、
　　⑤T1H1A：80、
　　⑥T1H1A：94

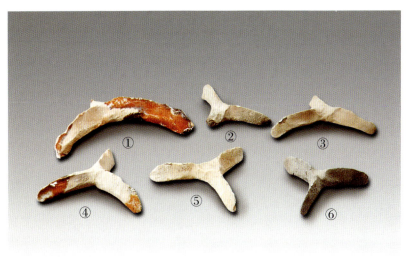

三叉形支钉

1. 盘口瓶采：6

2. 军持流 T1H1B：2、
   水注管状流 T1H1B：1

3. 壶口 T1H1B：3-2

白釉瓷盘口瓶、军持流、水注管状流、壶口部残件

1. Y4 外：2

2. T1H1B：86

3. T1H1B：38

4. T1H1B：4

5. ① T1H1B：38、② T1H1B：86、③ Y4 外：2

白釉瓷碗

1. T1H1A：24

2. 采：2

3. T3H1：37

4. T1H2：2

5. ①T1H2：2、②T3H1：37、③T1H1A：24

白釉瓷碗

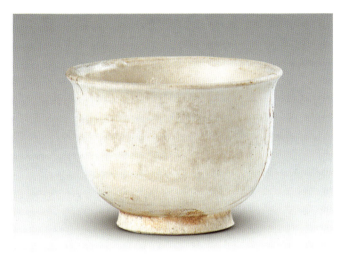

1. 杯 T3H2：46

2. 杯 T1H2：1

3. 盅 T1H1B：78、T1H1B：51

4. 盅 T1H1B：78、T1H1B：51底部

白釉瓷杯、盅

1. 盆 T3H1：38

2. 盘 T3H2：25

3. 盒 T1H3：62

4. 盒 Y2 外：53

5. 盒 T1H2：25

6. 盒 T1H3：44

白釉瓷盆、盘、盒

1. T3H1：30

2. T3H1：25

3. T3H1：26

4. T1H1B：8

白釉瓷盒盖

1. 敛口钵 T1H1B：9

2. 敛口钵 T2H2：57

3. 碗 T1H1B：54

4. 碗 T3H1：27

5. 碗 T3H2：59

6. 碗 T2H2：58

外黑内白釉瓷钵、碗

1. 外黑内白釉瓷碗 Y4 外：3

2. 外黑内白釉瓷碗 T1H1B：21

3. 外黑内白釉瓷杯 T1H2：29

4. 黑釉瓷执壶采：16

5. 黑釉瓷大口罐①T1H1B：12 等

6. 黑釉瓷碗 T1H3：35

外黑内白釉瓷碗、杯，黑釉瓷执壶、大口罐、碗

①Y2 火：72−1、②Y2 火：72−2、③Y2 火：72−3、④T1H1B：3−1、⑤T1H1A：2

1. A 类 T1H1B：74-A7

2. A 类①T1H1B：74-A6、②T1H1B：74-A5、③T1H1B：74-A4、④ T1H1B：74-A3、⑤ T1H1B：74-A2、⑥ T1H1B：74-A1

3. B 类①T1H1B：74-B1、②T1H1B：74-B2、③T1H1B：74-B3、④ T1H1B：74-B4、⑤ T1H1B：74-B5、⑥ T1H1B：74-B6

4. C 类①T1H1B：74-C1、②T1H1B：74-C2、③T1H1B：74-C3、④ T1H1B：74-C4

玻璃碎块

1. 矿物质碎块 Y2 火：36-2

2. 矿物质碎块① Y2 火：36-1，余 T1H2：34

3. 坩埚 T2H2：71

4. 滑石带柄罐采：20

5. 石杵头 T3H1：50

矿物质碎块、坩埚、滑石罐、石杵头

1. 骨梳 T4H3∶1

2. 骨簪 T4H3∶3、T4H3∶4、T4H3∶5

3. T4H1 出土骨料

4. T4H1 出土骨料

骨器、骨料

1. 带具 T3H3：16

2. 刀 T3H3：7

3. "开元通宝" T4H3：8

4. "开元通宝" T4H3：8

5. "开元通宝" T4H3：8

6. 玛瑙饰件 T4H3：2

铜带具、刀，铜钱及玛瑙饰件

俑头排列示例

"天宝四载……祖明"陶镇墓兽残块

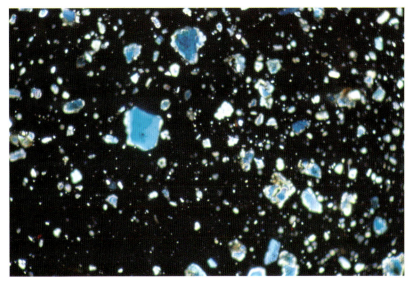

1. 红色颜料　×630　正交偏光

2. 绿色颜料　×400　单偏光

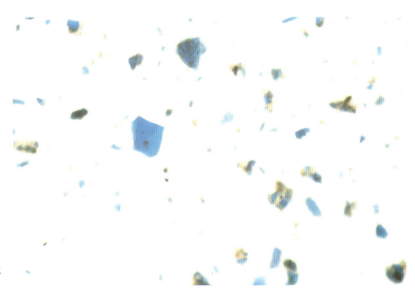

3. 绿色颜料　×400　正交偏光

彩绘颜料的显微观察

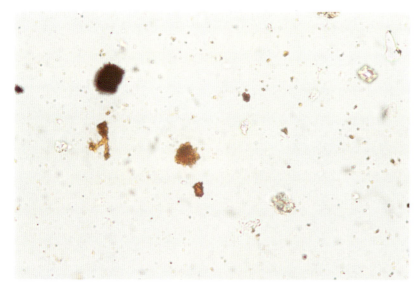

1. 棕红色颜料　×100　单偏光

2. 红色颜料的化学显微　×400　正交偏光

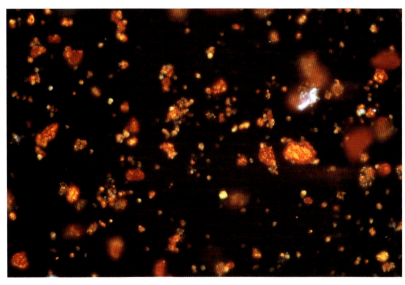

1. 蓝色颜料　×200　单偏光

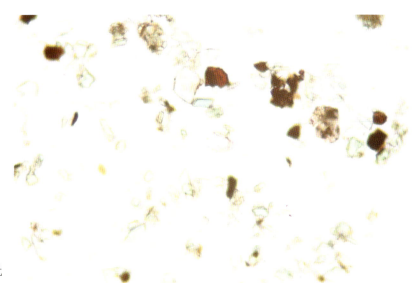

2. 蓝色颜料　×200　正交偏光

彩绘颜料的显微观察